上市公司
刑事合规与犯罪预防

Corporate Criminal Law Compliance
and Crime Prevention for
Public Companies

常俊峰　李晓琤　甘雨来　花林广　等 ◎ 编著

参与撰写成员

黄　凰　杨思源　邓　哲　孙成相
胡长顺　李　冰　刘艺涵　杨杨冬琪
杜佳忆　李哲远　树　莉

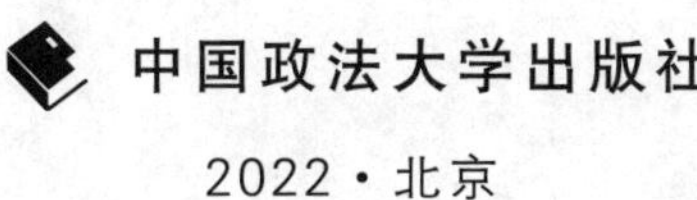

2022 · 北京

图书在版编目（CIP）数据

上市公司刑事合规与犯罪预防/常俊峰等编著. —北京：中国政法大学出版社，2022. 4
ISBN 978-7-5764-0377-0

Ⅰ.①上… Ⅱ.①常… Ⅲ.①上市公司－企业经营管理－刑事犯罪－预防犯罪－研究－中国 Ⅳ.①D924.399.4②D922.291.914

中国版本图书馆CIP数据核字(2022)第029776号

出 版 者　中国政法大学出版社
地　　址　北京市海淀区西土城路25号
邮寄地址　北京100088信箱8034分箱　邮编100088
网　　址　http://www.cuplpress.com (网络实名：中国政法大学出版社)
电　　话　010-58908285(总编室) 58908433（编辑部）58908334(邮购部)
承　　印　北京中科印刷有限公司
开　　本　720mm×960mm　1/16
印　　张　15
字　　数　223千字
版　　次　2022年4月第1版
印　　次　2022年4月第1次印刷
定　　价　65.00元

PREFACE 序 言

20世纪90年代初，作为我国改革开放的一项重要举措，上海证券交易所设立，随后，国内首批公司正式上市，实现了资本市场的从0到1。经过30多年的发展，截至2021年底，A股上市公司由最早的8家增加到近4700家，沪深交易所及北交所的股票总市值达到90多万亿元，发展之快，可谓迅速。及至今日，无论从经济体量及商业创新比较，或以劳动就业与社会稳定衡量，上市公司都为国民经济发展作出了重要贡献。

然而，重要贡献的背后，资本市场也暴露出不少违法违规问题，其中涉及上市公司刑事犯罪的案件尤其令人惋惜和遗憾。以我们研究的近六年案例为例，有262家上市公司或其关联主体涉嫌构成刑事犯罪，这些犯罪几乎存在于上市公司从证券发行到破产重整的全链条过程中，信息披露、市值管理、履职决策等一些常见的经营行为都可能因为处理不当而引发犯罪。不同于民事、行政违法违规，上市公司一旦被认定构成刑事犯罪，几乎是灾难性的影响，轻则伤筋动骨，重则分崩离析。由此，如何预防上市公司犯罪受到了资本市场和法律界的普遍关注。

客观上看，近些年，国家对上市公司治理要求和监管日趋严格，对上市公司犯罪预防起到了积极的指引和警示作用。从立法层面看，《公司法》《证券法》《刑法》中与上市公司直接相关的条款相继修订，尤其是刑法修正案，从行为主体、行为构成、情形认定、量刑档期等方面都较为普遍地加重了证券类型犯罪的刑事责任。从执法层面看，近年来，证券监管部门对证券市场违法违规行为的打击力度不断加大。除了严厉打击操纵市场、内幕交易等证券市场违法违规行为，监管部门持续聚焦关键领域，突出重大案件，坚持“一案双查”。从司法层面看，最高人民检察院驻中国证券监督管理委员会检察室正式成立，向资本市场释放了检察机关对证券犯罪“零容忍”的强烈信号。最高人民法院也将依法严惩金融证券犯罪列入人民法院工作重点，要求各级法院依法打击金融证券犯罪，维护社会主义市场经济秩序。

在此背景下，不少上市公司的经营者和管理者进一步认识到法律的刚性和价值，由过去主观上不重视法律、甚至游戏法律逐步转变为依法治理上市公司，少踩或不踩法律红线，并从公司战略、治理、运营等不同层面提出一些具体措施。有的将建设法治企业作为公司文化推行，有的进一步扩大法律、审计部门权责，有的则成立专门打击白领犯罪的部门，也有的聘请外部专业机构协助推进犯罪预防体系建设，等等如是，不一而足。其中，将刑事法引入合规管理的刑事合规概念得到了各方主体的重视。

合规管理作为一项企业管控风险、忠诚规范的制度措施，于20世纪上半叶源起于西方国家，改革开放后随着外企进入中国，其后在国内通过一系列制度进一步落地，受到企业监管部门和企业界的高度认可。比较而言，从民商、行政角度合规转向刑事角度的刑事合规是比较新的概念，这不仅仅是因为公法的进一步介入，更涉及企业管理、运营与经济学、犯罪学、刑法学、刑事诉讼法学等不同学科的协同和交叉，其复杂性、跨界性令这一概念至今也未见到通用的标准定义。

为此，不同国家根据各国实际情况形成了不同的刑事合规实践，我国由检察机关推动的涉案企业合规考察制度就是有中国特色的一项刑事合规制度创新。目前看，这项创新制度更多是对企业事后合规的激励措施，比如，检察机关对涉罪企业合规考察通过验收合格后即可做出不起诉决定。由于这项制度不仅仅是程序法层面的推进，还涉及实体法层面犯罪与刑罚的取舍和刑事责任认定，对于其刑事法理构造，学术界仍存在不同声音，未来需要不断摸索完善。

除上述由检察机关推动的刑事合规制度外，最近几年，我国理论界和实务界在不同角度和层面对刑事合规进行了拓展和深入，一定程度上形成了众说纷纭的局面，可以说，正是由于标准定义的缺乏，刑事合规研究得以各抒己见、蓬勃发展。具体到上市公司，如前所述，犯罪本身即是其难以承受的成本，有效预防犯罪意义重大。从刑事合规的作用来看，防止踩“刑法红线”，避免承担刑事责任应该是其重要的任务之一，因此，对于包含上市公司在内的企业而言，刑事合规除了可以作为涉罪后轻缓刑事责任的激励机制，更具有事前预防犯罪的功能。从这个意义上而言，刑事合规应该是预防犯罪的一项重要手段或措施。

本书即以此为题，针对上市公司的刑事合规与犯罪预防具体展开。我们选择研究了上市公司在证券发行、证券交易、融资并购、日常经营、财务管理、高管责任六个方面的常见刑事犯罪问题，识别归纳了100余处刑事合规点，结合典型案例分析和刑事合规理论及中国实践，形成了本书的主要内容，这些内容也是我们长期持续关注上市公司犯罪和刑事合规的部分实践认识。当然，实务中的刑事合规体系建设要复杂得多，本书仅仅是作为以刑事合规为手段、预防上市公司犯罪为目的的一类实证经验，供上市公司及各方同道讨论。

需要说明的是，囿于理论和实践所限，本书难免有浅陋缺憾，我们愿意接受各方批评与指正。此外，尽管本书采用了犯罪学的一些研究方法，但非学术著作，相关分析或征引可能不尽全面，部分参考资料，亦概简从略。

最后，感谢我的同事们，感谢出版社各位编辑，有赖于你们的大力支持和辛劳付出，本书才得以如期付印。

常俊峰

2022年3月16日谨记于金杜北京总部

CONTENTS 目　录

第一章

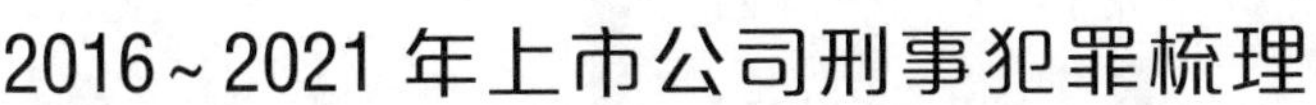

2016~2021年上市公司刑事犯罪梳理

近几年，随着资本市场监管力度的进一步提升，上市公司犯罪治理成为资本市场和法律界共同关注的话题。由于上市公司具有公众性、资本性的特点，任何一家上市公司犯罪都会给股民、员工、债权人等相关主体带来重大负面影响，上市公司犯罪现状及未来如何预防就应该是关注话题中的重中之重，本书即从梳理近六年来上市公司犯罪整体情况和特征展开。

一、2016~2021年上市公司涉及刑事犯罪整体情况

根据公开信息和报道[1]，2016~2021年，共计451家上市公司涉及刑事犯罪。其中，195家上市公司因他人犯罪行为遭受刑事侵害；262家上市公司或其关联主体涉嫌刑事犯罪，其中不乏上市公司实际控制人、高管人员以及相关子公司及其人员；另有21家上市公司因为交易对手、合作伙伴或公司相关人员等主体涉嫌犯罪而受到不利影响。除却传统高发的贪贿类犯罪和证券类犯罪，2016年以来上市公司在经营管理的方方面面均暴露出涉刑问题。上市公司涉及的刑事犯罪呈现出多样化的特征，相关刑事案件的爆发与当年的司法政策背景、监管态势也关联紧密。

---

〔1〕 本书相关数据系通过“巨潮资讯”、“见微数据”、“威科先行”、上海证券交易所官网等网站和公开新闻报道汇总研究得出，不排除存在不完整或不准确情况，相关数据仅供参考。

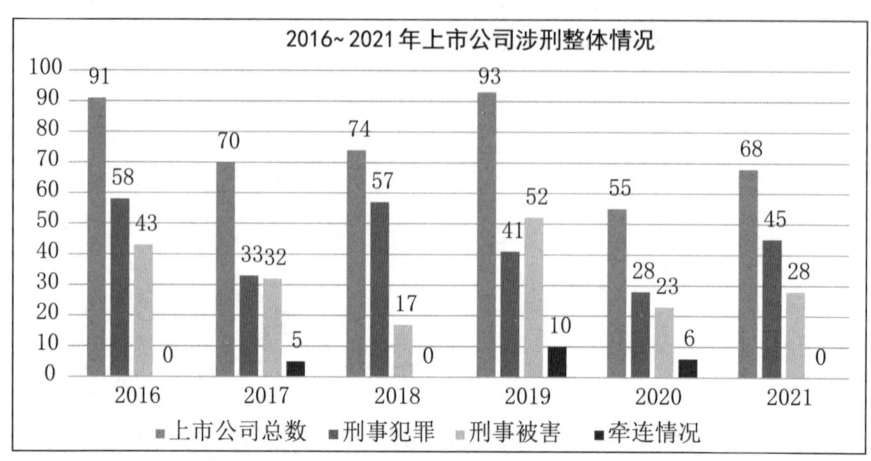

二、2016~2021 年上市公司涉及刑事犯罪主体特征及地域和行业情况

（一）在上市公司涉刑案件中，华东地区上市公司占比 36%

根据时代数据统计，截至 2021 年 12 月 31 日，A 股市场一共有 4685 家上市公司。其中，A 股上市公司数量前十的城市分别为北京（425 家）、上海（386 家）、深圳（372 家）、杭州（199 家）、苏州（175 家）、广州（131 家）、宁波（107 家）、南京（105 家）、无锡（103 家）、成都（101 家）。[1]我国上市公司大多位于华东、华北、华南地区，因而上述地区上市公司涉刑数量也相对较多，仅华东地区占比就逾 36%，三地区上市公司涉刑比例合计超过 72%。上市公司涉刑数量与该部分地区上市公司的数量呈现出正相关的关系，可能与当地经济发展情况以及相关地区监管力度在一定程度上存在关联。

〔1〕 参见张照："2021 年 A 股市值百强城市出炉：北上深杭 A 股上市公司最多，18 城 A 股市值破万亿"，载 https://www.time-weekly.com/post/288532，最后访问日期：2022 年 3 月 9 日。

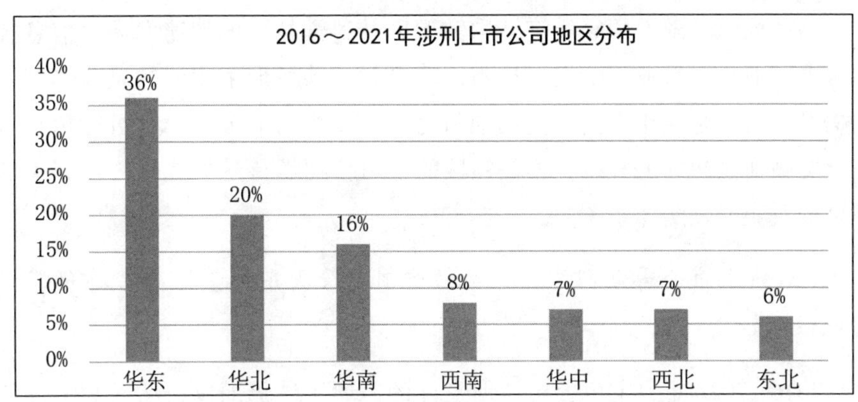

（二）上市公司涉刑行业主要集中在制造业领域

2016~2021 年，涉及刑事犯罪的上市公司主要分布在 12 个行业[1]，其中制造业领域的上市公司涉刑占比超 40%。结合笔者研究的相关案例，制造业上市公司之所以涉刑率较高，一方面在于制造业涵盖的细分行业种类繁多，上市公司基数较大；另一方面在于制造业与商业贸易紧密相关，涉及资金往来频繁、资金交易量大、交易环节复杂，故案发频率较高。

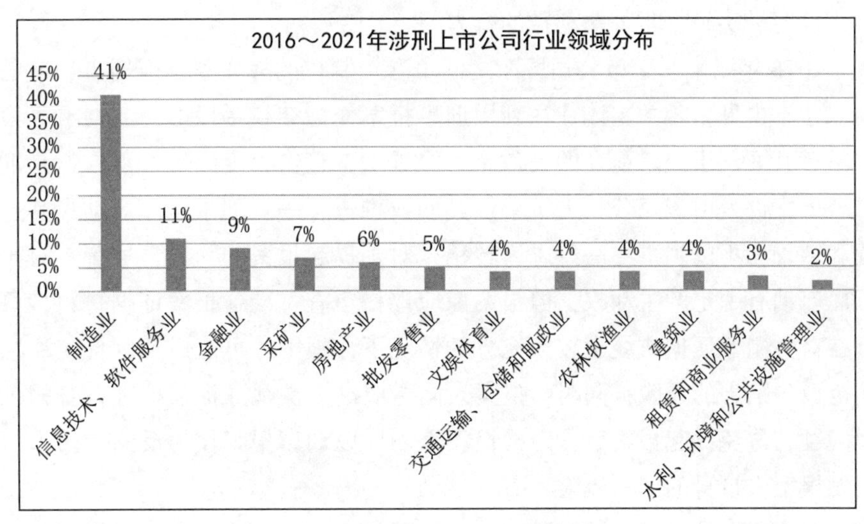

〔1〕 行业分类参考《国民经济行业分类》（GB/T 4754—2017）。

与此同时，随着国家经济结构转型以及科学技术的快速发展，信息技术服务产业、金融业不断发展扩张，该等领域涉及刑事犯罪的风险也在不断提升，特别是对于以商业模式创新为主要竞争力的公司，很可能稍有不慎就突破违法犯罪的红线，相关领域的上市公司亟待建立或进一步完善刑事合规及犯罪预防体系。

（三）上市公司涉刑案件中实际控制人及股东和董监高实施犯罪的占比依然较高

2016~2021年，上市公司涉刑案件的犯罪主体仍旧以自然人为主，涉刑案件中自然人主体共计360人，上市公司及其关联公司实施的单位犯罪案件66起。在自然人涉嫌刑事犯罪的案件中，公司实际控制人或股东、董事、监事、高管实施犯罪的情况较为多发。究其原因，一方面与相关案件中实际控制人法律意识淡薄，法律后果估计不到位有关；另一方面也可能和实际控制人容易形成私营企业属于私产的惯性思维有关，在公司上市后仍按照此前未上市的方式进行经营管理，或未严格按照上市公司合规管理的方式经营公司；此外，董事、监事、高管职权较大，在巨大的利益面前，也容易实施侵犯公司利益的行为。

2016年以来，上市公司股东之间争夺控制权的战火蔓延至刑事领域的情况并不少见，相关主体往往利用刑事报案作为夺权手段之一。刑事手段固然有其区别于民事途径的高效率、穿透式、打击力度大等特点，但是刑事公诉案件是由国家公权力机关依其职权推进，一旦刑事程序启动，其过程和结果均不以当事方的意志为转移。对于提起报案的一方，尽管其对于程序启动有一定的主动权，但报案前应严格审查、准备报案证据材料，只有在对方犯罪证据或线索较为充分的情况下，报案才可能成功，且应注意防范诬告陷害的风险；同时，报案人同样应高度重视并提前梳理自身的合规问题，避免提起报案后，因被报案人同样以刑事报案作为反制手段，而引发报案人自身的刑事风险。

对于实际控制人、控股股东，尽管可能不在上市公司内部担任董监高等职务，也可能不是法定代表人，但其往往对公司具有实际上的控制力，地位远高于执行层面的管理人员。此前的刑法及司法解释对于实际控制人、控股股东在单位犯罪中的责任没有明确规定，在具体单位犯罪中，实际控制人、控股股东往往起到组织、指挥、策划的作用，有时因为其缺乏管理公司的具体身份，没有被作为单位直接负责的主管人员或者直接责任人员处罚。针对上市公司实际控制人、控股股东犯罪高发的情况，《中华人民共和国刑法修正案（十一）》［以下简称《刑法修正案（十一）》］对《中华人民共和国刑法》（以下简称《刑法》）第 160 条欺诈发行证券罪[1]，第 161 条违规披露、不披露重要信息罪等上市公司相关犯罪作出了修订，在法律条文层面明确了上市公司的控股股东或者实际控制人，无论是自然人还是单位，只要实施，或者组织、指使实施相关犯罪，均应受刑事处罚。

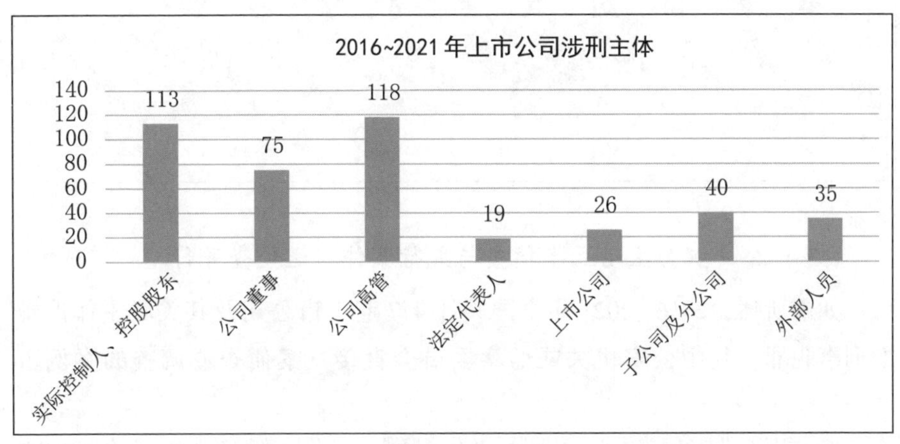

三、2016~2021 年上市公司涉及刑事犯罪类别及案件查处情况

（一）2016~2021 年上市公司共涉及 12 大类刑事犯罪

已检索到的 477 起上市公司涉刑案件共涉及 12 大类刑事罪名。分别是贪贿类犯罪、诈骗类犯罪、经营类犯罪、职务类犯罪（除贪贿类）、证券

〔1〕 根据《最高人民法院、最高人民检察院关于执行〈中华人民共和国刑法〉确定罪名的补充规定（七）》的规定，《刑法》第 160 条［《刑法修正案（十一）》第 8 条］，取消欺诈发行股票、债券罪罪名，变更为欺诈发行证券罪。后续论述中，笔者将以欺诈发行证券罪展开论述。

类犯罪、交通类犯罪、集资类犯罪、环境类犯罪、侵犯公民人身权利类犯罪、安全类犯罪、涉黑类犯罪、网络类犯罪。[1]与往年一样，发案率最高的案件仍是贪贿类案件和诈骗类案件。另外，因全国近年处于扫黑除恶的高压态势，上市公司涉及的刑事犯罪的类别近年还新增了涉黑类犯罪。

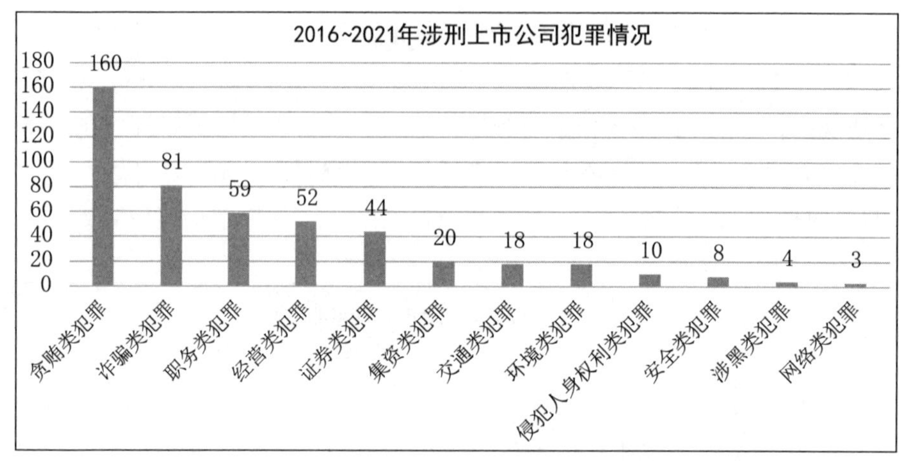

（二）公安机关主动立案侦查与民行案件移送侦查并行

如前所述，2016~2021年全国共计477起上市公司及其关联主体涉嫌的刑事犯罪，其中公安机关或监察委员会直接立案侦查或调查的案例占

---

〔1〕贪贿类犯罪包括贪污罪、受贿罪、单位受贿罪、行贿罪、单位行贿罪、对有影响力的人行贿罪、对单位行贿罪、非国家工作人员受贿罪、对非国家工作人员行贿罪等；诈骗类犯罪包括诈骗罪、合同诈骗罪、票据诈骗罪等；经营类犯罪包括伪造公司印章罪，虚开发票罪，虚开增值税专用发票罪，伪造增值税专用发票罪，串通投标罪，隐匿会计凭证、会计账簿、财务会计报告罪，拒不支付劳动报酬罪，侵犯商业秘密罪，骗取贷款罪，组织、领导传销活动罪，非法经营罪，违法发放贷款罪等；职务类犯罪包括职务侵占罪，挪用资金罪，挪用公款罪，背信损害上市公司利益罪，国有公司、企业、事业单位人员滥用职权罪等；证券类犯罪包括欺诈发行证券罪，操纵证券、期货市场罪，违规披露、不披露重要信息罪，内幕交易罪，利用未公开信息交易罪等；交通类犯罪包括危险驾驶罪、交通肇事罪等；集资类犯罪包括集资诈骗罪、非法吸收公众存款罪等；环境类犯罪包括污染环境罪等；侵犯公民人身权利类犯罪包括故意伤害罪、故意杀人罪、猥亵儿童罪等；安全类犯罪包括重大责任事故罪等；涉黑类犯罪包括组织、领导、参加黑社会性质组织罪，寻衅滋事罪，强迫交易罪等；网络类犯罪包括非法侵入计算机信息系统罪、侵犯公民个人信息罪等；以上罪名分类系根据2016~2021年上市公司涉刑罪名进行的初步归纳，不排除各类项下还包括其他罪名。

50%以上。其他案件系在民事诉讼程序中由法院移送至公安机关或监察委员会，或者由行政执法机关将相关线索移送至公安机关或监察委员会。行政执法机关移送的犯罪线索要显著多于在民事程序中移送的线索，移送线索的行政执法机关主要有证券监管部门、税务部门、环保部门以及安全生产监管部门等。

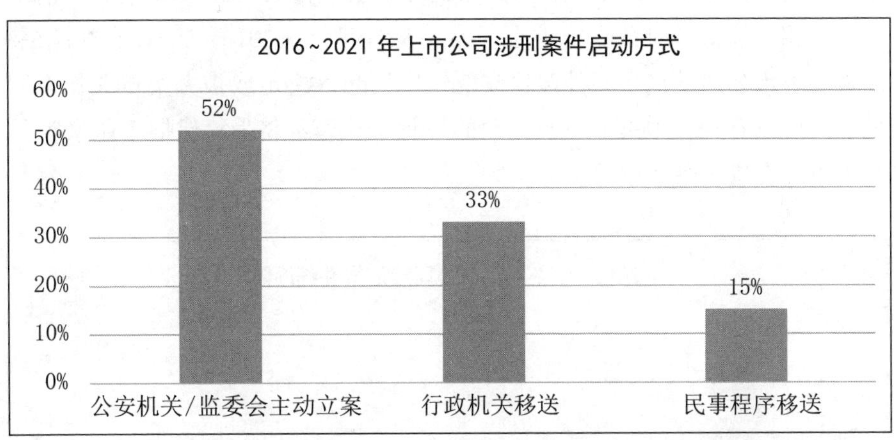

此外，在统计的195起上市公司遭受刑事侵害的案件中，有60%以上的案件系上市公司主动向公安机关报案，其余案件主要是由证券监管部门和税务部门在行政执法过程中进行移送，或者由审理民事案件的法庭移送相关线索。一旦上市公司发现可能遭受刑事侵害，应积极向公安机关进行报案，请求公安机关依法查处，尽快挽回损失。如上市公司不在第一时间启动刑事程序而是意图通过其他途径解决纠纷，往往可能贻误时机导致其处于被动地位。同时，报案后应将相关案件初步情况及程序进展按照信息披露的要求予以公告，保障市场主体的知情权，重新赢回市场主体对于受害上市公司的信任。

（三）统计期内，大部分上市公司涉及的刑事案件目前仍处于刑事诉讼程序

根据统计，截至2021年底，2016~2021年期间全部上市公司涉及的刑

事案件中尚有约73%的案件处于刑事诉讼程序，仅有约22%的刑事案件法院已经审理完结。尚在刑事诉讼程序中的案件有相当比例集中在集资类犯罪和职务类犯罪，这两类犯罪均属于案件事实复杂、取证难度较大的刑事案件，故司法机关办案周期通常较一般刑事案件长。此外，自2016年以来，中央及各级司法机关连续出台各项文件，要求“坚决防止利用刑事手段干预经济纠纷”，因而办案机关在处理涉及上市公司经济类犯罪的刑事案件时相对慎重，对证据标准也通常会从严把握。2016~2021年约有5%的涉及上市公司的刑事案件被检察院作出不起诉决定或被办案机关作撤案处理。可以看到，中央下决心推动的“保护民营经济”“保护企业家”的政策也正在逐步落实中。

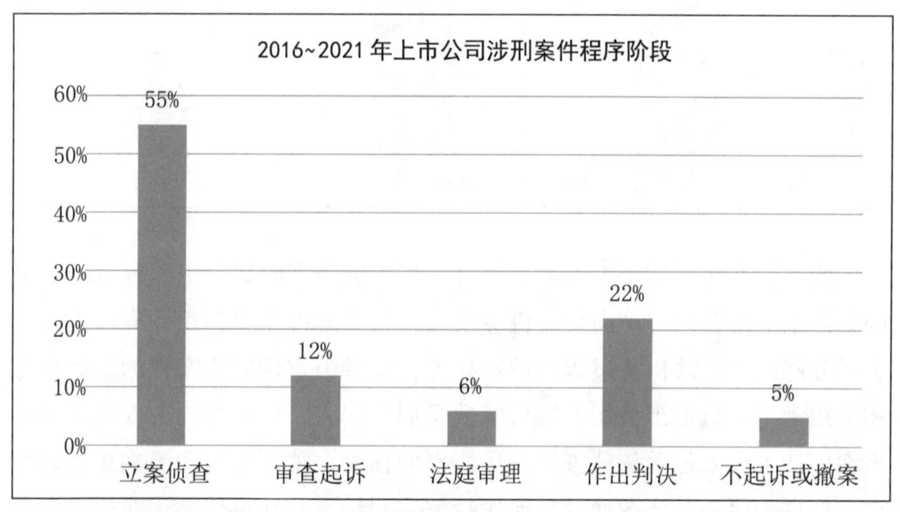

四、2016~2021年上市公司及关联主体遭受刑事侵害情况

（一）上市公司遭受职务类犯罪侵害的情况突出，遭受经营类犯罪和诈骗类犯罪侵害的问题也比较严重

根据统计，2016~2021年共有195家上市公司及关联主体遭受刑事侵害，其中遭受职务类犯罪侵害的有109起，遭受经营类犯罪和诈骗类犯罪

的分别是 24 起和 49 起，其他案件 13 起。〔1〕

职务类犯罪中比较高发的罪名是挪用资金罪和职务侵占罪，这两个罪名往往由上市公司或其关联主体内部员工实施。2016 年以来民营企业内部反腐已然成为当前公司治理的重要任务之一。特别是近几年关于互联网公司反腐的报道不绝于耳，员工虚构报销事宜或者与外部人员里应外合侵占公司财物、采购环节收受回扣等现象较为普遍。对此，事前建立完善的内部审批制度、事中落实有效的监督机制、事后辅以公司内部的调查惩处机制，从而形成严密的一体化内控合规体系，对现代企业治理极其重要。

另外，上市公司在构建合规体系的同时也要增强交易安全的防范意识，以免陷入刑事侵害的深渊。

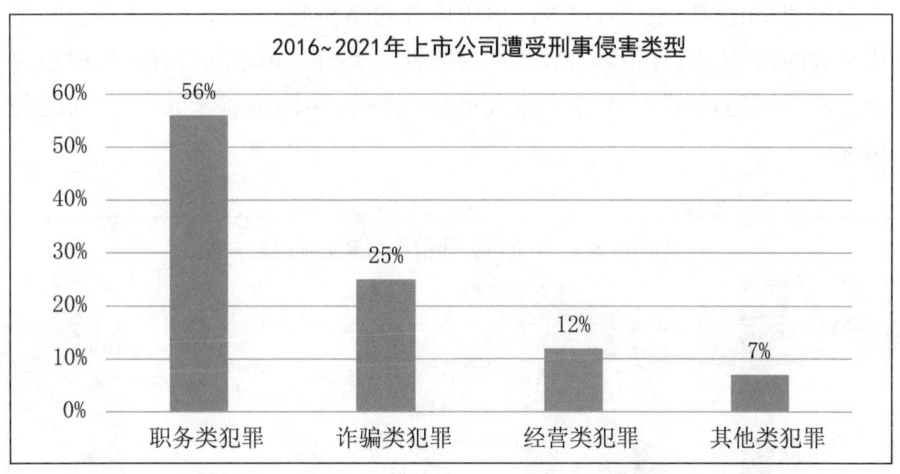

〔1〕 此处所指职务类犯罪，统计时涵盖了前文分类的一般职务类犯罪和贪贿类犯罪，具体包括贪污罪、职务侵占罪、挪用资金罪、挪用公款罪、背信损害上市公司利益罪、国有公司人员滥用职权罪等；经营类犯罪包括伪造公司印章罪，虚开发票罪，虚开增值税专用发票罪，伪造增值税专用发票罪，串通投标罪，隐匿会计凭证、会计账簿、财务会计报告罪，拒不支付劳动报酬罪，侵犯商业秘密罪，骗取贷款罪，组织、领导传销活动罪，非法经营罪，违法发放贷款罪等；诈骗类犯罪包括诈骗罪、合同诈骗罪、票据诈骗罪等。以上罪名分类系根据 2016~2021 年上市公司遭受刑事侵害罪名进行的初步归纳，不排除各类项下还包括其他罪名。

（二）侵害上市公司利益的行为主体大比例是上市公司董监高和内部人员

上市公司的利益不仅面临外部人员侵害，更多的是遭受内部人员侵害，后者占比高达81%。通过梳理内部人员的任职情况可以看出，企业“蛀虫”普遍存在于上市公司的各个层级，其中主要是公司的董监高。该部分人员由于通常掌握上市公司决策权，调动资源和掩饰隐藏犯罪证据的能力比一般员工更强，其实施损害上市公司利益的行为也比一般员工更为严重，所造成的损失金额也更为巨大。因此，上市公司应针对董监高制定专门的合规制度，防止董监高利用职务便利损害公司利益。

除董监高之外，上市公司内部人员与外部人员串通，里应外合侵害上市公司利益的案件也比较高发。该等内外勾结型犯罪同样会给上市公司造成很大的损失，且往往具有较强的隐蔽性，上市公司建立合规制度时也应相应考虑预防内部人员与外部人员里应外合共同损害上市公司利益的情况。

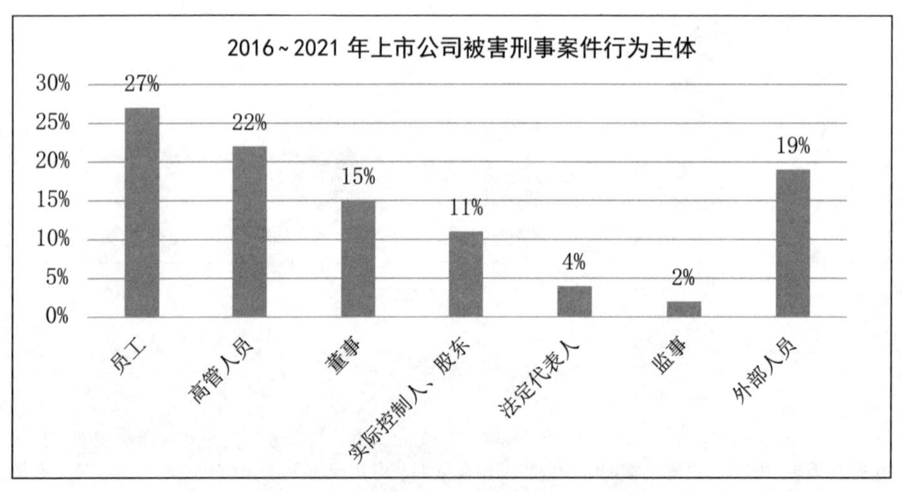

第二章

一、典型犯罪特征分析

企业在上市过程中一般涉及的犯罪主要为欺诈发行证券罪。目前，实践中企业通过虚构材料骗取 IPO 核准的案例较少。欺诈发行证券的典型案例是最高人民法院发布的证券犯罪典型案例之一的丹东欣泰电气股份有限公司、温德乙等欺诈发行股票、违规披露重要信息案，以及证监会公布的 2018 年证监稽查 20 起典型案例之一的金亚科技信息披露违法违规案。〔1〕

更常见的是企业在发行私募债券领域涉嫌欺诈发行的刑事案例。经研究裁判文书网等各类司法文书数据库公布的欺诈发行案例，80%的案例均为欺诈发行私募债券。主要的犯罪手段包括虚增营业收入、虚增利润总额、虚增资本公积金、虚构银行授信、隐瞒公司债务、聘请中介机构出具内容重大失实的审计报告等。此类案件案发的主要原因是企业未能支付逾期利息及本金，造成投资者重大经济损失。

值得注意的是，《刑法修正案（十一）》对该罪作了较大的修改，不但增加了欺诈发行证券的种类和本罪的实行主体，还大幅提高了自由刑，加重了罚金刑。因此，企业在证券发行过程中，应当更加慎重，一旦涉及本罪，相关责任人员面临的刑事惩罚也将更为严重。

---

〔1〕 2021 年 3 月 23 日，金亚科技发布公告称，已于近日收到四川省成都市中级人民法院对公司、时任公司董事长周旭辉等人涉嫌欺诈发行股票罪、违规披露重要信息罪等事项的一审判决。其中，金亚科技犯欺诈发行股票罪，被罚 392 万元。

二、重点案例解读

案情简介

2012年下半年，为解决建设某市纺机产业园的资金问题，被告单位A纺机有限公司（以下简称“A公司”）的法定代表人朱某决定通过B证券有限责任公司（以下简称“B证券公司”）申请发行私募债券筹集资金。

根据B证券公司发行私募债券的要求，需要由政府融资平台出具“不可撤销连带责任保证”的担保材料，经被告人朱某协调，某市交通投资建设集团有限公司（以下简称“C交投公司”）只同意为被告单位A公司发行私募债券出具信用评级担保的担保函、担保协议和董事会决议等担保材料。为A公司能顺利发行私募债券，朱某产生“变造交投公司担保材料、欺诈发行债券”的想法，后被告人朱某自己或安排他人对C交投公司出具的担保材料进行变造，将C交投公司出具的“信用评级”担保材料变造为“不可撤销连带责任保证”的担保材料，提供给B证券公司的调查人员，报深圳证券交易所审核通过。

2013年1月25日、3月25日，被告单位A公司委托B证券公司在深圳证券交易所发行期限均为两年的“12东某201”“12东某202”两期中小企业私募债券，额度分别为人民币1.1亿元、1.5亿元，所得资金均被用于公司经营。后，A公司未能全部按期还本付息，被告人朱某出逃。

法院判决被告单位A公司犯欺诈发行债券罪，判处罚金人民币一千三百万元；被告人朱某犯欺诈发行债券罪，判处有期徒刑三年，缓刑五年。

法律规定

《刑法》第160条[1]【欺诈发行证券罪】

在招股说明书、认股书、公司、企业债券募集办法等发行文件中隐瞒重要事实或者编造重大虚假内容，发行股票或者公司、企业债券、存托凭

〔1〕【刑法修订】本条为2020年《刑法修正案（十一）》第8条修订后的内容。

证或者国务院依法认定的其他证券，数额巨大、后果严重或者有其他严重情节的，处五年以下有期徒刑或者拘役，并处或者单处罚金；数额特别巨大、后果特别严重或者有其他特别严重情节的，处五年以上有期徒刑，并处罚金。

控股股东、实际控制人组织、指使实施前款行为的，处五年以下有期徒刑或者拘役，并处或者单处非法募集资金金额百分之二十以上一倍以下罚金；数额特别巨大、后果特别严重或者有其他特别严重情节的，处五年以上有期徒刑，并处非法募集资金金额百分之二十以上一倍以下罚金。

单位犯前两款罪的，对单位判处非法募集资金金额百分之二十以上一倍以下罚金，并对其直接负责的主管人员和其他直接责任人员，依照第一款的规定处罚。

律师点评

实践中，人民法院公开的欺诈发行证券罪的案例较少。本书从一起欺诈发行中小企业私募债券案例作为切入点，对本罪相关司法认定难点进行分析。

1. 本罪的构成要件

本罪的构成要件如下：

(1) 客体要件

本罪侵犯的客体是复杂客体，主要是国家关于证券市场的发行管理制度，此外还侵犯了证券市场的公平秩序，以及投资者的合法权益与信赖利益。证券发行企业有义务如实披露相关情况，让公众了解公司的真实情况。一旦证券以欺诈为前提获得公开发行，成为可以自由投资的市场标的之一，那么不特定多数的大众投资者都可能成为欺诈发行的潜在受害者。本罪不仅严重危害证券市场秩序，危害证券发行制度，还会给投资者带来直接的经济损失，极大影响公众对证券市场的信心，甚至可能引发市场动荡。

(2) 客观要件

本罪的客观方面包括如下行为：①行为人必须实施在招股说明书、认股书、公司、企业债券募集办法等发行文件中隐瞒重要事实或者编造重大虚假内容的行为；②在此基础上，行为人必须实施了发行股票或公司、企业债券、存托凭证或国务院依法认定的其他证券的行为；③行为人制作虚假的招股说明书、认股书、公司债券募集办法等发行文件发行的股票或者公司、企业债券、存托凭证或国务院依法认定的其他证券的行为，必须达到“数额巨大、后果严重或者有其他严重情节”，才构成犯罪。

（3）主体要件

本罪的主体是特殊主体，主要是单位，包括参与公司发起设立的法人单位或已经设立的证券发行公司、企业。值得注意的是，无论是单位直接实施的，还是单位作为控股股东、实际控制人组织、指使实施的，都应当适用单位犯罪的双罚制规定，即对单位判处罚金，同时对单位直接负责的主管人员和其他直接责任人员追究刑事责任。

自然人在一定条件下也能构成本罪，主要是参与公司发起设立的自然人、公司企业的自然人控股股东、自然人实际控制人等。

（4）主观要件

本罪在主观方面只能由故意构成，即行为人明知所制作的发行文件隐瞒了重要事实或编造了重大虚假内容，过失不能构成本罪。

2. 本罪的立案追诉标准

根据《最高人民检察院、公安部关于公安机关管辖的刑事案件立案追诉标准的规定（二）》［以下简称《立案追诉标准（二）》］第5条的规定，本罪的立案追诉标准如下：（1）发行数额在五百万元以上的；（2）伪造、变造国家机关公文、有效证明文件或者相关凭证、单据的；（3）利用募集的资金进行违法活动的；（4）转移或者隐瞒所募集资金的；（5）其他后果严重或者有其他严重情节的情形。

本罪往往由证券监管部门在行政执法中发现犯罪线索后，移送公安机关；对于未达到刑事立案追诉标准的，证券监管部门通常会对该行为作出相应的行政处罚。

3.《刑法修正案（十一）》对本罪所作改动

原欺诈发行股票、债券罪最初系1995年全国人大常委会在《关于惩治违反公司法的犯罪的决定》中增设的罪名，1997 年本罪被正式纳入《刑法》，此后一直到《刑法修正案（十一）》出台前都没有进行任何改动。但该罪出现之后的 20 余年间，《中华人民共和国证券法》（以下简称《证券法》）却经历了多次修订，证监会相关规定、上交所和深交所的上市交易规则也在不断更新。2019 年最新修订的《证券法》以法律层面确定了推行证券发行注册制，但这并不代表降低了对证券发行的监管要求与监管力度。针对欺诈发行，《证券法》多措并举，不仅大幅提升惩处金额至千万量级，也确立了欺诈发行回购、先行赔付等配套救济制度。

在此背景下，2020 年 12 月 26 日发布的《刑法修正案（十一）》对欺诈发行证券罪的规定作了相应修改，新旧条文对比如下：

版本	欺诈发行证券罪
原刑法	在招股说明书、认股书、公司、企业债券募集办法中隐瞒重要事实或者编造重大虚假内容，发行股票~~或者公司、企业债券~~，数额巨大、后果严重或者有其他严重情节的，处五年以下有期徒刑或者拘役，并处或者单处~~非法募集资金金额百分之一以上百分之五以下~~罚金。 单位犯前款罪的，对单位判处罚金，并对其直接负责的主管人员和其他直接责任人员，~~处五年以下有期徒刑或者拘役~~。
刑法修正案（十一）（草案）征求意见	在招股说明书、认股书、公司、企业债券募集办法 *等发行文件*中隐瞒重要事实或者编造重大虚假内容，发行股票或者公司、企业债券，数额巨大、后果严重或者有其他严重情节的，处五年以下有期徒刑或者拘役，并处或者单处罚金；*数额特别巨大、后果特别严重或者有其他特别严重情节的，处五年以上有期徒刑，并处罚金。* *控股股东、实际控制人组织、指使实施前款行为的，处五年以下有期徒刑或者拘役，并处或者单处非法募集资金金额百分之二十以上一倍以下罚金；数额特别巨大、后果特别严重或者有其他特别严重情节的，处五年以上有期徒刑，并处非法募集资金金额百分之二十以上一倍以下罚金。* 单位犯前两款罪的，对单位判处 *非法募集资金金额百分之二十以上一倍以下*罚金，并对其直接负责的主管人员和其他直接责任人员，*依照第一款的规定处罚*。

续表

版本	欺诈发行证券罪
刑法修正案（十一）（草案二次审议稿）征求意见	在招股说明书、认股书、公司、企业债券募集办法 *等发行文件*中隐瞒重要事实或者编造重大虚假内容，发行股票、*公司债券、企业债券、存托凭证或者国务院依法认定的其他证券*，数额巨大、后果严重或者有其他严重情节的，处五年以下有期徒刑或者拘役，并处或者单处罚金；*数额特别巨大、后果特别严重或者有其他特别严重情节的，处五年以上有期徒刑，并处罚金。* *控股股东、实际控制人组织、指使实施前款行为的，处五年以下有期徒刑或者拘役，并处或者单处非法募集资金金额百分之二十以上一倍以下罚金；数额特别巨大、后果特别严重或者有其他特别严重情节的，处五年以上有期徒刑，并处非法募集资金 金额百分之二十以上一倍以下罚金。* 单位犯前两款罪的，对单位判处 *非法募集资金金额百分之二十以上一倍以下罚金*，并对其直接负责的主管人员和其他直接责任人员，*依照第一款的规定处罚。*
刑法修正案（十一）	在招股说明书、认股书、公司、企业债券募集办法 *等发行文件*中隐瞒重要事实或者编造重大虚假内容，发行股票 *或者公司、企业债券、存托凭证或者国务院依法认定的其他证券*，数额巨大、后果严重或者有其他严重情节的，处五年以下有期徒刑或者拘役，并处或者单处罚金；*数额特别巨大、后果特别严重或者有其他特别严重情节的，处五年以上有期徒刑，并处罚金。* *控股股东、实际控制人组织、指使实施前款行为的，处五年以下有期徒刑或者拘役，并处或者单处非法募集资金金额百分之二十以上一倍以下罚金；数额特别巨大、后果特别严重或者有其他特别严重情节的，处五年以上有期徒刑，并处非法募集资金金额百分之二十以上一倍以下罚金。* 单位犯前两款罪的，对单位判处 *非法募集资金金额百分之二十以上一倍以下罚金*，并对其直接负责的主管人员和其他直接责任人员，*依照第一款的规定处罚。*

《刑法修正案（十一）》对本罪的修改可以归纳为如下几个方面：

第一，在法定刑上，提高了本罪的最高法定刑。原《刑法》规定的欺诈发行股票、债券罪，最高法定刑为 5 年有期徒刑。《刑法修正案（十一）》增设了“数额特别巨大、后果特别严重或者有其他特别严重情节的，处五年以上有期徒刑，并处罚金”的量刑档次，将最高法定刑提高至

15 年有期徒刑。

第二，在犯罪对象上，增加了“存托凭证或者国务院依法认定的其他证券”。为适应新时代金融市场的发展变化，配合《证券法》的修改，《刑法修正案（十一）》将存托凭证和国务院依法认定的其他证券规定为欺诈发行的对象。存托凭证是一种由存托人签发、以境外证券为基础的，在中国境内发行、代表境外基础证券权益的新型证券。金融行业总是在不断地变革与创新，对于今后可能出现的其他新证券类型，如果涉及欺诈发行，也可以根据“国务院依法认定的其他证券”这一兜底性条款，认定构成本罪。

第三，在犯罪主体上，专门规定控股股东和实际控制人的刑事责任。控股股东、实际控制人通常在上市公司当中拥有巨大的控制力，特别是在公司上市之前，控股股东、实际控制人更是对公司具有最直接的控制。同时，该等主体往往也是欺诈发行行为最直接的获益人。实践中，公司直接负责的主管人员和其他直接责任人员很可能只是听命于控股股东、实际控制人而在执行层面落实了欺诈发行，但后者却不在原《刑法》及相关司法解释明确规定的刑罚范围内，因而《刑法修正案（十一）》明确将控股股东、实际控制人列为能够构成本罪的主体，同时增加对这些关键少数人的罚金刑，将刑罚范围罗织得更为严密。

第四，在欺诈内容上，增加了“等发行文件”的兜底表述。发起人向社会公开募集股份必须公告招股说明书并制作认股书。发行公司、企业债券的申请经批准后，应当公告公司及企业债券募集办法，以便投资者了解公司企业的财务状况、经营状况和资本状况，这些信息的真实与否，直接影响投资者所作的投资决定。原《刑法》中的欺诈范围仅限于招股说明书、认购书以及公司、企业债券募集办法三类文件。但实际上在证券发行过程中，需要披露的文件不仅于此。

对于“等发行文件”具体包括哪些文件，还有待后续的司法解释与司法实践进一步澄清，目前存在如下三种观点：

第一种观点认为，“等发行文件”根据同类解释，仅指与“招股说明书或募集办法”具有相当性的文件，即与发行密切相关的文件。

第二种观点认为，“等发行文件”包括所有2019年修订的《证券法》第11、13、16条所明确的设立公开发行股份、公司公开发行新股、申请公开发行公司债券需要报送的文件，具体为：公司章程、发起人协议、股东大会决议、出资种类及验资证明、招股说明书或者其他公开发行募集文件、承销机构名称及有关的协议、公司营业执照、财务会计报告、公司债券募集办法、发行保荐书等文件。

第三种观点认为，既然《刑法修正案（十一）》在本罪中新增了公司、企业债券、存托凭证或者国务院依法认定的其他证券，那么“等发行文件”也是指这些新增的证券类型在发行时相对应的发行文件。

笔者认为，《刑法修正案（十一）》以“等发行文件”与“国务院依法认定的其他证券”相对应，属于刑法条文对该罪相关情形的兜底性条款，由此使该罪规制的范围不再局限在目前已经出现的证券种类。刑法意义下的“发行文件”既包括已在《证券法》明确的现有的各类发行文件，也包括今后可能出现的任何“其他证券”所对应的发行文件。

4. 本案中，私募债券是否属于欺诈发行债券的犯罪对象？

在2012年以前，证券市场中的“债券”仅指公开发行债券（公募债券）。2012年起，深圳证券交易所和上海证券交易所分别制定了《深圳证券交易所中小企业私募债券业务试点办法》〔1〕和《上海证券交易所中小企业私募债券业务试点办法》〔2〕，此后证监会又进一步出台《公司债券发行与交易管理办法》，对发行私募债券的条件、程序作出了具体规定。因为私募债券发行条件较低，发行程序也较为简便，私募债券市场不断壮大，也出现了许多欺诈发行违规问题，引发民事纠纷，使发行主体受到行政处罚甚至进入刑事程序。

私募债券是否是欺诈发行证券罪的对象在实践中存在争议，但《刑法》中并未对债券的范围作特殊规定，“发行”从文义上并未排除非公开

〔1〕 2015年5月29日，深圳证券交易所发布《深圳证券交易所非公开发行公司债券业务管理暂行办法》的通知，《深圳证券交易所中小企业私募债券业务试点办法》被废止。

〔2〕 2015年5月29日，上海证券交易所发布《上海证券交易所非公开发行公司债券业务管理暂行办法》的通知，《上海证券交易所中小企业私募债券业务试点办法》被废止。

发行。因此，将私募债券作为《刑法》第 160 条的对象并不违反罪刑法定原则。在案例一中，法院对欺诈发行债券包括私募债券给出了肯定的结论，理由如下：

首先，根据我国《证券法》（2005 修订）第 10 条的规定，按照是否需要报经国家证券监管部门核准，将证券发行分为公开发行和非公开发行两类，公开发行证券必须要报经国家证券监管部门核准，私募债券不需要报经核准，属于非公开发行的债券种类。

其次，我国《刑法》第 160 条将发行对象表述为“公司、企业债券”，对其并未作“公开发行”的限定，而私募债券本身属于我国《证券法》调整的非公开发行的债券类型，不应超出法条本身的文义对债券种类作限缩性解释。

最后，欺诈发行证券罪保护的法益是国家对证券市场的管理秩序及投资者的合法权益。私募债券虽是非公开发行，对发行对象及投资者人数有严格限制，但在一定范围内也是不特定的，发行人采取欺诈手段发行私募债券，同样会损害投资者的利益、扰乱正常的证券市场秩序。

5. 本案中，变造担保材料是否属于编造重大虚假内容？

如前所述，构成本罪必须存在隐瞒重要事实或者编造重大虚假内容的情况，即欺诈的内容必须具有“重大性”。但具体如何判断重大性，现有法律法规、司法解释未予以明确，笔者认为，隐瞒或虚构的事实只有对证券能否发行造成实质性影响，才能构成重大性。

在本案中，法院认为，根据《深圳证券交易所中小企业私募债券业务试点办法》第 4 条的规定，发行人应当保证发行文件及信息披露内容真实、准确、完整，不得有虚假记载、误导性陈述或重大遗漏。本案中，A 公司根据承销商 B 证券公司的要求准备材料，其中即包括政府平台提供不可撤销连带责任担保材料，并在其备案材料及募集说明书中均作为一个重要内容向投资者披露。根据在案供述与证言，如果没有政府融资平台作出不可撤销连带责任担保，此次发行不会审核通过，相关担保材料对发行能否审核通过造成了实质性影响，因此变造担保材料应当属于欺诈发行债券罪中的“编造重大虚假内容”。

但值得注意的是，证券发行注册制已作为一项资本市场基础性制度写入新《证券法》。在科创板、创业板先行先试的基础上，下一阶段，注册制改革将分步骤向全市场推开。在这一背景下，欺诈发行违法的样态可能会发生变化。在核准制度下，发行人申请发行时，证券监管机构需要对申报发行文件进行全面审核。因此，发行人一旦实行欺诈行为，直接的欺诈对象就是证券监管机构，间接的欺诈对象才是证券市场中不特定的投资者。所以在核准制背景下，欺诈重大性的标准可参考证券监管部门审核标准，通常认为若能影响到证券监管机构的审核决定则具备重大性。而在注册制度下，证券监督管理机构不再承担行政审批的职责，虚假的发行文件将直接面向证券市场中的投资者。因此，在注册制背景下，重大性标准可以考虑采用理性投资者标准，信息能影响到理性投资者的投资决定即具备重大性。

三、合规及预防重点

在证券发行过程中，发行人如果并不满足发行的实质条件，但为顺利通过证券监管部门的审核，可能会在招股说明书、认股书、公司、企业债券募集办法等发行文件中，隐瞒重大事实或者编造重大虚假内容。笔者列举了如下几种行为，发行人或其实际控制人、控股股东应将其作为证券发行中的红线，坚决不能触碰。

（一）严禁通过少计提坏账的方式虚增净利润

在证券发行过程中，监管机构必然会关注发行人的盈利能力。而部分企业为在表面上夸大盈利能力，可能会通过少计提坏账的方式虚增净利润。该种行为可能会被认定为虚构财务数据，涉嫌编造重大虚假内容，发行人应严格禁止。

（二）严禁通过组织单位工作人员以借款、使用自有资金的方式虚构收回应收款

如果发行人为夸大盈利能力，通过组织单位工作人员以借款、使用自有资金的方式虚构收回应收款，然后采用在报告期末（年末、半年末）冲

减应收款项，下一会计期期初冲回的方式，虚构相关财务数据。该行为可能会被认定为编造虚假内容，骗取了监管机构的发行核准，应严格禁止。

（三）严禁向中介机构提供虚假的纳税证明或纳税报表等财务资料，误导中介机构出具不符合实际情况的审计报告或法律意见

部分发行人可能会认为，审计报告或法律意见由中介机构出具，应由中介机构对其真实性负责。但是，如果发行人故意向中介机构提供虚假的财务资料，故意隐瞒重大事实或编造重大事项，误导中介机构出具不符合实际情况的报告或意见，发行人依然可能会被追究刑事责任。

（四）严禁通过将账外收入调整至账内财务报表中的方式，篡改财务数据、虚增发行人净利润

在证券发行过程中，部分发行人要求审计人员，将发行人的账外收入违规调整至账内财务报表中，从而增加营业收入和净利润的数据，根据该虚假的财务数据编制与实际情况不符的审计报告。该种行为涉嫌编造重大事项，发行人或审计的相关人员，都可能面临刑事追责的法律风险。

（五）严禁通过伪造销售合同、客户印章以及收付款凭证的方式，夸大发行人的盈利能力

实践中，部分发行人为了夸大盈利能力，采用伪造销售合同、客户印章等方式，虚增发行人应收账款，夸大其营业收入，进而夸大其盈利能力。该种行为可能会被认定为发行人隐瞒其真实经营状况，涉嫌欺诈发行。

（六）严禁发行人对所筹资金的使用提出虚假的计划、虚假的经营生产项目

发行人对所筹资金的使用计划以及虚假资金未来的生产经营项目，通常是监管部门或者投资人重点关注的要素，如果发行人在发行文件中提出了虚假的资金使用计划，或者虚假经营项目，可能涉嫌欺诈发行。

（七）严禁故意隐瞒发行人所负债务或正在进行的重大诉讼事项

发行人所负的债务或者正在进行的重大诉讼事项，是投资人对发行人盈利能力或者合规经营进行识别或判断的依据，因此，此类信息通常被认定为重要事实。如果发行人故意隐瞒此类事实，可能涉嫌欺诈发行。

（八）严禁在发行债券过程中，提供伪造的担保合同、担保函等资料，夸大发行人的偿付能力

部分发行人为顺利发行债券，在未征得担保人同意的情况下，擅自伪造担保人愿意为该债券偿付提供担保的相关资料，从而增强投资人购买其所发行债券的信心。该种行为，涉嫌在发行债券过程中编造重大虚假内容。

第三章

融资并购可能涉及的刑事犯罪

一、典型犯罪特征分析

上市公司在融资并购过程中常见的刑事风险集中于诈骗和非法集资。其中非法集资的手段主要发生在上市公司的关联公司中，具体特征详见后文案例分析。本部分将重点介绍上市公司涉及诈骗案件的特征。根据公开渠道研究的情况[1]，2016~2021 年公布的上市公司涉嫌刑事诈骗的案件有 81 起。相比之下，同一时期上市公司遭受刑事诈骗的案件数量虽略少，也有 49 起。主要具有如下特征：

（一）多环节存在被诈骗的风险

诈骗犯罪多发于贸易、运营管理、票据及并购四个环节。其中发案率最高的是贸易环节；公司日常管理期间遭受的刑事诈骗也占比较大；尽管票据及并购环节发生的诈骗案件总体数量偏少，但由于该类案件涉案金额普遍较高，仍值得上市公司重点关注。

（二）制造业遭受诈骗风险较高

2016~2021 年遭受诈骗的上市公司涉及多个行业。其中，制造业由于与商业贸易紧密相关，案发率较高。信息技术服务业、科研和技术服务业、租赁和商务服务业以及交通运输、仓储和邮政业领域等快速发展的行

---

〔1〕 本书相关数据系以“股份有限公司/上市公司+诈骗+被害单位”为关键词在威科先行数据库检索得出，相关情况可能因案例库收录数据有限而存在不全的情况，具体数据仅供参考。

业，随着市场不断扩大，遭受诈骗的风险也有所提升。相比于传统领域的上市公司，此类快速发展行业的上市公司更需要不断完善其反诈骗合规制度。

（三）涉案金额整体偏高

由于上市公司通常资金实力雄厚，一旦遭受刑事诈骗，损失金额往往较普通企业更大。前述案例显示，超过30%的受骗上市公司损失金额逾千万元，个别上市公司受损金额甚至高达亿元。除了损失金额特别巨大的案件对上市公司股价的影响，其他损失金额较小的诈骗案件尽管不致对上市公司造成实质性影响，但其所暴露的管理缺陷可能引发市场对于上市公司经营管理能力的质疑，也同样可能进一步影响上市公司股价及商誉。

（四）贸易诈骗，屡屡得手

贸易合作是上市公司及其子公司遭受刑事诈骗的“重灾区”。贸易环节常见的刑事诈骗手段主要有伪造业务材料、以假充真、以次充好、冒用他人名义及其他手段等。

第一，关于伪造业务材料。贸易环节刑事诈骗往往与伪造印章紧密相关。行为人通过伪造公司印章制作相关业务材料，包括虚假库存明细、虚假担保文件、虚假合同材料等，进而骗取巨额财物。由于外部主体难以核查印章真实性，行为人屡屡得逞。更为棘手的是，实施前述行为的主体大多是个人，偿付能力低下，上市公司受害损失往往难以得到全额偿付。

第二，关于以假充真、以次充好。在电商物流日益发达的今日，利用互联网电商经营模式、以假充真、以次充好实施的新型诈骗较容易得手。行为人利用电商退货或者物流赔付，将事先准备好的伪劣产品代替退货或者用以申请赔付。该种诈骗行为涉案金额一旦符合刑事案件立案追诉标准的数额，即构成刑事犯罪。因此，对于参与电商业务及物流业务的上市公司而言，特定情况下可以考虑使用刑事举报手段维护受损权益。

第三，关于冒用他人名义。该种诈骗手段一般表现为行为人冒用交易方名义与上市公司签订合同骗取款项。尽管该种诈骗手段并没有多高的“技术含量”，但由于上市公司本身疏于审查交易相关信息而引发的刑事诈骗案件并不在少数。对此，上市公司有必要建立详细的交易合作方身份信息核实制度。

（五）运营环节，防不胜防

上市公司在日常运营管理环节所遭受的刑事诈骗手段类型多样。常见手段包括以下三种：

第一，虚构材料骗取资金。上市公司在日常经营管理环节需要重点防范内部员工及相关后勤部门实施的诈骗行为。例如公司员工虚构工伤保险参保证明骗取公司补贴、伪造业绩骗取公司奖励、伪造账单骗取公司支付款项、票务公司虚构差旅款项等。尽管此类诈骗手段涉及金额较小，但长此以往将增加公司运营成本、加大财务负担。

第二，伪造担保材料。特别是租赁和商务服务领域以及金融相关领域的上市公司，交易方利用伪造担保文件骗取款项或者物品的案件频发。实践中，也存在合作第三方及公司内部人员为追求业绩疏于审核担保文件，配合伪造担保文件的情况。因此，上市公司应在确保交易灵活性的基础上，不断提升经营安全的审查力度。

第三，利用网络骗取资金。随着网络日益发达，上市公司也成为网络诈骗的受害者。我们注意到，相当一部分案例中，犯罪分子通过社交软件冒充上市公司高管人员的身份指使员工付款。实践中，上市公司应贯彻并不断完善公司内部付款制度，尽量减少通过社交软件等非正规方式的大额支出。

（六）票据环节的诈骗案件，数量回落

随着银行监管部门、公安机关多年来对票据违法案件的严厉打击，近期票据领域违规违法案件数量有所回落，但因票据引发的刑事案件仍不少，且涉案金额巨大。在我们研究的上市公司遭受票据诈骗案件中，超过一半案件的损失金额达到亿元，此类案件中上市公司损失金额远超其他诈骗犯罪，因此上市公司对于票据环节的诈骗犯罪仍应保持高度警惕。票据环节刑事诈骗案件同样离不开伪造印章和虚构材料。行为人往往利用伪造的印章虚构交易材料，骗取上市公司开具商业承兑汇票或者信用证，或者

低价购买伪造银行承兑汇票，导致上市公司遭受巨额损失。特别是针对个人办理大额票据业务的交易，上市公司应格外注意，应审慎、全面地开展尽调工作。

(七) 并购环节，陷阱重重

尽管上市公司并购审查较为严格，且有多方中介参与，但近几年发生于并购环节的刑事诈骗案件仍层出不穷。鉴于此类案件数量整体较少，我们收集了往年案例。实践中发生于并购环节的诈骗行为主要包括如下两种手段：

第一，财务造假，虚增业绩。财务造假、虚假业绩是并购环节中目标公司相关人员实施诈骗通常使用的手段，其目的是在并购中获取较高对价。具体行为方式包括：虚构交易虚增利润、虚构项目、虚构应收账款债权、虚构业绩及资产等。在此过程中，标的公司可能自行伪造相关材料，也可能与其关联公司或相关供应商串通虚构，甚至中介机构也可能会参与其中。

第二，隐瞒债务，隐瞒担保。隐瞒目标公司债务也是收购环节可能出现的诈骗手段，常见情形有隐藏对外负债、高管人员隐瞒其以标的公司名义为个人债务或第三方债务提供担保或直接借款等。部分公司经营期间处于“一言堂”，且印章管理制度不够规范，此类对外担保借款事项，公司自身也可能没有相关记录留存，这给收购方及中介机构的尽调工作造成巨大障碍。

二、重点案例解读

(一) 上市公司融资类犯罪案例分析

案情简介

B公司是一家集矿产、制造、房地产开发、医药、建筑、旅游、金融等于一体的大型现代化企业集团，总资产近百亿元，下辖实业、置业、医药、建设四大集团，旗下持有一上市公司P公司11.43%股份。

自1997年以来，B公司设立内部结算中心，其未经国家批准，擅自以月息6厘至1.5分不等的利息公开向社会不特定公众吸收存款，并向公众出具集资款收据、投资款收据、产（股）权转让凭证等凭据，共计非法吸收公众存款人民币203亿余元。许某甲作为B公司法定代表人，领导、管理结算中心的存款利率、资金使用、人事安排等，许某甲儿子许某乙、女婿作为公司董事，负责资金使用、人事调整与对外宣传公司投资项目。

2016年初，因B公司的投资人挤兑，许某乙为还款，以B公司名义向任某借款5000万元，商定由B公司持股的P公司提供抵押物。许某乙明知P公司法定代表人张某不同意以公司名义担保，擅自伪造了P公司的印章、张某的印章和董事会决议，并以其伪造的材料以P公司名义与任某签订了保证合同。许某乙还以B公司名下的房产作为抵押并尝试办理抵押登记手续，但因该房产存在违章建筑而未能成功办理抵押手续。案发后B公司仍欠任某3920余万元未归还。

2017年4月28日，因许某甲及其女婿、许某乙等人涉嫌非法吸收公众存款罪、诈骗罪被某市公安机关刑事立案并采取强制措施。案件经侦查、审查起诉、一审，截至一审判决时，B公司尚有14 800余人的存款共计人民币22.4亿余元未归还。

一审法院判决，B公司构成非法吸收公众存款罪，许某甲及其女婿、许某乙等公司高管作为直接责任人员，均应被追究刑事责任，判处二至七年不等的刑罚。同时判决许某乙伪造P公司印章提供虚假担保、借款未还的行为构成诈骗罪，判处有期徒刑十五年。许某甲等人随后上诉。

经二审法院审理认为，B公司、许某甲等人非法吸收公众存款罪成立，维持该部分判决；认定许某乙不存在非法占有的目的，不构成诈骗罪，撤销该罪名及其量刑。

受该案影响，B公司持有的11.43% P公司股份被司法冻结，B公司进入破产清算程序，且已资不抵债或缺乏债务清偿能力。

法律规定

《刑法》第176条[1]【非法吸收公众存款罪】

非法吸收公众存款或者变相吸收公众存款，扰乱金融秩序的，处三年以下有期徒刑或者拘役，并处或者单处罚金；数额巨大或者有其他严重情节的，处三年以上十年以下有期徒刑，并处罚金；数额特别巨大或者有其他特别严重情节的，处十年以上有期徒刑，并处罚金。

单位犯前款罪的，对单位判处罚金，并对其直接负责的主管人员和其他直接责任人员，依照前款的规定处罚。

有前两款行为，在提起公诉前积极退赃退赔，减少损害结果发生的，可以从轻或者减轻处罚。

《刑法》第192条[2]【集资诈骗罪】

以非法占有为目的，使用诈骗方法非法集资，数额较大的，处三年以上七年以下有期徒刑，并处罚金；数额巨大或者有其他严重情节的，处七年以上有期徒刑或者无期徒刑，并处罚金或者没收财产。

单位犯前款罪的，对单位判处罚金，并对其直接负责的主管人员和其他直接责任人员，依照前款的规定处罚。

律师点评

该案为少有的涉及上市公司的非法融资案件，其中覆盖了融资犯罪常见的争议焦点与司法实践问题，包括吸收公众存款行为非法性、社会性、资金用途、涉案财物冻结，以及诈骗罪中非法占有目的等问题。下文将对这些问题逐一展开分析论述。

1. 本案吸收公众存款的行为是否具有非法性？

根据《最高人民法院关于审理非法集资刑事案件具体应用法律若干问题的解释》（以下简称《非法集资司法解释》），如行为人违反国家金融

〔1〕【刑法修订】本条为2020年《刑法修正案（十一）》第12条修订后的内容。

〔2〕【刑法修订】本条为2020年《刑法修正案（十一）》第15条修订后的内容。

管理法律规定，向社会公众（包括单位和个人）吸收资金的行为，同时具备“非法性”“公开性”“利诱性”“社会性”特征的，则构成非法吸收公众存款罪。

那么“非法性”所指的“法”的范围有哪些？根据2019年颁布的《最高人民法院、最高人民检察院、公安部关于办理非法集资刑事案件若干问题的意见》［以下简称《办理非法集资刑案意见（2019）》］，认定行为人“违反国家金融法律规定”，应当以国家金融管理法律规定作为依据，对于国家金融管理法律法规仅作原则性规定的，可以根据法律规定的精神并参考中国人民银行、中国银行保险监督管理委员会、中国证券监督管理委员会等行政主管部门制定的部门规章或者国家有关金融管理的规定、办法、实施细则等规范性文件予以认定。

进而，《防范和处置非法集资条例》明确规定：“非法集资，是指未经国务院金融管理部门依法许可或者违反国家金融管理规定，以许诺还本付息或者给予其他投资回报等方式，向不特定对象吸收资金的行为。”

由上述规定可知，在我国，面向公众吸收存款或向不特定对象集资的行为，需要经国务院金融管理部门依法许可方能开展。因此，凡是未经国务院金融管理部门依法许可而开展上述业务，均属非法集资行为，具备了非法性。

本案中，B公司设立内部结算中心，面向社会公众吸收资金，并向公众出具集资款收据、投资款收据、产（股）权转让凭证等，承诺在一定期限内还本付息，应认定为属于吸收公众存款的行为。而B公司经营该业务并未经过中国人民银行批准，且其于1998年3月曾收到中国人民银行某市支行《关于立即停止非法集资活动并逐步清退非法集资款的函》，明确其行为属非法集资，违反了国务院及人民银行的相关规定，要求该公司立即停止非法集资活动，对现有集资款逐步清退，但B公司依然未停止其集资行为。

综上，B公司及相关责任人员吸收公众存款的行为具有非法性。

2. 本案在认定非法吸收公众存款的犯罪数额时是否应当剔除吸收的部分亲友、内部职工的资金数额?

本案中，B 公司向社会公众、B 公司内部职工、B 公司管理人员的亲友募集资金，一审辩护人据以主张因内部人员、亲友不属于社会公众，该部分吸收存款的行为不具备“社会性”，因而应当扣除该部分金额。

上述“亲友、内部人员不属于社会公众”的论点主要依据是《非法集资司法解释》第 1 条，该条规定“未向社会公开宣传，在亲友或者单位内部针对特定对象吸收资金的，不属于非法吸收或者变相吸收公众存款”。通过该出罪条款，司法机关得以将中国社会中常见的亲友之间借款的民间借贷行为排除在刑法射程之外。

然而，根据《办理非法集资刑案意见（2019）》第 5 条的规定，如果行为人“向社会公开宣传、同时向不特定对象、亲友或者单位内部人员吸收资金”，则向亲友或者单位内部人员吸收的资金应当与向不特定对象吸收的资金一并计入犯罪数额。

因此，本案中 B 公司虽部分吸收的资金来源于内部职工及亲友，但因其同时向社会公开宣传，面向不特定对象吸收资金，根据前述规定，其向亲友或单位内部人员吸收的资金亦应一并计入非法吸收公众存款罪的犯罪数额。

3. 本案在定性时是否应考察吸收资金的用途?

本案一审辩护人主张，B 公司吸收公众存款后用于 B 公司的合法生产经营，不构成非法吸收公众存款罪。吸收公众存款后的资金用途是非法吸收公众存款罪的常见辩点，然而理论与实践层面对于该辩点的态度有明显差异。

有观点认为，因非法吸收公众存款罪属于扰乱金融秩序的犯罪，只有吸收公众存款资金后续的用途为货币、资本经营，扰乱了金融秩序，才应当构成犯罪。比如，张明楷教授认为，“只有当行为人非法吸收公众存款，用于货币、资本的经营时（如发放贷款），才能认定为扰乱金融秩序，才应以本罪论处”。[1]周泽律师认为，“非法吸收公众存款犯罪的认定应当从非法从事资本、货币经营的角度去看。如果仅仅是吸收社会资金，而未进行资本、货币经营，即使未经银行批准，也不应该认定为非法吸收公众存款”。[2]前述观点试图将吸收资金用于实体经营的行为去罪化，也是对当下司法实践中，非法吸收公众存款罪被越来越多地用于处理涉众型债权债务纠纷、有成为“口袋罪”趋势的回应。

另有观点认为[3]，非法吸收公众存款罪所保护的对象是对于投资风险不知情的投资人。因为民间集资者缺乏类似银行等金融机构的制度约束和监管机制，集资者与投资者之间的信息不透明，投资者并不清楚其资金去向与还款来源，集资人可能挪用或不负责任地使用资金，或是蜕变为借新还旧的庞氏骗局，以“击鼓传花”的方式在不同投资者之间转移风险。行为人将资金用于货币经营、吸储放贷时，因其经营模式的复杂性、专业性，投资人无法判断投资风险，脱离了双方自愿交易的范畴；而如果行为人只是将资金用于实体经营，且集资方披露信息完整，投资人明知风险而自愿提供借款，则不应当构成非法吸收公众存款罪。

司法实践中，上述观点并未被采纳。根据《非法集资司法解释》第3条[4]的规定，吸收公众存款后资金用于实际生产、经营的辩点能否作为出罪、免予刑事处罚的理由，往往取决于行为人能否清退所吸收的资金。如行为人吸收公众存款后虽用于开展实际经营活动，但最终无法清偿的，仍然会被认定为犯罪。

本案中，B公司案发后未能清偿投资人损失，经两级法院审理均未采纳辩护人提出的“吸收资金用于实际生产经营不构成非法吸收公众存款罪”的辩护意见。

---

〔1〕 张明楷：《刑法学（第四版）》，法律出版社2014年版，第687页。

〔2〕 周泽：“对孙大午‘非法集资’案的刑法学思考——兼谈非法吸收公众存款罪的认定”，载《中国律师》2003年第11期。

〔3〕 参见单丹、王铢：“刑法视角下的资金池”，载《山东警察学院学报》2018年第2期。

〔4〕《最高人民法院关于审理非法集资刑事案件具体应用法律若干问题的解释》第3条第4款：非法吸收或者变相吸收公众存款，主要用于正常的生产经营活动，能够及时清退所吸收资金，可以免予刑事处罚；情节显著轻微的，不作为犯罪处理。

与本案相对应的，是湖北某房地产公司涉嫌非法吸收公众存款罪的案例。该案中，被告人为筹集房地产公司所需资金，以私募基金等名义面向公众非法吸收公众存款达24亿元之巨，随后因其吸收资金后房地产经营得当成功收回成本、妥善处置资产，得以向投资人清退所吸收的全部资金，在其犯罪数额远超“数额巨大”的量刑档的情况下，辩护律师主张所吸收的资金用于实际生产经营且已全部清退，法院对全案被告均判处缓刑，与B公司及其相关责任人员的刑罚有着明显区别。

从上述分析及案例对比可知，非法吸收公众存款罪作为涉众型经济犯罪，司法机关的关注重点始终在行为人能否清偿所吸收的资金。在全部资金得以清偿的前提下，同时主张资金用于合法实际经营的辩护意见才可能为法院所采纳。

4. 非法集资案件中涉案财物冻结、查封的范围以及涉案财产处置的优先级如何?

本案中，涉案财物的查封冻结范围以及其处置优先级是另一个值得关注的焦点。因B公司涉嫌非法吸收公众存款罪，其持有的P公司11.34%股份，以及其他资产被公安机关予以冻结。资本市场对B公司被查一事表示高度关注，上交所对此也向P公司发出问询函，要求披露B公司涉嫌违法被调查事项对其履行增持计划的影响、公司对B公司的债权余额、B公司涉嫌违法被调查事项对公司生产经营的具体影响等事项。

与民事案件注重主体之间外观上的法律关系不同，刑事案件中司法机关往往采用“穿透式认定”的原则审视全案法律关系及事实。本案中B公司收购P公司股权的资金部分来自其自有资金，部分资金来自非法吸收公众存款犯罪，两者混同无法区分，但这并不妨碍司法机关冻结B公司持有的P公司股权。根据《公安机关办理刑事案件适用查封、冻结措施有关规定》，公安机关根据侦查犯罪的需要，其认为涉案财物可以证明犯罪嫌疑人有罪或无罪的，可以冻结包括股权在内的投资权益类资产，而冻结上市公司股权（如本案），应当经省级以上公安机关负责人批准，冻结股权期限为6个月，可按照原批准权限和程序办理延期。

如B公司持有P公司的股权上已经设有质押或其他担保，或正在被其他债权主体申请民事执行，能否对抗该刑事查封冻结？对此，2014 年颁布的《最高人民法院、最高人民检察院、公安部关于办理非法集资刑事案件适用法律若干问题的意见》［以下简称《办理非法集资刑案意见（2014）》］作了明确规定，在非法集资案件中，同一事实往往遵循先刑后民的审理原则。《办理非法集资刑案意见（2014）》第 7 条规定，公安机关、人民检察院、人民法院在侦查、起诉、审理非法集资刑事案件中，发现与人民法院正在审理的民事案件属同一事实，或者被申请执行的财物属于涉案财物的，人民法院经审查认为确属涉嫌犯罪的，人民法院应当裁定不予受理、驳回起诉或中止执行，并及时将有关材料移送公安机关或者检察机关。针对涉案财物的追缴问题，《办理非法集资刑案意见（2019）》第 9 条进一步明确，退赔集资参与人的损失一般优先于其他民事债务以及罚金、没收财产的执行。

因此，在非法集资类案件中，如行为人的资产全部或部分由非法集资吸收的资金转化而来，则司法机关有权先行采取查封、扣押、冻结的强制措施。在最终处置时，退赔集资参与人的损失一般也优先于其他民事债务以及罚金、没收财产的执行。

5. 在许某乙伪造担保材料向任某借款的过程中，其是否具有非法占有的目的？

本案中，许某乙明知 P 公司法定代表人不同意以公司名义对外担保，为获得任某的 5000 万元借款，其私自伪造 P 公司的印章、法定代表人张某的印章和董事会决议，以虚假的担保材料向任某借款。任某因许某乙的欺骗行为陷入错误认识进而借出款项。随后 B 公司无法偿还，任某遭受损失。一审法院据以认为，许某乙主观上具有非法占有他人财物的故意，其行为已构成诈骗罪，至于所得款项用途，并不影响诈骗罪的成立。

一审判决以许某乙的行为具有欺骗性，任某因许某乙的欺骗行为产生错误认识而交付财物并遭受损失，据此推定任某主观上对涉案财物具有非法占有目的，该推断并不成立。本案中许某乙虽然使用了欺骗的手段，任某也确实遭受了损失，但许某乙是否具有非法占有目的，应当进一步根据证据进行审查，而不应简单进行推定。

通说认为，非法占有的目的包括了两层意思：利用意思与排除意思。即行为人不仅有意利用所获得的财物，且有意永久性地排除权利人对于财物的支配。对于此类通过诈骗的方法非法获取资金，造成数额较大资金不能归还的行为，为明确认定“非法占有目的”的裁判尺度，最高人民法院于2001年在《全国法院审理金融犯罪案件工作座谈会纪要》（以下简称《金融犯罪座谈会纪要》）中列举了7种可以认定非法占有目的的情形[1]，“明知没有归还能力而大量骗取资金的”“非法获取资金后逃跑的”“肆意挥霍骗取资金的”“抽逃、转移资金、隐匿财产，以逃避返还资金的”，等等，均属于行为人有意永久性地剥夺债权人收回资金的可能的情形，因而可以认定行为人具有非法占有的目的。该规定还同时明确，“在处理具体案件的时候，对于有证据证明行为人不具有非法占有目的的，不能单纯以财产不能归还就按金融诈骗罪处罚”，意在区分因客观原因无法返还与主观上不想返还的情形，前者只是经济纠纷，后者才有可能构成犯罪。

具体到本案，从资金用途来看，许某乙是因为B公司投资人挤兑、资金周转困难而向任某举债，其借款并非用于个人挥霍或不法犯罪行为；从归还能力来看，许某乙在借款时，B公司仍持有P公司2亿余股股票、房产等资产，完全具备偿还的能力；从还款意愿来看，许某乙与任某商量以

---

〔1〕《全国法院审理金融犯罪案件工作座谈会纪要》：

（三）关于金融诈骗罪

1. 金融诈骗罪中非法占有目的的认定

金融诈骗犯罪都是以非法占有为目的的犯罪。在司法实践中，认定是否具有非法占有为目的，应当坚持主客观相一致的原则，既要避免单纯根据损失结果客观归罪，也不能仅凭被告人自己的供述，而应当根据案件具体情况具体分析。根据司法实践，对于行为人通过诈骗的方法非法获取资金，造成数额较大资金不能归还，并具有下列情形之一的，可以认定为具有非法占有的目的：

（1）明知没有归还能力而大量骗取资金的；

（2）非法获取资金后逃跑的；

（3）肆意挥霍骗取资金的；

（4）使用骗取的资金进行违法犯罪活动的；

（5）抽逃、转移资金、隐匿财产，以逃避返还资金的；

（6）隐匿、销毁账目，或者搞假破产、假倒闭，以逃避返还资金的；

（7）其他非法占有资金、拒不返还的行为。但是，在处理具体案件的时候，对于有证据证明行为人不具有非法占有目的的，不能单纯以财产不能归还就按金融诈骗罪处罚。

B公司房产作为抵押，且实际尝试办理抵押登记，虽然因客观原因致抵押登记未办成，但提供抵押物说明许某乙有履行还款义务的意愿；从后续归还的行为来看，许某乙按照合同约定履行还款义务，已偿还了部分本金并按月支付利息直至被羁押，并未有意逃避债务。以上事实均反映出，许某乙并没有非法占有的目的，其虽然在借款时使用了一定的欺骗手段，但与以借款名义骗取财物非法占为己有的行为应当区分开来。二审法院准确地把握了这一关键区别，认定许某乙不构成诈骗罪，撤销了原判诈骗罪及有期徒刑十五年的处罚。这也与中央加强产权保护、保护企业家人身和财产安全、改善营商环境的政策精神相一致。

同时，鉴于许某乙实施前述虚假担保行为系通过伪造P公司公章等完成，伪造公司印章属于独立的罪名，如伪造印章是为后续实施诈骗，则通常会作为手段行为被后续的目的行为吸收。但在许某乙后续的行为未认定为犯罪的情况下，伪造公司印章行为本身也应当被单独评价为构成犯罪，二审法院因此对其判处两年刑罚。

6. 如何区分非法吸收公众存款罪和集资诈骗罪？

企业在融资过程中，除了涉及非法吸收公众存款罪外，往往还可能涉及集资诈骗罪，二者在外观上具有一定的相似性。尽管《刑法修正案（十一）》已经加重了非法吸收公众存款罪的量刑，但是集资诈骗罪的量刑仍远重于非法吸收公众存款罪。根据现行《刑法》，集资诈骗罪起刑点是三年以上七年以下有期徒刑并处罚金；非法吸收公众存款罪的起刑点则是三年以下有期徒刑或者拘役，并处或单处罚金。另外，集资诈骗罪最高可判处无期徒刑并没收财产，而非法吸收公众存款罪最高可判处十年以上有期徒刑并处罚金。因此，如何将二者区分开来便显得尤为重要。实践中，如果企业涉嫌集资诈骗罪被立案追诉，辩护人也往往朝着处罚较轻的非法吸收公众存款罪的方向进行辩护。

具体而言，区分非法吸收公众存款罪和集资诈骗罪的关键是审查行为人在融资过程中对融资款是否具有非法占有目的。如果行为人在融资过程中虽然采用了欺骗的外观手段，但实质上并不具有非法占有融资款的目的，则实践中通常按照非法吸收公众存款罪进行处罚。如《非法集资司法解释》第2条规定，实施以下行为之一，“（一）不具有房产销售的真实内容或者不以房产销售为主要目的，以返本销售、售后包租、约定回购、销售房产份额等方式非法吸收资金的……（四）不具有销售商品、提供服务的真实内容或者不以销售商品、提供服务为主要目的，以商品回购、寄存代售等方式非法吸收资金的；（五）不具有发行股票、债券的真实内容，以虚假转让股权、发售虚构债券等方式非法吸收资金的；（六）不具有募集基金的真实内容，以假借境外基金、发售虚构基金等方式非法吸收资金的；（七）不具有销售保险的真实内容，以假冒保险公司、伪造保险单据等方式非法吸收资金的”，并且符合该解释第1条第1款之规定的，按照非法吸收公众存款罪予以定罪处罚。在前述行为中，融资人在融资过程中虽然采取了欺骗的手段，但是究其实质，仍是为了非法吸收资金，并不具有非法占有融资款的目的，依然按照非法吸收公众存款罪予以定罪处罚。

另外，如果行为人在融资过程中具有非法占有目的，并且采取了欺骗手段进行融资，则可能构成集资诈骗罪。《非法集资司法解释》第4条规定，如果行为人使用诈骗的方法非法集资，并且具有如下情形之一的，可以直接推定行为人具有非法占有目的：

（一）集资后不用于生产经营活动或者用于生产经营活动与筹集资金规模明显不成比例，致使集资款不能返还的；

（二）肆意挥霍集资款，致使集资款不能返还的；

（三）携带集资款逃匿的；

（四）将集资款用于违法犯罪活动的；

（五）抽逃、转移资金、隐匿财产，逃避返还资金的；

（六）隐匿、销毁账目，或者搞假破产、假倒闭，逃避返还资金的；

（七）拒不交代资金去向，逃避返还资金的；

（八）其他可以认定非法占有目的的情形。

因此，非法吸收公众存款罪和集资诈骗罪在实施过程中均有可能采取欺骗手段，区分两罪的核心是审查行为人主观上是否具有非法占有融资款的目的。

7.《刑法修正案（十一）》对非法吸收公众存款罪和集资诈骗罪进行了哪些修改？

版本	非法吸收公众存款罪
原刑法	非法吸收公众存款或者变相吸收公众存款，扰乱金融秩序的，处三年以下有期徒刑或者拘役，并处或者单处~~二万元以上二十万元以下~~罚金；数额巨大或者有其他严重情节的，处三年以上十年以下有期徒刑，并处~~五万元以上五十万元以下~~罚金。 单位犯前款罪的，对单位判处罚金，并对其直接负责的主管人员和其他直接责任人员，依照前款的规定处罚。
刑法修正案（十一）（草案）征求意见	非法吸收公众存款或者变相吸收公众存款，扰乱金融秩序的，处三年以下有期徒刑或者拘役，并处或者单处*罚金*；数额巨大或者有其他严重情节的，处三年以上十年以下有期徒刑，并处*罚金；数额特别巨大或者有其他特别严重情节的，处十年以上有期徒刑，并处罚金。* 单位犯前款罪的，对单位判处罚金，并对其直接负责的主管人员和其他直接责任人员，依照前款的规定处罚。
刑法修正案（十一）（草案二次审议稿）征求意见	非法吸收公众存款或者变相吸收公众存款，扰乱金融秩序的，处三年以下有期徒刑或者拘役，并处或者单处*罚金*；数额巨大或者有其他严重情节的，处三年以上十年以下有期徒刑，并处*罚金*；数额特别巨大或者有其他特别严重情节的，处十年以上有期徒刑，并处罚金。 单位犯前款罪的，对单位判处罚金，并对其直接负责的主管人员和其他直接责任人员，依照前款的规定处罚。 *有前两款行为，在提起公诉前积极退赃，减少损害结果发生的，可以从轻或者减轻处罚。*
刑法修正案（十一）	非法吸收公众存款或者变相吸收公众存款，扰乱金融秩序的，处三年以下有期徒刑或者拘役，并处或者单处*罚金*；数额巨大或者有其他严重情节的，处三年以上十年以下有期徒刑，并处*罚金；数额特别巨大或者有其他特别严重情节的，处十年以上有期徒刑，并处罚金。* 单位犯前款罪的，对单位判处罚金，并对其直接负责的主管人员和其他直接责任人员，依照前款的规定处罚。 *有前两款行为，在提起公诉前积极退赃退赔，减少损害结果发生的，可以从轻或者减轻处罚。*

版本	集资诈骗罪
原刑法	以非法占有为目的，使用诈骗方法非法集资，数额较大的，处~~五年以下有期徒刑或者拘役~~，并处~~二万元以上二十万元以下~~罚金；数额巨大或者有其他严重情节的，处~~五年以上十年以下有期徒刑~~，并处~~五万元以上五十万元以下罚金；数额特别巨大或者有其他特别严重情节的，处十年以上有期徒刑或者无期徒刑，并处五万元以上五十万元以下罚金或者没收财产~~。
刑法修正案（十一）（草案）征求意见	以非法占有为目的，使用诈骗方法非法集资，数额较大的，处*三年以上七年以下有期徒刑*，并处*罚金*；数额巨大或者有其他严重情节的，处*七年以上有期徒刑或者无期徒刑*，并处*罚金或者没收财产*。
刑法修正案（十一）（草案二次审议稿）征求意见	以非法占有为目的，使用诈骗方法非法集资，数额较大的，处*三年以上七年以下有期徒刑*，并处*罚金*；数额巨大或者有其他严重情节的，处*七年以上有期徒刑或者无期徒刑*，并处*罚金或者没收财产*。 *单位犯前款罪的，对单位判处罚金，并对其直接负责的主管人员和其他直接责任人员，依照前款的规定处罚。*
刑法修正案（十一）	以非法占有为目的，使用诈骗方法非法集资，数额较大的，处*三年以上七年以下有期徒刑*，并处*罚金*；数额巨大或者有其他严重情节的，处*七年以上有期徒刑或者无期徒刑*，并处*罚金或者没收财产*。 *单位犯前款罪的，对单位判处罚金，并对其直接负责的主管人员和其他直接责任人员，依照前款的规定处罚。*

近年来，企业融资过程中涉嫌刑事犯罪的问题日益严重，尤其是非法吸收公众存款和集资诈骗等涉众型经济犯罪频发。由于受害人众多，该种类型的犯罪很容易触发社会不稳定因素，危害性巨大。《刑法修正案（十一）》对这一问题进行了回应，明显加大刑事惩治力度，同时还加大追赃挽损力度，具体体现在如下几个方面：

第一，调整刑法结构。非法吸收公众存款罪将法定刑档次由原来的两档增加为三档，增设了数额特别巨大或者其他特别严重情节，处十年以上有期徒刑并处罚金的加重量刑档，最高法定刑从原来的有期徒刑十年提高至十五年，强化与集资诈骗罪最高法定刑的衔接。集资诈骗罪将量刑档次调整为两档，取消了“数额特别巨大或有其他特别严重情节”档次。并且调整了相应的起刑点，最低法定刑提高至三年有期徒刑。

第二，取消了罚金刑的最高限额，加大了财产刑的惩处力度。非法吸收公众存款罪和集资诈骗罪原来均设有罚金的最高额限制，最高只能判处5万元以上50万元以下罚金。考虑到50万元的最高罚金限额已经远远不能适应打击非法集资犯罪的形势需要，《刑法修正案（十一）》取消了这一限制，调整为无限额罚金制结构，加大了财产刑的惩处力度。

第三，加大追赃挽损力度，鼓励行为人积极筹集资金弥补被害人的损失。《刑法修正案（十一）》在非法吸收公众存款罪中增加一款，明确"在提起公诉前积极退赃退赔，减少损害结果发生的，可以从轻或者减轻处罚"。该条规定有利于促使犯罪嫌疑人退赃退赔，最大限度挽回集资参与人的损失，有利于维护社会稳定。

（二）上市公司合同诈骗罪案例分析一——并购过程涉嫌诈骗

案情简介

武某系A上市公司控股股东和董事长，自2015年开始安排其下属马某以A上市公司名义与李某、王某等人谈判收购李某等人持有的B矿业公司40%股份，后经过多轮谈判，确定A上市公司以人民币3亿元收购B矿业公司40%股份。在本次收购之前，A上市公司已经通过C公司间接持有了B矿业公司57%的股权。

在签订《收购合同》时，武某提出由于A公司系上市公司，收购事项须经证监会审批且手续繁琐，便要求由其实际控制的D公司及其母公司E作为受让方来签交易协议，并承诺股权转让对价款最终由A上市公司承担。随后，在D公司缴纳了1000万元保证金后，李某等人将其持有的B矿业公司40%股份以3亿元总价分别转让给D公司39.9%、E公司0.1%，并于2016年3月完成了工商变更登记。针对前述交易事项，A上市公司进行了公告。

在完成股权登记变更之后，武某等人发现李某、王某在签署《收购合同》过程中，涉嫌隐瞒B矿业公司存在违法经营的重要事项，并且被监管部门责令长期停工及限量开采，造成损失共计约7000万元，导致D公司无法获得预期回报。随后在股权对价款的付款截止日，武某认为李某等人隐瞒前述事项违反了《收购合同》中的相关约定，便拒绝按照《收购合同》的约定支付各个阶段对应的股权转让价款。

2016年6月5日，武某又安排将D公司持有的B矿业公司39.9%股份转让给D的母公司E。至此，李某等人持有的B矿业公司40%股份全部转到E公司名下，而E公司的股东为自然人武某二及其妻子黄某，武某二为武某的表弟。

2016年6月15日，武某又指示用武某二的身份设立F公司，认缴注册金2000万元，实缴资金0元。同年6月24日，武某安排将D公司的全部股权转让至F公司名下。至此，D公司从其母公司E中全部剥离。

2016年7月31日，武某又安排以F公司名义在西藏拉萨投资设立G公司，并将武某二和黄某持有的E公司股权全部转让到G公司名下。至此，涉案标的股权全部被G公司间接控制。

2016年9月，武某安排人员将G公司持有的E公司股权全部转让至A上市公司名下，转让价款为5亿元。至此，A上市公司完成了对B矿业公司股权的收购，并通过C公司和E公司持有B矿业公司97%股权。同年9月，A上市公司先后向G公司位于西藏拉萨的账户支付了5亿元转让价款，但是每笔款项到账当日，又先后被转入武某及其父亲控制的另外3家公司账户名下。

2017年初，公安机关以合同诈骗罪为由对武某立案侦查。后经检察院批准，将武某逮捕，并于同年移送至检察院审查起诉。经过长达三年的一审、二审刑事审判程序，武某最终被判决无罪释放。

法律规定

《刑法》第224条【合同诈骗罪】

有下列情形之一，以非法占有为目的，在签订、履行合同过程中，骗取对方当事人财物，数额较大的，处三年以下有期徒刑或者拘役，并处或者单处罚金；数额巨大或者有其他严重情节的，处三年以上十年以下有期徒刑，并处罚金；数额特别巨大或者有其他特别严重情节的，处十年以上有期徒刑或者无期徒刑，并处罚金或者没收财产：

（一）以虚构的单位或者冒用他人名义签订合同的；

（二）以伪造、变造、作废的票据或者其他虚假的产权证明作担保的；

（三）没有实际履行能力，以先履行小额合同或者部分履行合同的方法，诱骗对方当事人继续签订和履行合同的；

（四）收受对方当事人给付的货物、货款、预付款或者担保财产后逃匿的；

（五）以其他方法骗取对方当事人财物的。

律师点评

合同诈骗罪是商业活动中最为常见的罪名，由于其外在表现形式与民事欺诈颇有相似之处，因此，不论是学术界还是实务界，关于合同诈骗罪的认定始终争论不休。本案就是一起典型的民事纠纷被司法机关认定为涉嫌合同诈骗罪的案例。经过律师有效辩护，二审法院最终认定本案被告人武某不构成合同诈骗罪，并予以无罪释放。结合本案事实，本书将对合同诈骗罪的构成要件、非法占有目的的认定等相关问题进行逐一解读。

1. 合同诈骗罪的构成要件

结合上述法律规定，本罪的构成要件如下：

（1）主观方面有非法占有目的

非法占有目的是认定合同诈骗罪的关键主观要素。在合同诈骗罪中，非法占有目的不仅可以存在于签订合同之时，还可以存在于履行合同过程中。但是，非法占有目的必须存在于实施欺诈行为时。比如在签订合同时，虽然存在虚构事实、隐瞒真相的客观欺骗行为，但是其主观上仍然想通过履行合同获取经济利益，而非意图非法占有合同相对方所交付的财产权益，此种情形不构成合同诈骗罪。因此，非法占有目的往往成为区分民事欺诈和合同诈骗罪的关键所在。

（2）客观上实施了诈骗的实行行为

合同诈骗是诈骗罪的一种特殊形态，其首先要满足诈骗罪的基本构造。在合同诈骗罪中，其客观方面体现为如下五个方面：

第一，行为人在签订、履行合同过程中实施了虚构事实、隐瞒真相的欺骗行为；

第二，合同受骗方因为诈骗方的欺骗行为陷入了错误认识；

第三，合同受骗方在错误认识的情况下处分了合同项下的财产权益；

第四，合同诈骗方取得了合同相对方的财产权益；

第五，合同受骗方遭受了损失。

以上五个方面层层相扣，缺少其中任何一个环节则可能不构成合同诈骗罪（既遂）。这里值得注意的是，合同诈骗罪的实行行为是虚构事实、隐瞒真相的欺骗行为，如果行为人在签订、履行合同过程中没有虚构事实、隐瞒真相则不构成合同诈骗罪。另外，行为人的欺骗行为与受骗人的财产处分之间要具有直接因果关系，如果受骗人不是基于欺骗行为而陷入错误认识才进行的财产处分，则也不成立合同诈骗罪。比如，虽然行为人虚构了事实，但是受骗人对虚构事实事项知情，并甘愿自冒风险处分其财产权益，则行为人不构成合同诈骗罪。

（3）合同诈骗的立案追诉标准

根据《立案追诉标准（二）》〔1〕，合同诈骗罪的立案追诉标准为 2 万元，即只要合同诈骗金额达到 2 万元，就已经达到刑事追诉标准。但是，最高人民法院对《刑法》第 224 条中“数额较大”“数额巨大”“数额特别巨大”没有作出统一的规定，而是由各省根据本地的实际情况进行把握。比如，四川省高级人民法院规定〔2〕，个人实施合同诈骗罪“数额较大”“数额巨大”“数额特别巨大”的标准分别为 1 万元以上、5 万元以上、30 万元以上；单位实施合同诈骗罪对应的标准分别为 10 万元以上、

〔1〕《最高人民检察院、公安部关于公安机关管辖的刑事案件立案追诉标准的规定（二）》第 77 条：以非法占有为目的，在签订、履行合同过程中，骗取对方当事人财物，数额在二万元以上的，应予立案追诉。

〔2〕《四川省高级人民法院关于刑法部分条款数额执行标准和情节认定标准的意见》第 30 条，合同诈骗罪：刑法第二百二十四条规定的“数额较大”，是指个人诈骗公私财物数额在 1 万元以上，单位诈骗公私财物数额在 10 万元以上的；“数额巨大”，是指个人诈骗公私财物数额在 5 万元以上，单位诈骗公私财物数额在 50 万元以上的；“数额特别巨大”，指个人诈骗公私财物数额在 30 万元以上，单位诈骗公私财物数额在 200 万元以上的。

50万元以上、200万元以上。但是，根据上海市高级人民法院、上海市人民检察院发布的相关规定[1]，“数额较大”“数额巨大”“数额特别巨大”标准分别为2万元以上、20万元以上、100万元以上。

2. 武某以A上市公司名义与李某等洽谈收购事宜，而实际以D、E两公司作为实际收购主体，是否涉嫌欺诈？

本案中，公诉机关指控武某涉嫌合同诈骗的重要理由是，武某以A上市公司名义洽谈收购事宜，让李某等人误以为整个收购过程是A上市公司在进行，并由A上市公司支付收购价款，使得李某相信股权转让价款是有保障的，才签署了《收购合同》。因此，李某等人在签署《收购合同》过程中是否陷入了错误认识是本案认定合同诈骗罪的关键所在。

案情显示，武某等人在洽谈过程中，明确向标的股权持有人李某表示，由于证监会对上市公司并购审批的手续繁琐，特意安排武某实际控制的D、E公司作为收购主体，但实际收购方依然是A上市公司，李某对该种商业安排是明知且同意的。此外，A公司作为上市公司，针对本次交易情况、合同签署情况和交易结果均进行了公告，武某等人也不存在就交易安排进行虚构和隐瞒的可能性。因此，仅仅根据洽谈收购主体与实际签约主体不一致，无法认定李某在处分标的股权过程中存在错误认识。

3. 武某在标的股权完成工商变更后又多次转让标的股权，能否被认定为收受对方当事人财产之后的逃匿行为？

本案中，公诉机关指控武某在标的股权转让完成工商变更后，通过D、E、F、G公司直接或间接地转让标的股权来完成本次收购，属于虚假转让股权。其目的是想通过设计复杂的交易结构，以利用合同相对性的方式让李某等人无法通过民事法律途径追回股权转让价款，该种行为符合《刑法》第224条第4项规定的逃匿情形，即“收受对方当事人给付的货物、

[1] 上海市高级人民法院、上海市人民检察院发布的《〈关于常见犯罪的量刑指导意见（二）（试行）〉实施细则》第5条：合同诈骗，达到“数额较大”起点二万元的，在三个月拘役至六个月有期徒刑幅度内确定量刑起点；达到“数额巨大”起点二十万元或者有其他严重情节的，在三年至四年有期徒刑幅度内确定量刑起点；达到“数额特别巨大”起点一百万元或者有其他特别严重情节的，在十年至十二年有期徒刑幅度内确定量刑起点。

货款、预付款或者担保财产后逃匿的”。因此，判断武某安排的一系列复杂的股权转让商业模式是否属于虚假股权转让，以及这种事后转让股权是否符合《刑法》第224条第4项规定的逃匿情形，对本案定性尤为重要。

(1) 本案标的股权在完成工商变更后又多次进行转让不属于虚假转让

虚假股权转让通常是指不存在股权转让，一般通过签署虚假转让合同等方式虚构交易，或者股权转让行为本身违反法律的强制性规定，采用合法的形式掩盖交易违法的本质。本案中，标的股权从最初被D、E公司控制，变更为最终被A上市公司实际控制，该过程中每一次转让都是真实的意思表示，并且不违反任何法律强制性规定，标的股权最终的实际控制人也发生了变化，实现了本次股权收购的目的。因此，针对标的股权完成工商变更后的一系列股权转让行为，不宜认定为涉嫌虚假股权转让。

(2) 即使符合《刑法》合同诈骗罪中逃匿行为特征也不必然构成合同诈骗罪

从表面上看，武某在标的股权完成工商变更登记后，又通过一系列复杂的商业安排让标的股权回到了A上市公司控制之下，看似符合《刑法》第224条第4项规定的“收受对方当事人给付的货物、货款、预付款或者担保财产后逃匿的”特征。但是，仅仅符合逃匿行为的特征并不意味着行为人就必然构成合同诈骗罪。《刑法》第224条列出的逃匿行为本身不是欺诈行为，而是需要结合行为人是否存在非法占有目的、有无实施欺诈的实行行为等进行综合认定。如果行为人在签署协议时没有实施欺诈行为，事后看似逃匿的行为也并非是想拒不支付价款，而是在对方知情的情况下进行的商业安排，则股权转让的过程不宜认定其构成合同诈骗罪。

4. 即使存在合同欺诈行为，也不必然会构成合同诈骗

实践中，市场主体在签订、履行合同过程中，往往可能会采取一定的虚构事实、隐瞒真相的欺骗手段对合同相对方进行欺骗。但是，并非只要实施了欺骗行为就必然构成合同诈骗罪，部分欺诈的行为仅仅涉嫌合同欺诈，属于民事法律调整的范畴。

区分合同诈骗和合同欺诈的关键在于行为人实施欺骗行为时是否具有非法占有合同项下财产权益的目的。如果行为人虽然实施了欺诈行为，但

是其主观上还是想通过履行合同获取经济利益，则不构成合同诈骗罪。反之，如果其实施欺诈行为之时就想占有合同相对方的财产权益，则构成合同诈骗罪。

比如，某公司在向其他企业寻求资金拆借时，故意使用虚假的财产凭证进行担保，骗取了其他企业的民间借款。但是在获取借款后，该公司每次都能够按照约定归还借款，并且将借来的资金全部投入公司正常合法的经营业务。显然，该公司在与出借单位签署借款协议过程中实施了欺诈行为，但是其使用虚假财产凭证进行担保时并不是为了非法占有所借资金，则不能认定其构成合同诈骗罪〔1〕。

另外，如果该公司在偿还了部分借款之后，产生了非法占有借贷资金的想法，通过转移、隐匿财产的方式，让该公司成为空壳公司，试图让出借单位无法通过民事程序有效回收借贷资金，则针对尚未偿还的资金部分，该公司涉嫌合同诈骗，其涉嫌欺诈的实行行为则是转移、隐匿财产的行为，而不是先前使用虚假财产凭证进行担保的行为。

5. 不能简单地根据未按照约定履行合同便推定行为人存在非法占有目的

如上述分析，区分合同欺诈和合同诈骗的关键在行为人在实施欺诈行为时是否具有非法占有目的。但是，非法占有目的作为主观心理状态，行为人通常会作出各种辩解，往往要通过客观行为进行判断。在推定行为人是否具有非法占有目的时，也不应该根据某一个单一的要素进行判断，而是要综合行为人在实施欺诈行为前后各种行为予以综合考量。

实践中，司法机关往往将行为人拒不履行合同义务作为判断其存在非法占有目的的重要依据。但是，在根据这一依据进行考量时，还应该进一步考察行为人拒不履行合同的原因是否具有正当性。比如在本案中，武某在标的股权完成工商登记变更后拒不按约定支付对价款，是因为武某发现

〔1〕 以欺骗方式取得银行贷款，实际属于贷款诈骗行为，但单位不能成为贷款诈骗罪的主体，根据《全国法院审理金融犯罪案件工作座谈会纪要》，“对于单位十分明显地以非法占有为目的，利用签订、履行借款合同诈骗银行或其他金融机构贷款，符合刑法第二百二十四条规定的合同诈骗罪构成要件的，应当以合同诈骗罪定罪处罚”。

李某转让标的股权时隐瞒标的公司存在违法经营的重要事项，且隐瞒该事项违反了《收购合同》的相关约定，导致武某不能获取预期收益。因此，武某未按照约定支付股权对价款有正当合理的理由，不能简单地根据武某未按照约定支付股权对价款便推定其存在非法占有目的。

6. 被害人存在过错时，需要对其遭受的损失承担责任

在合同诈骗的案件中，司法机关都以被害人所交付的财产权益作为其损害后果，然后得出被告人有罪的结论。但是，即便被害人遭受损失的结果与被告人的行为存在一定因果关系，在法律层面也不必然能将被害人的损失归责于被告人的行为，如果被害人存在过错，应当结合其过错程度综合认定被害人是否应自行承担其遭受的损失。

本案中，不能简单地仅仅从事实层面去考察李某等人无法收回股权对价款的定性问题，而应该从法律的因果关系层面去考察李某等是否需要自行承担无法收回股权对价款的后果。李某等人作为标的股权的实际持有人，对标的公司实际经营状况的了解要更加全面、客观。在其与武某进行洽谈过程中，就应该充分地认识到如果其违反《收购协议》的约定故意隐瞒标的公司存在违法经营的事项可能带来的不利后果。如果李某等人急于出手标的股份而试图在隐瞒关键事实的情况下谋取非法利益，则当然应当承担相应的风险。

（三）上市公司合同诈骗罪案例分析二——并购过程中被诈骗

案情简介

刘某于2003年设立X集团，X集团后又收购X实业公司，并持有其67%的股份，刘某及其两位兄弟关某、张某分别持有X实业公司15%、10%、8%的股份。并由关某任X实业公司总裁，张某任副总裁兼财务总监。

2012年，X实业公司因投资失败存在巨额亏空，面临资金链断裂的风险，此时由刘某以其个人信用、名下财产及由其实际控制的X集团为X实业公司向银行贷款提供担保已经达到20多亿元。刘某、关某、张某三人商议，利用X实业公司在北魏的关联公司进行虚假贸易，将上述亏空转化为

X 实业公司对其关联方的应收账款，又通过与供应商、客户相互串通的方式来提高利润率、虚增公司业绩，制造出 X 实业公司实力雄厚、利润丰厚的假象。案发后，经过司法会计评估，X 实业公司当时的净资产为负值，出现资不抵债的情况。

2013 年 1 月，刘某经人介绍与 Y 股份董事长孙某及秘书鲁某洽谈 Y 股份并购 X 实业公司事宜。刘某、关某、张某在洽谈过程中故意夸大 X 实业公司经营规模，虚构公司净资产，骗取 Y 股份与 X 实业公司签署《以发行股份及支付现金收购资产的框架协议》，框架协议约定 X 实业公司 2012 年净利润不低于 1 亿元，承诺未来五年净利润不低于 8 亿元，以评估机构对标的公司的评估价值为基础，拟定交易价格为 33 亿元。随后，Y 股份便委托中介机构进场尽职调查。

为尽可能提高 X 实业公司的估值，刘某、关某、张某商议采用向中介机构提供事先伪造的虚假巨额应收账款等财务数据、继续制造虚假业绩、指使他人冒充关联公司的负责人向中介机构作虚假陈述、要求客户配合隐瞒业绩等方法。随后，中介机构根据刘某提供的虚假财务数据按照收益法对 X 实业公司作出价值 33.3 亿元的评估报告。

2013 年 6 月，Y 股份与 X 实业公司及其股东方 X 集团、刘某、关某、张某签署了《发行股份及支付现金收购资产协议》(以下简称《收购协议》)、《发行股份及支付现金收购资产的业绩补偿协议》(以下简称《对赌协议》)。

《收购协议》约定，Y 股份以 33.1 亿元收购 X 实业公司的 100%股份，刘某、关某、张某等人在收购完成后继续经营 X 实业公司，X 集团获得 9.9 亿元现金，刘某、张某、关某按照其持有的 X 实业公司股份获得 Y 股份相应的股票共计 19.9999 亿股，并且锁定期限为 5 年，在 5 年锁定期内不得转让、交易或设定质押。

《对赌协议》约定，刘某、关某、张某在收购完成后继续负责经营管理 X 实业公司，并承诺在五年内创造利润合计 8.8 亿元。如果《对赌协议》约定的利润不能实现，X 实业公司的股东方将用其全部取得的现金价款和收到的 Y 股份股票承担补偿义务，若依然无法补足，X 集团还要额外用现金进行补偿。而在补偿的过程中，Y 股份可以以 0.1 元的总价对全部锁定股份回购并注销。

2014 年 5 月，本次交易完成。收购完成后，Y 股份取得 X 实业公司 100%股份，并完成了工商登记。X 集团获得 9.9 亿元现金，其中 1.15 亿元打入 X 实业公司继续经营使用。刘某、张某、关某按照其持有的 X 实业公司股份获得 Y 股份相应的股票共计 19.9999 亿股，并办理了交割登记。

刘某、关某、张某在收购完成后继续经营 X 实业公司，由于无法完成其并购合同约定的利润指标，继续隐瞒实际经营业绩，加大造假行为，同时以经营需要等为由诱骗 Y 股份向 X 实业公司增资 3 亿元。此外，刘某等人还以增加业务量、增加利润为由，要求 Y 股份为银行向 X 实业公司授信额度 15 亿元提供担保。截至 2015 年 9 月，X 实业公司贷款总金额 22 亿元，其中 12 亿元的担保责任转移给 Y 股份，刘某个人信用、名下资产、实控公司的担保金额下降了 15 亿元。

2016 年 2 月，刘某要求 Y 股份继续为 X 实业公司银行授信提供担保，后 Y 股份的孙某发现 X 实业公司存在财务造假问题，怀疑自己可能被骗，随后向公安机关报案，当日刘某被公安机关抓获。后经过一、二审判决，刘某、关某、张某、X 实业公司均被认定构成合同诈骗罪。

法律规定

《刑法》第 224 条【合同诈骗罪】

有下列情形之一，以非法占有为目的，在签订、履行合同过程中，骗取对方当事人财物，数额较大的，处三年以下有期徒刑或者拘役，并处或者单处罚金；数额巨大或者有其他严重情节的，处三年以上十年以下有期徒刑，并处罚金；数额特别巨大或者有其他特别严重情节的，处十年以上有期徒刑或者无期徒刑，并处罚金或者没收财产：

（一）以虚构的单位或者冒用他人名义签订合同的；

（二）以伪造、变造、作废的票据或者其他虚假的产权证明作担保的；

（三）没有实际履行能力，以先履行小额合同或者部分履行合同的方法，诱骗对方当事人继续签订和履行合同的；

（四）收受对方当事人给付的货物、货款、预付款或者担保财产后逃匿的；

（五）以其他方法骗取对方当事人财物的。

律师点评

近年来，上市公司并购过程中遭遇诈骗的情况屡见不鲜。其中，最为突出的就是标的公司通过财务造假、虚增利润的方式来制造其具有收购价值的假象，从而诱骗上市公司入局，将“有毒资产”装入上市公司。本书将结合上述案例对上市公司并购过程中遭遇诈骗的情形进行解读，以供市场主体参考。

1. 如何认定合同诈骗罪中的犯罪金额？

根据《金融犯罪座谈会纪要》的规定，金融诈骗犯罪定罪量刑的数额标准和犯罪数额的计算，在没有新的司法解释之前，可参照1996年《最高人民法院关于审理诈骗案件具体应用法律的若干问题的解释》（以下简称《1996年解释》）的规定执行。在具体认定金融诈骗犯罪的数额时，应当以行为人实际骗取的数额计算；但应当将案发前已归还的数额扣除。而《1996年解释》第2条则规定：“利用经济合同进行诈骗的，诈骗数额应当以行为人实际骗取的数额认定，合同标的数额可以作为量刑情节予以考虑。”根据前述规定，关于诈骗类犯罪中的犯罪数额认定，应当以“行为人的实际骗取数额或者被害人的实际损失数额”为准，而“合同标的数额”仅能作为量刑的情节予以考虑。

但是，2013年最高人民法院废止了前述《1996年解释》，现行法律也没有就合同诈骗罪中犯罪数额是否就是合同标的金额作出明确规定。笔者认为，在认定合同诈骗罪的犯罪数额时，按照行为人实际骗取数额或被害人实际损失数额认定更为妥当，直接以合同标的金额认定为犯罪金额可能造成不当扩大的情形。如果行为人基于合同已部分履行了合同义务，并且交付了部分财产，针对其交付的财产所对应的合同项下财产权益部分不宜认定为合同诈骗犯罪金额。具体理由如下：

第一，构成合同诈骗罪的关键主观要件是行为人是否有非法占有目的，如果行为人基于合同约定交付了属于其本人的部分财产，针对其交付的这部分财产所对应的合同相对方财产权益则应该认定为没有非法占有目的，不应将合同相对方处置的该部分财产权益作为行为人骗取的金额。

第二，通说认为，诈骗类犯罪所保护的对象主要是被害人的财产，而不包括支配自由。例如，被骗方原本不想进行交易，基于行为人的欺骗行为而陷入错误认识，最终在错误认识支配下进行了交易，但是从财产权益上看，被骗方并没有受到损失。该种情形，不应按照合同诈骗罪来进行处理，如果该种情形也按照犯罪处理，诈骗罪就从一个财产犯罪变成一个针对交易真实和自由的犯罪了。〔1〕

第三，财产损失是合同诈骗罪客观方面的关键要件，如何认定财产损失对被告人进行定罪量刑尤为重要。一般情况下，涉嫌合同诈骗罪的案件是行为人和被骗人之间基于合同而形成的交换关系，且该种交换关系与财产处分密切相关。因此，在计算财产损失的时候，通常考虑被骗人在财产处分前后的财产总量客观上减少的情况。具体而言，一般按照市场价值对被骗人基于合同所支付的财物以及行为人基于合同交付的偿付物进行收支核算。通俗来讲，如果被骗方在处分财产前后其实际持有的财产比处分之前减少了，对于减少部分应当认定为被骗人遭受了财产损失。

2. 并购过程中，Y 股份支付的收购价款是否全部属于合同诈骗的犯罪金额？

在本案中，Y 股份并购刘某实际控制的 X 实业公司，从本质上看是收购方和被收购方之间就各自持有的财产进行的一种交换，Y 股份以价值 33.1 亿元的股票和现金交换刘某等人持有的 X 实业公司 100%股权。根据上述分析，在认定 Y 股份本次交换过程中所遭受损失的时候，需要对 Y 股份在处分其财产前后其财产总量的客观变化进行核算。Y 股份交付了价值 33.1 亿元的财产，但是其获得的是由 X 实业公司 100%的控制权，虽然有证据显示 X 实业公司的净资产为负值，但是并不能据此认定 Y 股份所获得

〔1〕 参见陈兴良、周光权、车浩：《刑法各论精释（上）》，人民法院出版社 2015 年版，第 468 页。

的资产价值也是负值，进而认定其交付的并购价款全部属于犯罪数额。具体理由如下：

第一，虽然X实业公司的净资产可能是负值，但作为深耕西部地区数十年的地产行业，近五年西部地区60%的新楼盘均是由X实业公司开发的。故其在地产行业拥有良好的口碑和声誉，而该声誉本身也存在一定的商业价值，是X实业公司未来发展的重要支撑。Y股份之所以愿意收购X实业公司，其很大程度上也是看中X实业公司在地产行业拥有良好的口碑和声誉，看到了未来的利润增长空间和潜力，而不是仅仅根据净资产的份额进行的等价交换。

第二，刘某等人与Y股份签署的《对赌协议》约定，在并购完成后由刘某、关某、张某继续负责经营管理X实业公司，并且承诺在5年内实现净利润合计8.8亿元，若没有完成相应的利润指标，刘某、关某、张某将以其实际取得的Y股份的对价款作为补偿，并且将该等股票锁定5年，5年内不得交易、套现。由此可以看出，一方面，Y股份在收购X实业公司时，明显更加看重X实业公司未来5年的利润增长幅度，而不是单纯看重当下的净资产情况。另一方面，在本案中，Y股份享有对己方财产损失风险的有力控制权，即使刘某等人不履行相应的业绩补偿协议，其也能通过回购和注销前述股票的方式来保护自己的财产。

因此，笔者认为，在认定Y股份遭受的实际损失数额或者刘某等人实际诈骗数额时，不能简单地以收购合同标的数额33.1亿元作为标准，而要综合考察X实业公司的本身价值、行业发展前景、良好的商誉，以及Y股份对于其所面临风险的把控程度等进行认定。

虽然笔者认为应该按照被骗人实际遭受的损失来认定行为人合同诈骗的犯罪数额，但是在司法实践中，部分法院通常根据商品交易的简单逻辑进行认定，即被骗人花费高额价款购买到了价值低廉的商品，则被害人就遭受到了诈骗，其在该项交易行为中所交付的财产就是其所遭受的损失。其认定逻辑通常是，如果被骗人在交易之前知道事实真相，就不会进行本次交易，其交付的财产是其基于错误认识下处分的财产，应该被认定为合同诈骗罪的犯罪金额。

3. 并购之后，Y股份继续投入的资金能否被认定为合同诈骗犯罪金额？

上述案例显示，Y股份完成并购之后，刘某、关某、张某等人继续实施财务造假行为，以经营需要为由，要求股东方Y股份继续增加投资，包括向X实业公司直接增资和为银行融资提供担保。针对并购后，Y股份继续投入的资产是否依然属于合同诈骗的犯罪金额，实践中存在不同的认识。

一种观点认为，在Y股份办理完资产交割手续之后，X实业公司即成为Y股份的全资子公司，原股东方X集团、刘某、关某、张某等人不再享有基于X实业公司的任何权益、义务，而转向由新股东Y股份享有。虽然刘某、关某、张某在向Y股份要求增加投资的时候仍然存在财务造假的行为，但是其在获得追加的投资后，全部投入到X实业公司的实际经营过程中，且新投入的资金所产生的收益仍然归X实业公司所有，并且被股东Y股份控制。因此，刘某、关某、张某既没有非法占有追加投资款的故意，事实上也没有占有该追加投资款。且该投资款仍然处于Y股份的控制之下，不宜认定该追加投资款也属于合同诈骗的犯罪金额。

另一种观点认为，虽然X实业公司名义上属于Y股份的子公司，但是涉案的并购行为系基于被骗实施，行为人是在一个概括的犯罪故意下实施的系列诈骗犯罪行为。Y股份支付的股权对价款、增资款和提供担保均属于在陷入错误认识的情况下处分的财产。并且由于Y股份提供新的担保，让刘某个人担保的数额降低，减轻了其个人承担的担保责任。另外，根据约定，刘某、关某、张某继续负责X实业公司的经营管理，并且承诺要完成5年内的业绩指标，否则需要进行补偿和赔偿。因此，也应该认定并购完成后新增加的投资属于合同诈骗金额。

4. 如果在签署《对赌协议》时，刘某、关某、张某具备履行该协议的能力，且最终实现了约定的利润，刘某、关某、张某能否还被认定为构成合同诈骗罪？

如此前分析，在认定合同诈骗罪的过程中，关键要看行为人实施欺诈行为时对合同项下的财产是否有非法占有目的。通说认为，判断行为人是否具有非法占有目的，首先要考察其是否使用了刑法规定的欺骗手段，同时，需要结合其他情节综合判断其是否具有非法占有目的。其中，行为人是否具有履行合同的能力是评判其具有非法占有目的重要考量因素。如果行为人不具有履行合同能力，通常会被认定具有非法占有目的。但是，如果其具有履行合同能力，也不当然可以排除其非法占有目的，还需要进一步考察其是否具有履行合同的意愿。换言之，如果行为人在签订合同时使用了刑法规定之外的欺诈手段，但是其具有履行合同的能力和意愿，签订合同之后也积极履行合同，并且通过各方面努力最终完成合同约定义务，则不宜认定行为人构成合同诈骗，充其量只是存在民事欺诈。

本案中，刘某、关某、张某等人在Y股份收购过程中显然使用了欺诈手段，但是，该欺骗手段并非前述刑法所规定的合同诈骗罪的法定欺诈手段，并不能当然推定其具有非法占有目的，需要结合其他情节综合评判。

首先，从本次收购模式来看，Y股份为了控制本次交易中的风险，采取了多重措施来防范风险。Y股份要求刘某、关某、张某等人在签署《收购协议》的同时签署了《对赌协议》，通过设定长达5年的股票锁定期、以0.1元总对价回购股票、要求X集团承担额外的补偿责任的方式来控制交易风险。上述约定充分说明Y股份对本次商业交易的风险有充分认识，并且企图通过该种方式来确保不受损失。因此，刘某、关某、张某是否具有履行该《对赌协议》的能力和意愿是判断其是否具有非法占有目的的关键。在考察是否具有履行协议能力的时候，一方面考察其能否完成《对赌协议》约定的利润目标，另一方面还应该考察被收购方在业绩目标无法实现的时候，是否具有履行《对赌协议》约定的赔偿收购方因收购行为遭受损失的能力。如果刘某、关某、张某在并购完成后，其凭借X实业公司在地产行业积累的良好声誉，以及刘某、关某、张某强大的经营管理团队，依托Y股份强大的资金支持，苦心经营之后逐渐转亏为盈，并且5年之内实现了《对赌协议》约定业绩目标，则表明其具有履行该协议的能力。另外，如果有其他证据证明，虽然刘某、关某、张某无法完成《对赌协议》约定的业绩目标，但是其名下有其他足额的资产，可以保证其在未完成《对赌协议》约定业绩目标的情况下能够承担业绩补偿义务，也说明刘某、关某、张某具有履行该协议的能力。

其次，从刘某、关某、张某取得Y股份支付的股权对价款去向看，刘某、关某、张某在收到股权对价款之后并未全部用于个人使用，反而是将其中1.15亿元投入X实业公司继续经营使用。这也证明刘某、关某、张某并没有非法占有该笔款项，而是想通过给X实业公司提供资金支持，进而争取盈利，实现《对赌协议》所要求的业绩目标。

因此，笔者认为，如果有证据证明，本案中刘某、关某、张某在签署《对赌协议》时具有履行该协议的能力，并且最终实现了《对赌协议》约定的业绩目标，或者虽然该业绩目标未实现，其也有能力根据《对赌协议》约定对Y股份进行业绩补偿，则不宜认定刘某、关某、张某构成合同诈骗罪。

（四）上市公司票据诈骗罪案例分析

案情简介

2014年，张三、李四为开展票据业务，购买了X贸易公司，该公司无资产且未实际经营业务。

2015年，张三、李四通过行贿等不正当手段，令A、B两家村镇银行的负责人违规将共计17个同业账户交给其控制、使用。

F银行某分行的票据业务客户经理王五与张三是旧识，2015年中旬，王五主动询问张三是否要做商业汇票承兑业务，张三、李四见有利可图，当即应允。王五要求事成后向其支付好处费。

随后，张三、李四以其实际控制的空壳公司虚开11亿元商业承兑汇票，并获得F银行某分行的背书，最终通过其控制的同业账户贴现，从银行套取11亿元现金。

上述11亿元商票分为6亿元、5亿元两笔开具，业务流程如下：（1）X公司作为出票方签发涉案商业承兑汇票；（2）张三、李四实际控制的Y、Z等五家无实际经营业务的空壳公司在票据粘单上盖章背书；（3）A、B村镇银行作为直贴行贴现背书；（4）联系C农商行、D银行、E银行北京分行等银行作为过桥行；（5）经多家过桥行转贴现至F银行某分行；（6）F

银行某分行在汇票上签章、背书，继续转贴现至后手银行。

6 亿元票据的流转路径具体如下图：

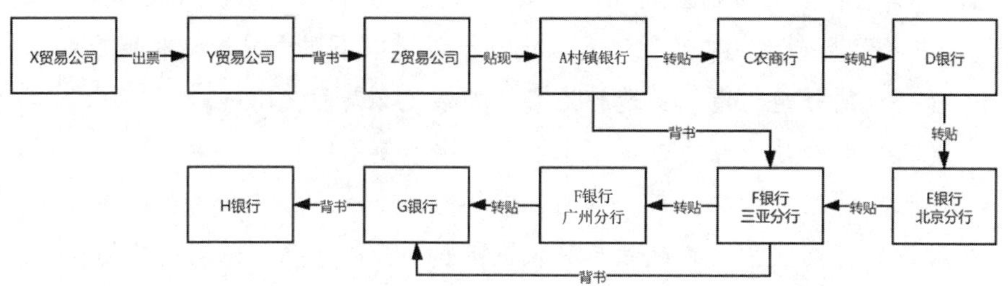

5 亿元票据的流转路径具体如下图：

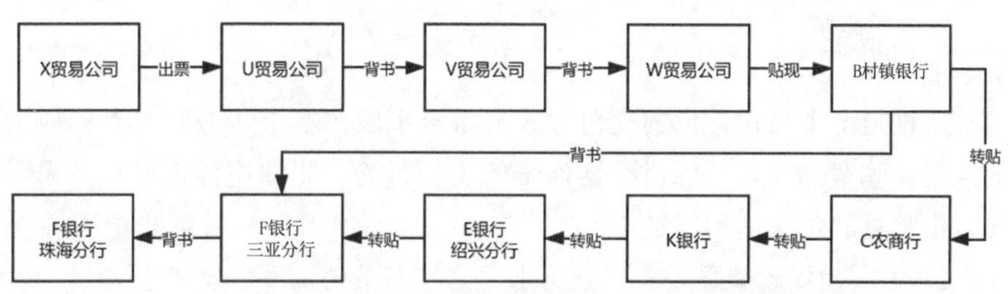

2016 年 1 月，该商业承兑汇票到期，商票贴现资金已挪作他用，X 公司无力兑付。随后，最终持票人银行申请托收遭拒，于是依次向前手追索并启动法律程序，形成多家银行连环诉讼。

2017 年，本案刑事案件由公安机关立案侦查。2020 年，法院经公开审理后判决 F 银行某分行构成票据诈骗罪的单位犯罪，罚金 500 万元；王五犯票据诈骗罪，判处无期徒刑，犯非国家工作人员受贿罪，判处有期徒刑八年，合并执行无期徒刑；张三、李四均犯票据诈骗罪，判处无期徒刑，对非国家工作人员行贿罪判处有期徒刑七年，合并执行无期徒刑。

法律规定

《刑法》第 194 条【票据诈骗罪】

有下列情形之一，进行金融票据诈骗活动，数额较大的，处五年以下有期徒刑或者拘役，并处二万元以上二十万元以下罚金；数额巨大或者有其他严重情节的，处五年以上十年以下有期徒刑，并处五万元以上五十万元以下罚金；数额特别巨大或者有其他特别严重情节的，处十年以上有期徒刑或者无期徒刑，并处五万元以上五十万元以下罚金或者没收财产：

（一）明知是伪造、变造的汇票、本票、支票而使用的；

（二）明知是作废的汇票、本票、支票而使用的；

（三）冒用他人的汇票、本票、支票的；

（四）签发空头支票或者与其预留印鉴不符的支票，骗取财物的；

（五）汇票、本票的出票人签发无资金保证的汇票、本票或者在出票时作虚假记载，骗取财物的。

律师点评

票据是上市公司常见的支付方式与融资手段，本书从一则具有影响力的票据诈骗案例展开，探讨票据诈骗的实行行为、犯罪主体、罪数关系等实践中常见的司法适用问题。

1. 构成票据诈骗罪是否以具有非法占有目的为必要？

以非法占有为目的是构成票据诈骗罪的必要条件。虽然《刑法》没有明文规定“以非法占有为目的”是本罪的构成要件，但是票据诈骗与普通诈骗属于特殊法与一般法的法条竞合关系，作为特殊诈骗形态的票据诈骗罪，是从传统的诈骗罪中分离出来的，因此，以非法占有为目的是构成本罪的必要条件。

《刑法》第194条明确列举了五类票据诈骗行为类型，如果没有相反证据证明行为人不具有非法占有目的，而行为人采取上述刑法规定的方式、手段进行票据诈骗的，一般可以合理推断行为人主观上具有非法占有的目的，不需要刑法再为此作出特别规定。

关于非法占有为目的的认定方法，《金融犯罪座谈会纪要》作了较为详尽、针对性很强的规定。本书前述案例已进行详细介绍，在此不再赘述。

2. F银行某分行是否构成票据诈骗的单位犯罪?

本案最大的争议就是F银行某分行是否应当被认定为构成票据诈骗的单位犯罪,对此一审法院和F银行某分行有不同意见。虽然涉案票据本身存在不真实信息,但是F银行某分行加盖了真实有效的汇票专用章提供背书。鉴于本案中F银行某分行员工王五明知张三、李四从事“票据中介”业务,且就票据诈骗行为形成了通谋,主观上对记载虚假信息的票据不存在错误认识,一审法院并未将F银行某分行认定为票据诈骗行为的对象。

一审法院进一步认为,王五作为F银行某分行的计划财务部副总经理、票据业务客户经理,系F银行某分行的直接主管人员,其以F银行某分行的名义,通过不审查企业资质、倒打款、清单交易的方式进行票据签发、买卖、支付转贴现款,对其他前手及后手银行造成严重经济损失,严重破坏和扰乱了通过票据信用关系建立起来的正常金融秩序和交易秩序。且通过该等行为所获的利益,并非由王五个人取得,而是均归F银行某分行单位所有。根据刑法和《最高人民法院关于审理单位犯罪案件具体应用法律有关问题的解释》的规定,以单位名义实施犯罪,违法所得归单位所有的,是单位犯罪。因此,F银行某分行构成票据诈骗罪的单位犯罪。

对此,F银行某分行认为,王五收受张三、李四贿赂,系为牟取个人利益而为他人票据转贴现提供便利,超出了F银行某分行授权范围,不能代表单位意志;且F银行某分行因后手银行追索损失,已经承担了相应民事责任,属于员工个人犯罪行为的被害人。F银行某分行不服一审法院判决,已提起上诉,终审结果尚不确定。

本案作为一起因银行员工超越职权开展业务导致单位被判处单位犯罪的案例,应当引起银行等金融机构的高度重视,尤其是需要加强对业务流程的合规管理。

3. 王五实施非国家工作人员受贿罪及票据诈骗罪的罪数关系?

区分罪数的标准,我国刑法理论采用犯罪构成标准说。根据犯罪构成标准说,区分一罪与数罪的标准是犯罪构成。行为人出于数个不同的罪过,实施数个性质不同的行为,侵犯数个法益,触犯数个罪名的数个犯罪形态,除法律有特殊规定的,应当认定为数罪,予以并罚。所谓法律有特殊规定，通常是指数行为之间存在转化、结合、吸收、牵连等关系而形成转化犯、结合犯、吸收犯、牵连犯等。

本案中，主管人员王五系因为收受了张三、李四给予的财物，才未对张三、李四提供的票据做审核便盖章背书，同时构成非国家工作人员受贿罪与票据诈骗罪。构成前罪的是王五实施的收受他人财物的行为，侵犯的法益是国家、公司正常公平的管理秩序和市场竞争秩序；构成后罪的是配合他人未对票据审核即盖章背书的行为，侵犯的法益是受票人的财产权利及金融管理秩序。两个犯罪行为相互独立，亦不存在转化、结合、牵连、吸收等关系。因此，法院最终决定对王五数罪并罚。

三、合规及预防重点

（一）合同诈骗罪的合规及预防重点

1. 企业应构建预防合同诈骗的合规制度

过往企业在经营过程中，经常只注重对经济利益的追逐，而忽略对法律风险的预防与管理，有的企业甚至铤而走险、以身试法。但是，随着依法治国战略的持续推进和深入，依法治企也逐渐被提上日程，并且“合规创造价值”的理念也逐渐为企业家所接受。要实现这一目标，首先要做的就是在企业内部构建合规管理制度，涉及如何预防合同诈骗，主要从如下几个方面进行合规制度建设。

（1）建立预防合同诈骗的培训机制

要实现合规创造价值的目标，不能单纯依靠企业家个人转变认识，而是需要企业全体上下共同努力。因此，在构建预防合同诈骗的合规制度时，首先要做的就是建立预防合同诈骗的培训机制，将预防合同诈骗的理念深植全体员工的心中，通过培训切实提高全体员工预防合同诈骗风险的能力。培训主要包括合同诈骗基本法律知识、合同诈骗常见情形、本单位可能发生的合同诈骗重点领域等。

（2）严格规范公司的印章管理制度

在合同诈骗罪的案例中，常见的情形之一是以虚构的单位或者冒用他人的名义签订合同的手段实施诈骗。因此，对企业经营而言，对印章的管理显得尤为重要。员工未经审批擅自以公司或他人名义对外签署合同，不仅员工本人可能涉嫌合同诈骗，企业也可能需要承担相应的经济损失。因此，企业要严格规范印章管理制度，从印章的刻制、保管、使用、销毁等各个环节对印章进行管控。

（3）建立重大事项书面留痕的工作制度

“重调查研究，不轻信口供”是刑事审判的基本原则。一旦企业涉及合同诈骗，如果能够提供客观有力的书面证据，往往可以在关键时刻渡过难关。因此，在企业日常经营过程中，要逐渐建立重大事项书面留痕的工作制度。此举不仅可以预防诈骗他人，还能防范被他人诈骗。具体而言，可采用的举措包括重要会议留下会议记录或纪要、约定事项采用书面形式、日常沟通工作事项以电子数据的方式予以保存等。

（4）构建严格落实信息披露的工作机制

合同诈骗实行行为是采用虚构事实、隐瞒真相的欺骗手段。对上市公司而言，避免虚构事实、隐瞒真相的最佳方式是严格落实信息披露的相关工作规定，将关键重大信息暴露在阳光之下接受监督。此举不仅可以帮助避免虚构事实的事项发生，也能在关键时刻作为不存在隐瞒真相的关键证据。具体而言，上市公司要严格按照监管部门要求进行信息披露，并且企业内部也要建立符合监管部门要求的信息披露工作机制。

（5）规范投资交易决策的工作程序

对上市公司而言，发生合同诈骗的重点领域就是投资交易环节。因此，针对上市公司投资交易环节要予以重点关注，尤其是应当对投资交易的决策程序进行严格规范管理。具体而言，关于投前洽谈、尽调、交易模式设计、协议履行等各个环节都应根据企业自身的运营情况建立一套规范的工作机制，尤其是对第三方中介机构的有效甄别、监督，从而避免因交易模式设计、尽职调查不到位以及协议履行等陷入合同诈骗旋涡。

（6）构建预防合同诈骗的风险识别机制

上市公司要建立合同诈骗的风险识别预警机制，全面系统梳理经营管理活动中存在的合同诈骗合规风险，并且要针对合同诈骗风险发生的可能性、影响程度、潜在后果等进行系统分析，对于典型性、普遍性和可能产生较严重后果的合同诈骗风险及时发布预警。

2. 企业应严格践行预防合同诈骗的合规制度

任何制度的价值都体现在执行过程中，如果预防合同诈骗的制度没有得到有效执行，便失去了制度存在的必要性。关于如何践行合同诈骗制度，主要从以下几个方面去考察：

（1）在企业内部建立专业化、职业化的合规管理队伍

任何良好的制度也都需要人去落实。上市公司可以根据其业务规模、合同诈骗合规风险水平等因素配备合同诈骗的合规管理人员，专项负责企业内部合同诈骗合规风险管理工作，实现合规管理工作专业化、职业化。

（2）将践行预防合同诈骗的合规制度纳入考评体系

实践告诉我们，如果没有奖惩考评机制，任何良好的制度都可能成为一纸空文。因此，上市公司构建合规制度之后，首要考虑的就是将落实合同诈骗的合规管理制度情况纳入对各部门和所属企业负责人的年度综合考核，细化评价指标。

（3）定期开展落实预防合同诈骗合规制度情况的评估

在合同诈骗合规制度落实过程中，可能会暴露出在制度制定过程中无法涵盖的问题。因此，通过开展合同诈骗合规管理评估，定期对合同诈骗的合规管理体系运行的有效性进行分析，对重大或反复出现的合同诈骗风险进行提示，并且完善相关制度，堵塞管理漏洞就显得尤为重要。

3. 企业在遭遇合同诈骗危机处理时的应对

制定并严格落实合同诈骗合规管理制度可能无法当然阻断企业涉嫌合同诈骗的风险。因此，一旦企业涉及合同诈骗的风险，主要应从如下两个方面开展工作：

（1）稳住企业正常经营的局面

在任何时候，企业一旦涉及合同诈骗的风险，都应该先行稳住企业正常经营的局面。保持企业内部的稳定，这不仅是企业化解危机的基本前提，也是上市公司作为公众公司的基本社会责任。如果企业涉及合同诈骗风险时内部动乱，其导致的不稳定因素可能会加剧企业处境的恶化。

（2）聘请专业的外部机构应对危机

合同诈骗是专业的法律问题，企业一旦涉及合同诈骗，仅仅依靠内部力量往往无法有效应对。因此，企业如果遭遇合同诈骗或者因诈骗他人被列为犯罪主体，应该尽快委托专业的法律服务机构提供相应的服务。

4. 企业并购过程中，应该严禁实施以下行为，避免陷入合同诈骗的刑事法律风险

（1）严禁实施任何财务造假的行为，具体如下：

第一，严禁与其供应商、客户相互串通，以制作两套账的方式虚增业务利润率。

第二，严禁与境外关联方进行虚假交易，夸大其境外的营业规模和利润。

第三，严禁与关联方相互勾结，将负债或不良资产从标的公司剥离，或者将不良资产转为对关联方的应收账款。

第四，严禁事先对中介机构拟访谈的对象进行培训，要求访谈对象按照标的公司要求作出虚假陈述等。

第五，严禁通过直接修改、篡改关键财务数据的方式，误导中介机构出具不实的证明文件。

第六，严禁通过伪造、变造单据、票证的非法手段，虚增其净资产的规模。

第七，严禁实施其他涉嫌财务造假的行为。

（2）企业在并购过程中，严禁以虚构的单位或者冒用他人的名义签订合同。

（3）如果在并购过程中需要提供担保，严禁以伪造、变造、作废的票据或者其他虚假的产权证明作担保。

（4）企业如果没有实际的履行合同能力，严禁为非法占有他人财物，采取以先履行小额合同或者部分履行合同的方法，诱骗对方继续签订和履行合同。

（5）企业在交易过程中，严禁在收到对方给付的货物、货款、预付款或者担保财产后选择逃匿。

（二）票据诈骗罪的合规及预防重点

1. 企业自身应防范遭受票据诈骗

第一，企业应该培养员工树立防诈骗和票据防伪的意识，严格按照既定工作流程进行票据流转活动。

第二，企业应构建完整的票据管理制度，从制度层面防范遭受票据诈骗。

第三，企业应增强票据审核技术手段，从技术上加强对票据真伪、有效性、使用人身份等要素的识别。

2. 企业自身应避免涉嫌票据诈骗而被追究刑事责任

第一，企业本身应该严禁伪造任何汇票、本票或支票。

第二，企业应强化对票据真伪的甄别，严禁明知是伪造、变造的汇票、本票、支票而使用。

第三，企业应强化对票据是否有效的识别，严禁明知是作废的汇票、本票、支票而使用。

第四，严禁企业冒用他人的汇票、本票、支票。

第五，企业应防范签发空头支票或者与其预留印鉴不符的支票。

第六，企业应严禁签发无资金保证的汇票、本票或者在出票时作虚假记载。

第四章

证券交易可能涉及的刑事犯罪

一、典型犯罪特征分析

"零容忍"已成为证监会打击资本市场违法行为的基本原则，因而早年间资本市场最为常见的违法犯罪行为，如内幕交易、操纵证券市场等近年来也有逐渐下降的趋势。经研究目前相关公布案例及新闻报道，笔者注意到证券监管领域犯罪主要存在如下特征：

（一）利用未公开信息交易罪和内幕交易罪、泄露内幕信息罪发案率最高

在2016~2021年已经公布的案例及新闻报道的正处于侦查阶段的相关案例中，案发率最高的是利用未公开信息交易罪和违规披露、不披露重要信息罪，合计达50%。其中，涉嫌犯罪的主体主要是上市公司高管人员及中层管理人员。可以看到，虽然监管主体及执法主体始终保持对此类违法行为的监管高压态势，但是相关内幕信息知情人或者未公开信息知情人，仍频频借此牟利，甚至屡屡触犯刑事犯罪红线。

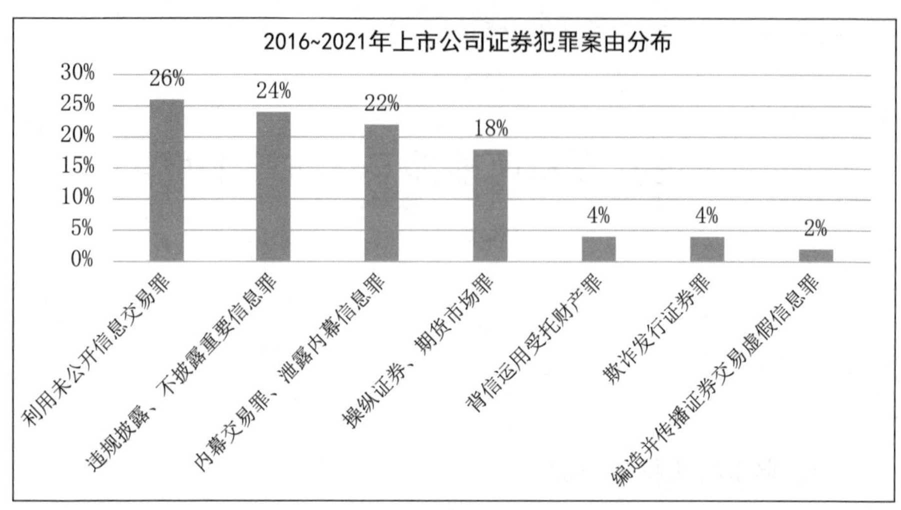

（二）上市公司内部人员证券犯罪问题突出

尽管有关机关始终保持对证券犯罪的监管高压态势，严格要求上市公司建立、完善证券合规制度，市场主体也对此密切关注，但案例显示上市公司内部人员发生证券犯罪的问题仍相当突出，占比一半以上，上市公司下属子公司等关联主体涉及的证券犯罪情况同样较多，反映出上市公司本身证券合规制度的建设仍亟待加强，上市公司内部人员应律己慎行，切勿逾越法律底线。

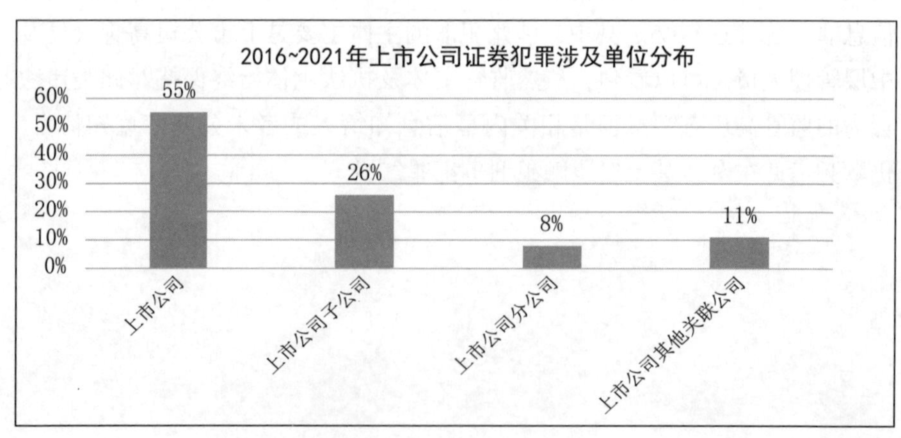

（三）高管人员证券犯罪现象泛滥

根据笔者统计的案例，高管人员涉嫌证券犯罪占比超过50%，涵盖法定代表人、董事长、总经理、董事会秘书等，高管人员涉嫌证券犯罪往往以“窝案”形式爆发。除了常见的内幕交易罪，违规披露、不披露重要信息罪、操纵证券市场罪都是高管人员多有参与的犯罪。笔者注意到，在这部分案例中，大部分案例中的高管人员除了承担刑事责任之外，也面临行政处罚。

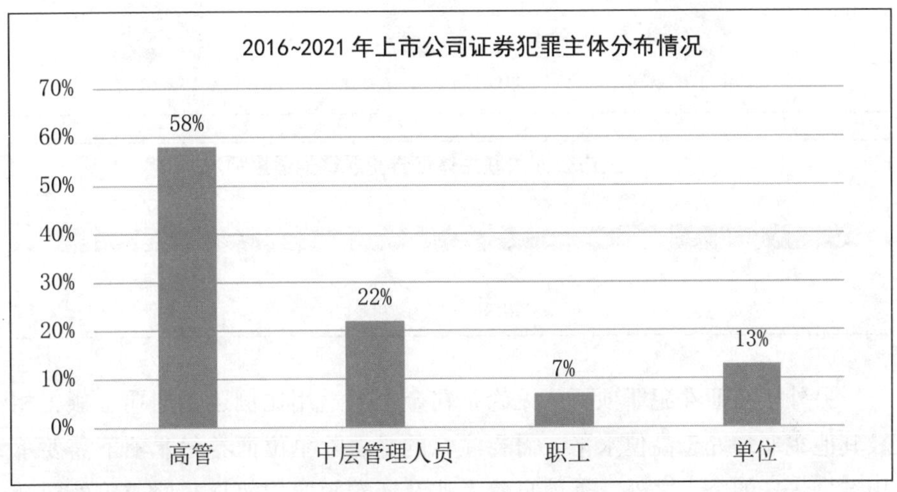

（四）上市公司关联主体证券犯罪刑罚情况统计

鉴于内幕交易、泄露内幕信息罪以及利用未公开信息交易罪案发率最高，笔者特别统计了该罪的量刑情况。其中，大部分行为人被判处五年以下有期徒刑，但针对情节特别严重的案件，不乏被判处五年以上十年以下有期徒刑的案例。不过，整体来讲，在《刑法修正案（十一）》颁布之前，证券犯罪缓刑的适用比例较高。

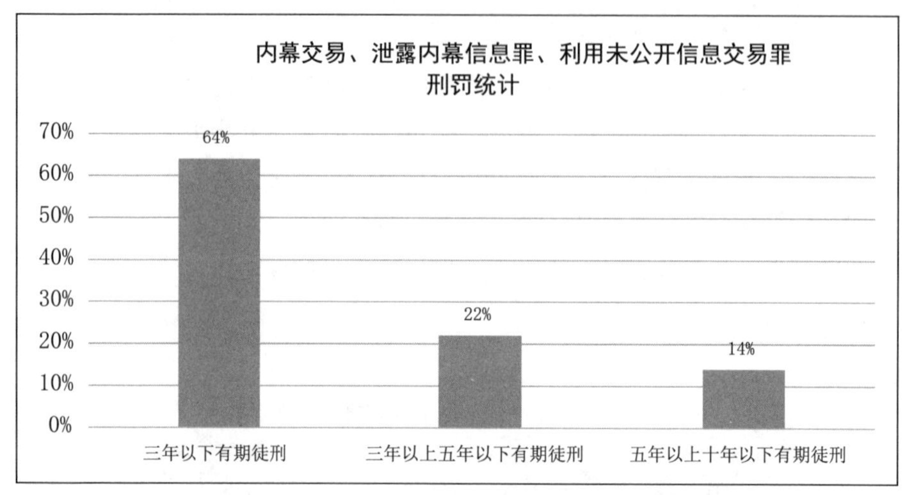

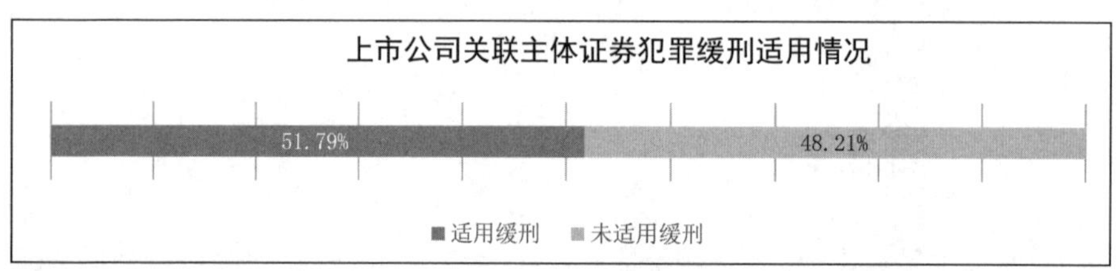

另外，在证券犯罪项下，无论是罚金刑的适用比例还是刑罚金额，相较其他犯罪均处于高位水平。需要注意的是，除单位证券犯罪项下需要承担刑事责任的个人之外，其他自然人涉及证券犯罪均面临并处或单处罚金刑，其中对于有违法所得的内幕交易、利用未公开信息交易等犯罪，罚金刑的适用直接按照违法所得的倍数计算；此外，即使被告人未因实施内幕交易犯罪行为而获取违法所得，甚至在内幕交易中存在损失，法院仍可能对其犯罪行为判处罚金。

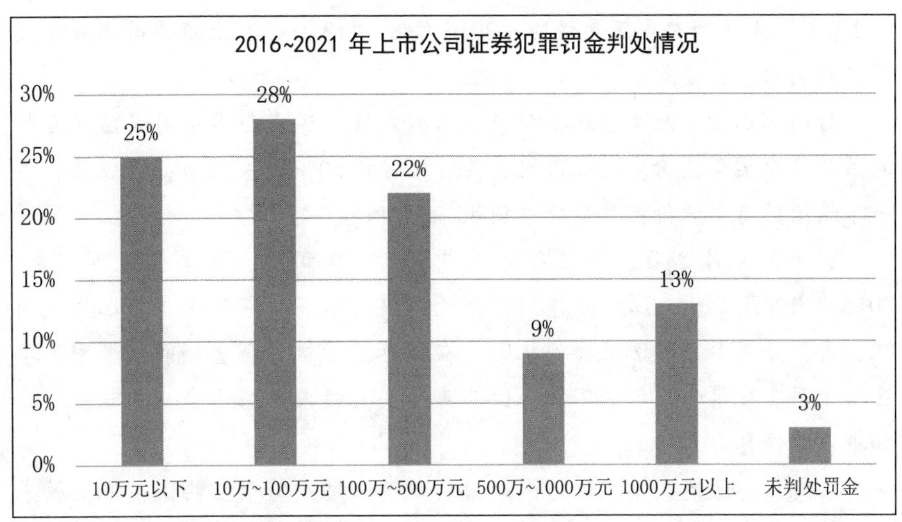

二、重点案例解读

（一）上市公司内幕交易罪案例分析

案情简介

2016 年 1 月 3 日，A 上市公司党委会审议上市公司提请研究的《关于市值管理的意见》。该意见提出，可以通过并购重组等措施对 A 上市公司进行市值管理。会议同意该方案，并要求 A 上市公司具体制定并购重组方案。

2016 年 3 月 25 日，A 上市公司并购重组小组初步确定收购 B 公司并形成了初步的并购方案。2016 年 4 月 1 日，该套方案再次被提交至党委会进行审议，会议对该套并购方案提出若干修正意见，但是总体认可 B 公司作为收购对象。

A 上市公司党委会成员李甲经当地人民政府委派至 A 上市公司负责党建工作事宜，参会后遂将该信息告知其女李乙。二人共谋利用李乙朋友赵某姓名开立证券账户，四处筹集资金 150 万元转入赵某账户。2016 年 4 月 5 日，二人共买入 A 上市公司 30 万股，成交金额合计 145 万余元。2016 年

5月6日，A上市公司股票停牌；2016年8月13日，A上市公司公告重大资产重组信息并复牌。

后因李乙担心此事涉及金额较大易被发现，遂在与李甲商议后在复牌的第二日以集合竞价方式低价抛售其所持有的50%的A上市公司股票，另一半继续持有，低价抛售部分亏损40万余元。

2016年9月2日，证监会就此事进行立案调查，并举行了听证会。2016年12月3日，证监会作出行政处罚决定书，认定李甲与李乙构成内幕交易，并将本案移送至公安机关。在证券监管机关调查期间，李甲、李乙对于买卖股票一事供认不讳，但其声称买卖股票是基于专业判断，而非知悉内幕信息。

法院最终认定，李甲作为内幕信息知情人员，与李乙共谋在价格敏感期内利用该信息进行股票交易，情节严重，构成内幕交易罪，李甲被判处有期徒刑四年，并处罚金450万元。李乙被判处有期徒刑一年，缓刑二年，同时没收二人违法所得。在案证据包括二人供述、证人证言、涉案电脑主机、涉案股票账户及资金账户银行流水、中国证监会认定函等证据。

法律规定

《刑法》第180条【内幕交易、泄露内幕信息罪】

证券、期货交易内幕信息的知情人员或者非法获取证券、期货交易内幕信息的人员，在涉及证券的发行，证券、期货交易或者其他对证券、期货交易价格有重大影响的信息尚未公开前，买入或者卖出该证券，或者从事与该内幕信息有关的期货交易，或者泄露该信息，或者明示、暗示他人从事上述交易活动，情节严重的，处五年以下有期徒刑或者拘役，并处或者单处违法所得一倍以上五倍以下罚金；情节特别严重的，处五年以上十年以下有期徒刑，并处违法所得一倍以上五倍以下罚金。

单位犯前款罪的，对单位判处罚金，并对其直接负责的主管人员和其他直接责任人员，处五年以下有期徒刑或者拘役。

内幕信息、知情人员的范围，依照法律、行政法规的规定确定。

律师点评

本案包括了内幕交易罪中常见的争议焦点，包括内幕信息的认定、内幕信息知情人的认定、中国证监会的认定函可否作为刑事证据采信、行为人为了逃避处罚故意低价卖亏股票的违法所得如何计算、自首认定等问题。下文将一一进行分析。

1. 内幕信息的范围：内幕信息不限于《证券法》列明的类型，只要对证券市场价格存在重大影响的未公开信息，哪怕是尚未最终确定的信息，也可能被认定构成内幕信息

本案中，李甲及其辩护人提出在其购买A上市公司股票时，A上市公司收购B公司这一事件尚未落地，内幕信息尚未形成，其所获悉的情况不属于“内幕信息”。法院对此意见未予采纳。

根据《证券法》（2014修正）第67条和第75条的规定，内幕信息是指证券交易活动中，涉及发行人的经营、财务或者对该发行人证券的市场价格有重大影响的尚未公开的信息，包括公司的重大投资行为和重大的购置财产的决定。

本案中，李甲从A上市公司党委会知悉并告知李乙的信息，属于《证券法》（2014修正）第67条和第75条规定的内幕信息。具体理由如下：从内容来看，A上市公司决定通过并购重组进行市值管理，并最终聚焦于收购B公司实现该目的。这一事项属于A公司对外的重大投资行为和重大的购置财产的决定，构成法定的内幕信息。从时间上来看，2016年3月25日是该并购事项的第一次书面化，即使2016年4月1日审议会议期间对该并购方案提出若干修改意见，收购对象为B公司这一核心事项也始终被坚持，即A上市公司收购B公司的思路早于2016年4月1日即已确定。从知情范围来看，从收购方案确认到A上市公司发布停牌公告、向社会披露重大资产重组事项前，A上市公司对此事项保密程度较高、知情人较少，符合内幕信息尚未公开的法定要求。从影响力看，因A上市公司于停牌期间发布一系列公告信息，在复牌交易后，A上市公司股票存在连续涨停，充分说明该资产重组事项对于股票市场价格存在重大影响。

综上，应当认为，A上市公司收购B公司的初步意向，在公开披露前属于内幕信息，价格敏感期为2016年4月1日至2016年8月13日。

2. 内幕信息知情人范围：只要在上市公司任职并有机会通过职务行为接触到内幕信息，均属于内幕信息知情人

本案中，李甲及其辩护人抗辩称李甲是国家工作人员，不符合内幕交易罪的主体构成要件。对此，法院未予采纳。

《刑法》第180条规定，内幕信息的知情人员范围依照法律、行政法规的规定确定。根据《证券法》（2014修正）第74条[1]的规定，证券交易内幕信息的知情人包括由于所任公司职务或者因与公司业务往来可以获取公司有关内幕信息的人员。

本案中，李甲虽然是国家工作人员，但是其已经被当地政府委派至A上市公司党委会负责党建事宜，由于其所任职务有机会通过党委会接触到内幕信息，也应当认定其属于内幕信息知情人。

3. 行政调查：中国证监会的认定对于刑事案件定性具有重大影响，证监会认定函及其调查材料通常会作为刑事案件认定事实的证据

实践中，相当一部分证券犯罪案件来源系证监会移送。因此很多证券犯罪刑事案件中也会援引证监会的行政调查报告或认定函作为证据进行案件事实认定。但是相关法律法规或者司法解释尚未正式明确其证据资格，导致实践中控辩双方往往就其证据效力进行争论。

应当认为，目前司法实践整体倾向于肯定证监会出具的认定函或者行政调查报告的证据资格。《最高人民法院、最高人民检察院、公安部、中国证监会关于整治非法证券活动有关问题的通知》规定：“非法证券活动是否涉嫌犯罪，由公安机关、司法机关认定。公安机关、司法机关认为需

[1] 《证券法》（2014修正）第74条：证券交易内幕信息的知情人包括：（一）发行人的董事、监事、高级管理人员；（二）持有公司百分之五以上股份的股东及其董事、监事、高级管理人员，公司的实际控制人及其董事、监事、高级管理人员；（三）发行人控股的公司及其董事、监事、高级管理人员；（四）由于所任公司职务可以获取公司有关内幕信息的人员；（五）证券监督管理机构工作人员以及由于法定职责对证券的发行、交易进行管理的其他人员；（六）保荐人、承销的证券公司、证券交易所、证券登记结算机构、证券服务机构的有关人员；（七）国务院证券监督管理机构规定的其他人。

要有关行政主管机关进行性质认定的，行政主管机关应当出具认定意见。”因此，在大部分证券犯罪中，法院认定证监会在法定职权范围内，对于内幕信息、知情人员、价格敏感期起止时间以及利用内幕信息进行股票交易等出具的意见，是根据法律授权作出的专业认定，符合客观事实和法律规定，具有证明力。但需要注意的是，证监会的认定函并不必然会被法院采纳，对于刑事案件相关问题，即使已有证监会认定函作出明确认定，法院仍可能综合全案的证据材料，作出与证监会认定函不一致的认定。笔者就曾遇到因证监会认定函有利于被告人，而法院重新作出不利于被告人的认定的案例。

4. 本案应当如何认定违法所得？

违法所得的认定直接关系到罚金刑的轻重，是实践中控辩双方争论的焦点。

本案中，李甲在复牌之日低价抛售部分股份，亏损40余万元，剩余股份继续由其持有。在这种情况下，违法所得认定与一般案件中的违法所得认定存在区别。

（1）复牌之日低价抛售股份的违法所得认定

针对李甲在复牌之日低价抛售股份部分的违法所得，实践中存在巨大争议。

第一种观点认为，李甲表面上在复牌日抛售涉案部分股票没有违法所得，但实质上是以故意低价抛售造成亏损为名逃避处罚，违法所得的计算应以复牌日的账面所得为准。但在判处没收违法所得的刑罚时以当事人实际存在的违法所得为准。〔1〕

第二种观点主张，李甲在此情况下存在亏损，不存在违法所得。但是如果不认定违法所得，将导致罚金刑的适用缺乏基础或者罚金刑量刑较轻，因此建议适用没收制度，且没收金额与犯罪数额本身比例相当。〔2〕

〔1〕参见苗有水、刘晓虎：“《关于办理内幕交易、泄露内幕信息刑事案件具体应用法律若干问题的解释》的理解与适用”，载《人民司法》2012年第15期。

〔2〕参见万志尧：“内幕交易刑事案件‘违法所得’的司法认定”，载《政治与法律》2014年第2期。

第三种观点提出，行为人为逃避刑罚处罚而故意低价抛售所持证券的，不应以其实际抛售价格计算违法所得，而应当以抛售日是否在5日期限内为标准分别讨论。如果抛售日在5日后的，应以第5日的收盘价计算违法所得，违法所得=第五日市值+累计派现金额-累计买入金额-配股金额-交易费用。如果抛售日在5日内的，应以抛售日的收盘价计算违法所得，违法所得=抛售日市值+累计派现金额-累计买入金额-配股金额-交易费用。〔1〕

可以看到，目前司法实务尚未就复牌之日低价抛售股份情形下违法所得的认定形成统一裁判思路。之所以存在如此大的分歧，原因在于《刑法》第180条规定并处或单处罚金刑，即对内幕交易罪的判决以罚金刑为必要，且罚金数额以违法所得为准进行确定。然而，在没有违法所得的情况下，罚金刑的适用便成了难题。同时，内幕交易罪作为牵动证券市场安全健康运行的经济犯罪，财产刑的适用对于当事人的威慑不容忽视，如果单处监禁刑恐无法实现罪刑相适应、警示人们不得内幕交易的一般预防效果。

笔者理解，在上述情况中，不应当认定被告人具有违法所得。

第一，根据《最高人民法院、最高人民检察院关于办理内幕交易、泄露内幕信息刑事案件具体应用法律若干问题的解释》（以下简称《内幕交易司法解释》）的规定，本案中不存在违法所得。《内幕交易司法解释》第10条第1款规定："刑法第一百八十条第一款规定的'违法所得'，是指通过内幕交易行为所获利益或者避免的损失。"本案中，被告人李甲作为内幕信息知情人在内幕信息尚未公开之前实施了买入行为，且证券交易成交额超过50万元，符合内幕交易罪的构成要件。复牌日之后，其以低价卖出涉案部分股票，既未因其卖出行为获得更多经济利益，也未因卖出行为减少损失，反而引发了更多损失。因此，李甲内幕交易的行为并未产生违法所得。

第二，此种在复牌之日前低价出售股票的行为客观上没有对证券市场

〔1〕参见王越、郭献朝："内幕交易罪违法所得的计算方法"，载《人民司法（应用）》2016年第22期。

造成重大不利影响，相对于常见的内幕交易案件情节较轻，即使不适用罚金刑也并不会造成罪刑不相适应。刑法及行政法规之所以打击内幕交易行为，关键在于内幕信息知情人相较于普通市场参与主体享有天然的信息特权，“如果允许他们自由地买卖公司的股票，他们便很容易操纵市场，牟取私利”〔1〕。此举将颠覆市场的公平性与公正性，长此以往对于整体社会经济发展都将造成不可磨灭的影响。换言之，刑法处罚内幕交易行为的核心在于行为人不得通过内幕交易获利。而本案中，被告人李甲因为担心案发而以低价亏本的形式抛售股票，客观上无法操纵证券市场，也未影响其他市场参与主体的正常投资行为，相对于常见的内幕交易案件情节较轻。

第三，坚持刑法的客观主义。刑法客观主义主张，“刑事责任的基础应该是表现在外部的犯罪人的行为，而不是行为人的主观恶意”〔2〕。但是在以复牌日的账面所得为准计算违法所得的主张中，其所认定的违法所得并未实际发生，而是以被告人在内幕交易的主观恶意之下所可能获得的收入。该种认定方式缺乏客观事实基础，背离刑法的客观主义，不应予以提倡。

因此，在行为人于复牌之日起低价抛售股份的情形中，不应认定其具有违法所得。关于此种情况下罚金刑的适用，我们赞同实践中的处理办法，即“对行为人判处一千元的罚金，即以罚金刑的下限作为判处行为人的罚金数额，如此解决了具体案件中无违法所得而无罚金参照标准与刑法规定的并处罚金而必须判处罚金之间的矛盾”〔3〕。

(2) 复牌之日继续持有股份的违法所得认定

关于复牌之日继续持有股份的违法所得认定，实践中存在两种不同意见。第一种意见认为应以复牌日的账面所得计算；第二种意见认为应以案发日的账面所得计算。〔4〕针对这一问题，证监会在行政处罚过程中也存在

〔1〕 魏颀瑶：“上市公司股东减持行为法律规制研究”，载《证券法苑》2019年第1期。

〔2〕 周光权：《刑法总论》(第2版)，中国人民大学出版社2011年版，第26页。

〔3〕 苗有水、刘晓虎：“《关于办理内幕交易、泄露内幕信息刑事案件具体应用法律若干问题的解释》的理解与适用”，载《人民司法》2012年第15期。

〔4〕 参见罗开卷：“王文芳等内幕交易、泄露内幕信息案——利好型内幕信息复牌后未兑现的违法所得认定”，载《人民司法·案例》2014年第8期。

不同意见。

第一种，在此情况下认定不存在违法所得。

例如，在证监会作出的〔2013〕13号行政处罚决定书中，当事人齐凯、张进才作为内幕信息知情人在内幕信息公开之前购入涉案股份，内幕信息公布之日其股票账面盈利为人民币1 005 424.8元，但其直至案发之日均未卖出涉案股份。最终，证监会未认定其具有违法所得，而是对其作出罚款，并责令处理非法持有的股票，如有盈利予以没收。该种认定思路表明，内幕交易行为的违法所得应以其实际兑现股票的盈利或避免的损失为准进行计算。〔1〕

第二种，选定特定时点认定违法所得。

以盈利计算日为准认定违法所得。例如在证监会作出的〔2018〕92号行政处罚决定书中，当事人周凡娜、陈锡林作为内幕信息知情人在内幕信息公开之前购入涉案股份，2016年12月6日该内幕信息公布。截至2017年8月16日，证监会认定该日为盈利测算日，相关股票尚未卖出，其账面盈利为8.47万元，最终证监会认定当事人的违法所得数额为8.47万元。

以公开交易日为准认定违法所得。例如在证监会作出的〔2019〕63号行政处罚决定书中，当事人袁志敏、王宗明作为内幕信息知情人在内幕信息公开之前购入涉案股份，截至复牌日，两人账户账面盈利为327 294.99元，但两人截至案发之日尚未卖出其所持股份。证监会认为："涉案账户股票尚未卖出，依照公开日计算收益并无不当。"

以特定时点为准认定违法所得。例如在证监会作出的〔2018〕21号行政处罚决定书中，当事人王爱英作为内幕信息知情人在内幕信息公开之前购入涉案股份，2015年12月15日该内幕信息公布。截至2016年2月底，当事人未予卖出涉案股份，此时其盈利为488 221.75元，最终证监会认定当事人的违法所得数额为488 221.75元。关于2016年2月底具体日期的选定，行政处罚决定书未予明示。

〔1〕〔2018〕72号《中国证监会行政处罚决定书［中植投资发展（北京）有限公司、李轩、赵云昊、杨霁］》的认定思路也是如此。

综上可以看到，证监会内部对于复牌之日起继续持有股份的违法所得认定也存在多种看法。

如前所述，笔者倾向于认为在此种情况下不应认定本案存在违法所得。具体理由详见前文，此处补充一点：之所以不应以案发之日作为计算违法所得的时点，核心原因在于难以证明内幕交易行为与案发之日的账面盈亏存在因果关系。实践中，内幕交易的实施行为与案发之日通常存在较长时间间隔，期间上市公司的经营受到多种因素的影响，例如新的利好、利空消息的放出，或者整体市场走势的影响，或者国家政策的影响等。此种情况下，案发之日的账面情况已无法反映出当事人所利用的内幕消息获取的盈利情况或者亏损情况，两者之间的因果关系难以建立。

5. 案发后：主动到证监会如实供述相关情况，也构成自首情节

本案中，李甲及李乙在证券监管机关调查期间，主动向证券监管机构如实供述股票买卖的相关情况，但其对交易行为辩解称购买涉案股份的原因是基于个人专业判断，而非知悉内幕信息。在此种情况下，李甲是否具有自首情节存在争议。笔者认为，应当认定李甲构成自首。

根据《最高人民法院关于处理自首和立功具体应用法律若干问题的解释》第1条第2项的规定，如实供述自己的罪行是指犯罪嫌疑人自动投案后，如实交代自己的主要犯罪事实。“主要犯罪事实，是指对认定犯罪人的行为性质具有决定意义的事实、情节，以及对犯罪人的量刑具有重要意义的事实和细节。”[1]在内幕交易罪中，关于内幕交易罪的主要犯罪事实应该围绕其构成要件进行认定，主要包括行为人的主体身份、所购买的相关股票名称、数量、行为人获悉内幕信息的相关情况。本案中，李甲认可其知悉了内幕信息，并认可其在内幕信息敏感期内购买涉案股票，此举已涵盖了内幕交易罪的构成要件。至于实施股票交易行为的原因，属于行为性质的辩解。对于行为性质的辩解是法律赋予犯罪嫌疑人或者被告人的权利，不应认为该辩解构成翻供或者否认指控。该种观点也为《最高人民法院关于被告人对行为性质的辩解是否影响自首成立问题的批复》所确认。

---

〔1〕周光权：《刑法总论》（第2版），中国人民大学出版社2011年版，第380页。

（二）上市公司操纵证券市场罪案例分析

案情简介

A上市公司是一家服装加工制造领域的上市公司，其实际控制人系李甲。

自2018年起，受到境内外经济下行的影响，A上市公司股价持续下跌，李甲个人资产缩水严重。好友王乙知道此事后，遂主动找到李甲提出可以通过“市值管理”的方式拉升A上市公司股价。双方签订《资产管理合同》，约定王乙向A上市公司提供市值管理的策略和具体操作方案，其从中收取研究顾问费，研究顾问费以最终A上市公司市值金额的2%计提，服务期限为2018年4月23日至2018年10月22日。

自2018年4月23日至2018年10月22日，王乙先后通过咨询服务方案、微信、邮件等方式向李甲提供市值管理方案。具体包括：建议A上市公司战略转型；建议A上市公司收购境外知名服装加工生产企业；建议安排财经公关、证券媒体、国际知名影星代言等方式提升A上市公司知名度，改善A上市公司资本市场形象；将A上市公司正在开展的对股价有提升的项目向市场披露进行市值管理。

对于王乙提出的种种市值管理建议，李甲均派人实践。但是在着手策划收购境外知名服装加工生产企业的过程中，A上市公司遇到明显阻碍，双方就具体收购方案难以达成一致意见。在此种情况下李甲仍旧决定由A上市公司率先对外公告公司近期存在重大事项，并着人放出风声A上市公司计划收购境外知名服装加工生产企业。风声一出，A上市公司股价大涨，当周股价累计上涨11.23%（以前一个交易日的收盘价为基数，下同）。

同时，为了进一步增加A上市公司“利好”信息披露密度，其将早已确定的投资A市文化小镇相关信息选择在此期间公布，包括土地收购、开工建设、获得地方政府财政资金支持等信息，进一步影响投资者预期。

2018年10月22日，相比于2018年4月23日，A上市公司股价累计上涨25.73%，同期中小板综指累计下跌5.7%，偏离31.42个百分点。李甲随即于2018年10月23日、26日通过大宗交易系统减持A上市公司

1000 万股，共获利 5360 万余元。2018 年 11 月 1 日，李甲按照约定向王乙支付了研究顾问费 300 万元。

2018 年 12 月 3 日，A 市公安机关经侦大队对此案以李甲、王乙涉嫌操纵证券市场罪立案侦查。2019 年 4 月 3 日，A 市公安机关将此案移送至 A 市检察院。

法律规定

《刑法》第 182 条【操纵证券、期货市场罪】

有下列情形之一，操纵证券、期货市场，影响证券、期货交易价格或者证券、期货交易量，情节严重的，处五年以下有期徒刑或者拘役，并处或者单处罚金；情节特别严重的，处五年以上十年以下有期徒刑，并处罚金：

（一）单独或者合谋，集中资金优势、持股或者持仓优势或者利用信息优势联合或者连续买卖的；

（二）与他人串通，以事先约定的时间、价格和方式相互进行证券、期货交易的；

（三）在自己实际控制的帐户之间进行证券交易，或者以自己为交易对象，自买自卖期货合约的；

（四）不以成交为目的，频繁或者大量申报买入、卖出证券、期货合约并撤销申报的；

（五）利用虚假或者不确定的重大信息，诱导投资者进行证券、期货交易的；

（六）对证券、证券发行人、期货交易标的公开作出评价、预测或者投资建议，同时进行反向证券交易或者相关期货交易的；

（七）以其他方法操纵证券、期货市场的。

单位犯前款罪的，对单位判处罚金，并对其直接负责的主管人员和其他直接责任人员，依照前款的规定处罚。

律师点评

1. 合规的市值管理不构成操纵证券市场，但是如果策划虚假重大事项误导投资者作出决策并影响证券交易量及其价格的，可能构成操纵证券市场的犯罪行为

本案中，李甲、王乙配合实施了多个行为，具体哪一行为构成操纵证券市场行为、哪一行为不构成犯罪，需要逐一厘清。具体分析如下：

(1) 合规的市值管理本身不构成操纵证券市场行为

市值管理最初是作为国有上市公司的考核评价指标提出的，2005 年 9 月，国资委提出要将市值纳入国资控股公司的考核体系。市值管理并非法律概念，证监会也未对市值管理出台统一意见。目前，一般认为市值管理是上市公司基于公司市值信号，综合运用科学与合规的价值经营方法和手段，以达到公司价值创造最大化、价值实现最优化的战略管理行为。[1]

案情显示，王乙向李甲提出的市值管理建议包括：建议 A 上市公司战略转型；建议 A 上市公司收购境外知名服装加工生产企业；建议安排财经公关、证券媒体、国际知名影星代言等方式提升 A 上市公司知名度、改善 A 上市公司资本市场形象；将 A 上市公司正在开展的对股价有提升的项目向市场披露进行市值管理。

可以看出，上述市值管理建议主要是围绕 A 上市公司如何更好经营、如何维护企业形象展开。如果 A 上市公司完全依法落地相关建议，其并不涉嫌构成犯罪。

近年来多数公司打着"市值管理"的旗号行"操纵证券市场"之实，导致市场主体对于"市值管理"敬而远之。事实上，对于成熟的上市公司而言，市值管理制度的建立对于上市公司的长远发展是必需的。2014 年《国务院关于进一步促进资本市场健康发展的若干意见》也明确："鼓励上

---

〔1〕 参见刘国芳、王华："2009 中国上市公司市值管理新特点"，载《经济》2009 年第 9 期。

市公司建立市值管理制度。”因此，在当前证券市场监管从严的背景之下，为“市值管理”正名实属必要。

（2）A上市公司在未确定收购境外知名服装加工生产企业事项的情况下即对外公告，涉嫌构成策划实施虚假重大事项的操纵证券市场行为类型

根据《最高人民法院、最高人民检察院关于办理操纵证券、期货市场刑事案件适用法律若干问题的解释》（以下简称《操纵证券期货市场司法解释》）第1条第3项的规定，通过策划、实施资产收购或者重组、投资新业务、股权转让、上市公司收购等虚假重大事项，误导投资者作出投资决策，影响证券交易价格或者证券交易量，并进行相关交易或者谋取相关利益的，构成“以其他方法操纵证券、期货市场”。

本案中，值得讨论的是A上市公司的确曾启动收购境外知名服装加工企业的谈判工作，只不过该项收购方案遭遇重大阻碍，难以推进。该情况与常见的虚构重大投资方案存在一定差别。但是笔者认为，该种差别不影响其构成策划实施虚假重大事项的操纵证券市场行为类型。首先，案情显示，A上市公司与境外知名服装加工生产企业就收购事项存在较大分歧，双方难以达成一致意见。在此种情况下，收购事宜能否成功推进存在重大不确定性。其次，案情显示，A上市公司在上述收购方案难以落地的情况下即对外公告公司存在重大事项，并派人放出该收购方案的风声，且未注明该方案存在的巨大困难，此举已涉嫌欺骗市场投资者。最后，面对市场流传的A上市公司即将收购境外知名服装加工生产企业的消息，A上市公司并未予以澄清、否认，也未继续推进相关并购方案的落实，其存在利用虚假消息影响股价的间接故意。

因此，A上市公司在未确定收购境外知名服装加工生产企业事项的情况下即对外公告，涉嫌构成策划实施虚假重大事项的操纵证券市场行为类型。

（3）增加利好信息的披露密度，涉嫌构成信息型操纵证券市场行为类型

《操纵证券期货市场司法解释》第1条第4项规定，通过控制发行人、上市公司信息的生成或者控制信息披露的内容、时点、节奏，误导投资者作出投资决策，影响证券交易价格或者证券交易量，并进行相关交易或者

谋取相关利益的，构成“以其他方法操纵证券、期货市场”。与常见的操纵证券市场行为不同的是，信息型操纵是通过控制影响证券交易的信息，影响证券市场投资交易的决策基础，误导其他投资者并使之作出错误的投资决策，从而间接影响证券交易量或者证券交易价格。例如“黑嘴”即属于常见的信息型操纵行为类型。

本案中，辩护人提出，在现有行政处罚及刑事犯罪案例中，监管机关及司法机关认定构成“信息型”操纵的前提在于行为人未真实完整披露信息，导致投资者误导并作出投资决策。既往案例中，被认定为“信息型”操纵的行为主要有：行为人约定由上市公司董事长或实际控制人控制的上市公司择机发布“高送转”“业绩预增”等利好消息，引入“PPP”“互联网金融”等利好热点题材，或者行为人控制上市公司发布公告，称通过获得控股股东网站域名特别授权，可以使公司在互联网金融行业处于领先的竞争优势，必将给公司带来深远影响；但是实际上该网站尚在筹备中，无任何业务运营，且免费授权使用时间有限，后续存在不确定性。本案中，尽管A公司存在控制信息披露的时点，但是其所披露的事项均系真实、准确、完整的，投资者并未陷入误导作出投资决策，不应认定相关行为构成操纵证券市场的行为。

对于辩护律师提出的这一观点，笔者认为被法院认可的可能性比较小。首先，根据《操纵证券期货市场司法解释》第1条第4项的规定，信息型操纵行为从未以披露内容不实为前提，对于信息披露时间、节奏的操纵进而影响证券交易也构成该种行为类型。其次，实践中监管机关、司法机关也秉持这一监管思路。例如在上海某控股（集团）有限公司等操纵证券市场案中，证监会认为：至于当事人所称披露的信息真实，属于正常信息披露的意见，本案认定的信息披露事项是在该集团与行为人共同操纵股价的目的下实施的，且在信息披露前后，当事人利用掌握信息披露时点、信息内容等优势使用账户组连续交易，符合利用信息优势连续交易操纵的特征，该认定与信息是否真实无关。在某投资人操纵证券市场案中，法院认定：利用上市公司的信息优势是行为人操纵涉案股票价格和交易量的重要方式，至于信息的真实或虚假，利好或利空，以及对上市公司发布利好信息的具体时间和细节是否完全知晓，不影响犯罪构成。最后，该种做法与国际证券监管路径一致。美国《1934 年证券交易法》第 9 条 a 款第（3）项~第（5）项规定：

（3）一个正在销售或发出销售邀约、正在购买或发出购买要约的自营商、经纪人或其他人，为了引诱人们购买或销售某种在全国性的交易所上市的证券而在日常工作中散布信息，说是因为某人或某些人为了提高或抑制该种证券的价格所实施的市场行为，该种证券的价格将会或者很可能会上升或下降。

（4）一个正在销售或发出销售要约、正在购买或发出购买要约的自营商、经纪人或其他人，为了引诱人们购买或销售某种在全国性的证券交易所上市的证券，就该种证券的某一重要事实作出了在当时或者根据当时的具体情况是虚假的或误导性的陈述，而且他知道或者有合理的理由知道这样的陈述是虚假的或误导性的。

（5）直接或间接地接受了一个正在销售或者发出销售要约、正在购买或发出购买要约的自营商、经纪人或其他人所支付的对价，为了引诱人们购买或销售某种在全国性的交易场上市的证券，散布信息说因为某人或某些人为了提高或抑制该种证券的价格所实施的市场行为，该种证券的价格将会或者可能会上升或下降。

可以看到，美国在打击信息型操纵证券市场犯罪时也不以行为人作出虚假陈述为前提。从经济运行的角度看，证券二级市场具有合理配置资源的作用。但是，这种作用只有在证券价格没有人为的操纵和扭曲，社会公众投资者对各种证券的总需求和总供给通过市场价格的自然调节趋向平衡的前提下，才能得到充分的发挥。因此，如果行为人存在利用信息披露扭曲社会公众对证券的需求，其本身已背离正常的证券市场运行，应当认为其属于操纵证券市场的手段之一。

2. 李甲及王乙辩称其不具有操纵证券市场的故意，如何予以认定？

本案中，李甲及王乙的辩护人认为，行为人具有操纵证券市场的主观故意是该罪的主观构成要件之一，本案中李甲及王乙在签订《资产管理合同》，确定市值管理的策略和具体操作方案的过程中，从未约定要进行操纵证券市场谋取非法利益，李甲在实施行为时不具有“操纵证券市场”犯罪故意，而王乙自始至终不知道李甲具有在股价提升后出售股票、操纵证券市场的故意，因此二人不构成操纵证券市场罪。

实践中，辩护人经常将当事人不具有操纵证券市场罪的故意作为重点抗辩理由。例如行为人作出涉案行为是基于正常投资理财分析决策而非具有拉抬股价、操纵市场的故意，又如行为人只是进行合规市值管理而非操纵证券市场。一般情况下，监管机关以及法院在判断当事人主观是否故意时会综合考虑当事人的犯罪行为及其他证据材料。如果行为人实施了连续操纵、约定操纵、洗售操纵三种行为，则监管机关及法院一般直接依据上述行为表现认定当事人具有犯罪故意；如果存在证据，包括但不限于微信聊天记录、邮件往来、会议纪要、合同约定等，证明当事人具有通过操纵证券市场的行为拉抬股价的意图，则被认定具有犯罪故意的可能性较大。

本案中，认定李甲及王乙具有犯罪故意的关键在于证据。犯罪嫌疑人的供述、证人证言以及其他书证都被法院作为认定依据。

需要注意的是，即使法院以证据不足为由认定李甲及王乙不具有操纵证券市场的故意并进而作出无罪判决，并不意味着二人无需承担行政责任。实践中，监管机关在作出行政处罚时采取明显优势证据原则，相比于刑事诉讼中的排除合理怀疑的证明标准，监管机关承担的证明责任较低。“不排除行为人不存在操纵故意，但客观行为表现贴近操纵证券市场行为而被行政处罚的可能。”〔1〕

因此，上市公司市值管理方面的工作必须要合规进行。一方面，上市公司及其管理层、控股股东是市值管理行为的第一责任人，必须始终恪守依法合规和诚实守信的行为准则，真实、准确、完整地披露相关信息；另一方面，也应确保相关证券交易具有充分、合理的交易理由，并注意保存

〔1〕 刘思远、赵枫：“新型操纵证券市场行为解析——从恒康医疗案看信息型操纵的行为特征”，载 https://www.jingtian.com/Content/2018/09-11/1139236056.html，最后访问日期：2022 年 1 月 12 日。

交易决策的相关证据，以便将来在监管机关调查时及时澄清。[1]

3.《刑法修正案（十一）》对本罪所作改动

操纵证券、期货市场的行为制造虚假的供求关系，破坏市场的定价功能，误导投资者决策，一直以来是证监会监管执法的重点领域。随着监管执法力度不断加大，操纵的行为也越来越多样，越来越隐蔽。针对花样翻新的犯罪手法，《刑法》明文规定的三种操纵方式已经不能满足实践中打击操纵证券、期货市场犯罪的需要。继 2019 年《操纵证券期货市场司法解释》出台后，此次《刑法修正案（十一）》也针对本罪作出了新的修订。

版本	操纵证券、期货市场罪
原刑法	有下列情形之一，操纵证券、期货市场，情节严重的，处五年以下有期徒刑或者拘役，并处或者单处罚金；情节特别严重的，处五年以上十年以下有期徒刑，并处罚金： （一）单独或者合谋，集中资金优势、持股或者持仓优势或者利用信息优势联合或者连续买卖~~，操纵证券、期货交易价格或者证券、期货交易量的；~~ （二）与他人串通，以事先约定的时间、价格和方式相互进行证券、期货交易~~，影响证券、期货交易价格或者证券、期货交易量~~的； （三）在自己实际控制的账户之间进行证券交易，或者以自己为交易对象，自买自卖期货合约~~，影响证券、期货交易价格或者证券、期货交易量~~的； （四）以其他方法操纵证券、期货市场的。 单位犯前款罪的，对单位判处罚金，并对其直接负责的主管人员和其他直接责任人员，依照前款的规定处罚。
刑法修正案（十一）（草案二次审议稿）征求意见	有下列情形之一，操纵证券、期货市场，*影响证券、期货交易价格或者证券、期货交易量*，情节严重的，处五年以下有期徒刑或者拘役，并处或者单处罚金；情节特别严重的，处五年以上十年以下有期徒刑，并处罚金：

[1] 参见刘思远、赵枫：“新型操纵证券市场行为解析——从恒康医疗案看信息型操纵的行为特征”，载 https://www.jingtian.com/Content/2018/09-11/1139236056.html，最后访问日期：2022 年 1 月 12 日。

续表

版本	操纵证券、期货市场罪
	（一）单独或者合谋，集中资金优势、持股或者持仓优势或者利用信息优势联合或者连续买卖的； （二）与他人串通，以事先约定的时间、价格和方式相互进行证券、期货交易的； （三）在自己实际控制的帐户之间进行证券交易，或者以自己为交易对象，自买自卖期货合约的； *（四）不以成交为目的，频繁或者大量申报买入、卖出证券、期货合约并撤销申报的；* *（五）利用虚假或者不确定的重大信息，诱导投资者进行证券、期货交易的；* *（六）对证券、证券发行人、期货交易标的公开作出评价、预测或者投资建议，同时进行反向证券交易或者相关期货交易的；* （七）以其他方法操纵证券、期货市场的。 单位犯前款罪的，对单位判处罚金，并对其直接负责的主管人员和其他直接责任人员，依照前款的规定处罚。
刑法修正案（十一）	有下列情形之一，操纵证券、期货市场，*影响证券、期货交易价格或者证券、期货交易量*，情节严重的，处五年以下有期徒刑或者拘役，并处或者单处罚金；情节特别严重的，处五年以上十年以下有期徒刑，并处罚金： （一）单独或者合谋，集中资金优势、持股或者持仓优势或者利用信息优势联合或者连续买卖的； （二）与他人串通，以事先约定的时间、价格和方式相互进行证券、期货交易的； （三）在自己实际控制的帐户之间进行证券交易，或者以自己为交易对象，自买自卖期货合约的； *（四）不以成交为目的，频繁或者大量申报买入、卖出证券、期货合约并撤销申报的；* *（五）利用虚假或者不确定的重大信息，诱导投资者进行证券、期货交易的；* *（六）对证券、证券发行人、期货交易标的公开作出评价、预测或者投资建议，同时进行反向证券交易或者相关期货交易的；* （七）以其他方法操纵证券、期货市场的。 单位犯前款罪的，对单位判处罚金，并对其直接负责的主管人员和其他直接责任人员，依照前款的规定处罚。

如该表所示，本次修订主要存在如下要点：

第一，增加了“虚假申报”的行为类型。根据最高人民检察院法律政策研究室《〈关于办理操纵证券、期货市场刑事案件适用法律若干问题的解释〉重点难点问题解读》（以下简称《〈操纵证券期货市场司法解释〉解读》），“虚假申报操纵”（“恍骗交易操纵”）的行为特征是：行为人做出不以成交为目的的频繁申报、撤单或者大额申报、撤单，误导其他投资者交易或者不交易，影响特定证券、期货的交易价格、交易量，并进行反向交易或者谋取相关利益。

第二，增加了“蛊惑交易”的行为类型。根据《〈操纵证券期货市场司法解释〉解读》，“蛊惑交易操纵”的行为特征是：行为人通过公开传播虚假、不确定的重大信息来影响投资者的交易行为，影响特定证券、期货的交易价格、交易量，从中谋取利益。

第三，增加了“抢帽子交易”的行为类型。根据《〈操纵证券期货市场司法解释〉解读》，“抢帽子交易操纵”，即利用“黑嘴”荐股操纵，其行为特征是：行为人通过对证券及其发行人、上市公司、期货交易标的公开作出评价、预测或者投资建议，影响特定证券、期货的交易价格、交易量，并进行反向证券交易或者相关期货交易。

需要说明的，虽然本次《刑法修正案（十一）》将上述三种行为类型正式规定在刑法中，但不代表发生在2021年3月1日之前的上述行为根据“从旧兼从轻”的原则可以不构成刑事犯罪。上述行为在以往的司法实践中早已被认定为构成操纵证券、期货市场罪。例如，在（2019）沪01刑初19号刑事判决中，法院认定被告人控制账户组不以成交为目的，对某股票频繁申报、撤单或者大额申报、撤单，上述行为构成操纵证券市场罪。

《刑法修正案（十一）》出台后，我国刑法将连续操纵、约定操纵、洗售操纵、虚假申报、蛊惑交易、抢帽子交易六种行为明确规定为操纵证券、期货市场的犯罪行为。但是结合《操纵证券期货市场司法解释》等规定，实践中，下述行为也将被认定构成操纵证券、期货市场的犯罪行为：

第一，策划、实施虚假重大事项。根据《操纵证券期货市场司法解释》第1条第3项规定，通过策划、实施资产收购或者重组、投资新业务、股权转让、上市公司收购等虚假重大事项，误导投资者作出投资决策，影响证券交易价格或者证券交易量，并进行相关交易或者谋取相关利益的，可以被认定为“以其他方法操纵证券、期货市场”。

第二，信息型操纵。根据《操纵证券期货市场司法解释》第 1 条第 4 项规定，通过控制发行人、上市公司信息的生成或者控制信息披露的内容、时点、节奏，误导投资者作出投资决策，影响证券交易价格或者证券交易量，并进行相关交易或者谋取相关利益的，可以被认定为“以其他方法操纵证券、期货市场”。

第三，囤积现货。根据《操纵证券期货市场司法解释》第 1 条第 6 项规定，通过囤积现货，影响特定期货品种市场行情，并进行相关期货交易，可以被认定为“以其他方法操纵证券、期货市场”。

（三）利用未公开信息交易罪案例分析

案情简介

王大曾在中国证券登记结算有限公司（以下简称“中登公司”）A 市分公司证券账户管理岗位任职，具有对投资者股票持仓情况的查询权限。

2011 年 6 月至 2014 年 3 月，王大在工作期间，多次利用其对证券账户的查询权限，查询相关信托产品、金融机构资管产品的股票持有及变动情况等信息。获取上述信息后，王大结合自身判断，选取部分优质股票，并通过手机短信等方式告知其弟弟王二，令其买入或卖出。

王二则按照王大的指示，利用由王大实际控制的其亲属“阿白”“阿妹”“阿佳”“阿平”“阿顺”及“王二”等证券账户进行操作，趋同买入金额人民币 1 971 649 887. 68 元，盈利 1 577 900. 19 元。同时，王二利用其实际控制的“阿欣”“阿华”“阿刚”等证券账户进行跟随交易。上述九个账户与相关私募基金、券商资管计划趋同交易股票 237 只，累计趋同买入金额人民币 2 137 087 250. 15 元，趋同交易盈利 3 475 387. 60 元。

2017 年 3 月 24 日、31 日，王大、王二分别在其亲属的陪同下主动到公安机关投案。但王二在侦查阶段的供述中辩称不清楚股票买卖的信息来源情况，并当庭辩称：“我不知道王大是利用未公开信息进行交易，一直以来都只是接受他的短信、帮他下单，对他如何买卖，买卖逻辑怎样我从不过问，也不知道”，还称是在案发后才知道买卖股票的信息来源违法。

法院最终认定，王大利用其任职期间具有的证券账户查询权限所知悉的信托产品、金融机构资管产品股票拥有及变动情况等未公开信息，指令王二从事相关交易活动，情节特别严重，二人的行为均已构成利用未公开信息交易罪。

法院判处王大有期徒刑三年，并处罚金人民币二百万元；判处王二有期徒刑二年，并处罚金人民币一百五十万元；违法所得人民币 3 475 387.60 元依法没收，上缴国库。

法律规定

《刑法》第 180 条【利用未公开信息交易罪】

证券交易所、期货交易所、证券公司、期货经纪公司、基金管理公司、商业银行、保险公司等金融机构的从业人员以及有关监管部门或者行业协会的工作人员，利用因职务便利获取的内幕信息以外的其他未公开的信息，违反规定，从事与该信息相关的证券、期货交易活动，或者明示、暗示他人从事相关交易活动，情节严重的，依照第一款的规定处罚。

律师点评

利用未公开信息交易行为俗称“老鼠仓”，自 2007 年起，证监会开启系列执法活动严厉打击老鼠仓行为，并于 2009 年 2 月通过《刑法修正案（七）》将其纳入刑法规制范围。而后行政执法与刑事追责并举，将仓中之鼠逼至角落，但也造成各类本应作出区分的违法违规行为均被笼统冠以“老鼠仓”之名。2019 年 6 月，《最高人民法院、最高人民检察院关于办理利用未公开信息交易刑事案件适用法律若干问题的解释》（以下简称《利用未公开信息交易司法解释》）发布，一定程度上明确了老鼠仓案件在实践中的认定难点，但仍然遗留了一定模糊地带。对此，笔者将结合上述案例及本罪司法实践情况予以分析。

1. 本罪的对象："未公开信息"与"内幕信息"辨析

《利用未公开信息交易司法解释》第 1 条对"内幕信息以外的其他未公开的信息"作出了列举+兜底式的定义，具体为：（1）证券、期货的投资决策、交易执行信息；（2）证券持仓数量及变化、资金数量及变化、交易动向信息；（3）其他可能影响证券、期货交易活动的信息。而《证券法》（2005 修订）第 75 条规定，内幕信息是在证券交易活动中，涉及公司的经营、财务或者对该公司证券的市场价格有重大影响的尚未公开的信息。

未公开信息与内幕信息的共同之处在于均能对证券交易活动、交易价格产生影响，但造成影响的方式存在差异：未公开信息的内容并不涉及企业经营、财务情况，通常借助揭示投资供求关系等信息来影响交易人的决策。

2. 本罪的主体范围：金融机构及有关监管部门、行业协会的工作人员

根据《刑法》第 180 条第 4 款，利用未公开信息交易罪系身份犯，要求行为人具备金融行业从业人员或者金融监管机构工作人员这类特殊身份。证券交易所、期货交易所、证券公司、期货经纪公司、基金管理公司、商业银行、保险公司等金融机构的从业人员以及有关监管部门或者行业协会的工作人员才能构成该罪。根据《证券法》相关规定，证券登记结算机构是为证券交易提供集中登记、存管与结算服务，不以营利为目的的法人。

本案中，中登公司能否认定为金融行业或金融监管机构存在争议。法院事实上采用的是从信息属性倒推主体范围的认定路径。由于其所承担的特殊职能，中登公司掌握着所有投资者的持仓情况和投资变动情况等信息。毫无疑问，上述信息也会影响证券、期货交易活动，符合司法解释对"未公开信息"的定义，与金融机构等单位持有的未公开信息在本质上并无任何区别。法院据此认为中登公司与证券交易所、证券公司等机构共同构成《证券法》专章规定的重要市场机构，掌握投资者的证券持有信息。因此，王大作为中登公司的工作人员，也是本罪的适格主体。

3. 本罪的行为表现：趋同交易的认定

趋同交易行为是行为人利用未公开信息进行交易活动的典型表现，具体是指个人账户在基金股票交易指令下达到交易系统前后一定期间内发生的同股票同方向的交易，主要具有趋同买入、趋同卖出、趋同买入及卖出三种形式，无论是单向趋同还是双向趋同均不影响利用未公开信息行为的认定。

（1）"前五后二"的时间标准

趋同交易行为存在一定时间界限，同期或略晚于基金交易的均可能被证监会或法院认定构成利用未公开信息交易行为，实践中有"同日后二""前五后零""前五后二"三种认定标准。近年来"前五后二"标准得到最广泛的适用，但为何以该时间段为趋同交易行为划界，目前尚无公认的解释，仅在张治民利用未公开信息交易案中，法院认为："'前五后二'标准系对交易的关联性所做的合理限定"，"在行为人无相反证据证实其交易行为与掌握的未公开信息无关的情况下，可以推定上述时间范围内的交易与相关机构的交易具有关联性"。[1]

综上所述，以相关基金账户下达交易指令的时间为计算基点，在"前五后二"范围内的同向交易行为，即可能被认定为趋同交易。如果在"前五后二"的时间范围内，个人账户与基金账户交易了同一只股票，但是交易方向相反，在基金账户卖出阶段才开始买入，则不属于趋同交易。

（2）趋同交易比例的计算

相关案例中，基金账户与个人账户往往都交易过多只股票。为确定账户间交易行为的关联程度，司法机关可能会计算趋同交易比例，即趋同成交股票数量占该账户两市总交易股票数量的比例。值得注意的是，即便趋同交易率较低也不影响构成本罪，存在行为人趋同交易比例仅10%左右，仍然被法院认定构成本罪的情况。

---

〔1〕 张治民利用未公开信息交易案，(2015) 沪一中刑初字第17号一审刑事判决书、(2015) 沪高刑终字第49号二审刑事裁定书。

4. 本罪的因果关系：如何认定存在“利用”？

(1)“利用”的两种类型：“抢先交易”与“模仿交易”

传统观点认为，老鼠仓行为主要是通过受托管理的客户资金来承担更多的市场风险从而减少行为人的自身风险，行为的目的是利用机构即将用客户资金购买证券、期货的信息来抢先建仓、提早撤仓以从中获利〔1〕，即“抢先交易”。如果是基于该种观点，将基金等机构交易日的前几日的交易行为认定为利用未公开信息交易行为可以理解，但为何实践中往往认为略晚于基金等机构交易日的交易行为也构成犯罪？

事实上，除抢先交易外，模仿、跟随基金等金融机构进行的交易行为也可能构成本罪，即所谓“模仿交易”。行为人实施模仿交易行为，往往因为考虑到其所模仿的金融产品具有发现低估值的股票等方面的信息优势，因此通过模仿盗用金融机构的有价值的决策信息。〔2〕例如，本案中所涉及的“未公开信息”是王大在中登公司工作期间所利用的其具有的证券账户查询权限而知悉相关信托产品、私募基金、券商资管计划等金融机构资管产品的股票拥有及变动情况等方面的重要信息，包括前述证券账户所持有的股票代号、变更日期、变更股数、结余股数等。上述信息均为基金等金融机构已经发生的交易信息，王大根本没有机会利用该等信息先于基金进行交易，但也一样被定为本罪。在李某某利用未公开信息交易罪案中〔3〕，被告人主张涉案证券账户股票买卖不符合“先买先卖”特征，卖出时间均后于或同期于基金账户，但法院认为，只要行为人利用因职务便利获取的未公开信息，违反规定从事与该信息相关的证券交易活动，就构成利用未公开信息交易罪。这种交易活动，既可以是利用利好信息先行或同期买入，也可以是利用利空信息先行或同期卖出，只要二者居其一即可，并不要求行为同时符合“先买先卖”的条件。

---

〔1〕 参见黄太云：“《刑法修正案（七）》解读”，载《人民检察》2009 年第 6 期。

〔2〕 参见彭冰：“重新定性‘老鼠仓’——运动式证券监管反思”，载《清华法学》2018 年第 6 期。

〔3〕 李某某利用未公开信息交易罪案，(2013) 沪高刑终字第 5 号刑事裁定书。

（2）“利用”的宽泛内涵

构成“利用”未公开信息交易的前提，是未公开信息与交易行为具有因果关系。但法院及证监会对“利用”未公开信息交易行为时采用比较宽泛的认定标准，根据法律规定，未公开信息的控制人负有不能与自己管理的投资资金进行趋同交易的义务。基本上，只要行为人对未公开信息知情，并进行了趋同交易，法院就会推定行为人利用了未公开信息。在相关案例中，被告人提出过如下抗辩，均被法院以各种理由不予采纳：

第一，被告人主张某资产管理计划按季度、年份出具的资产管理报告公开后，相关的股票配置情况不应再属于未公开信息，公开之后的交易数据不应再计入涉案成交金额。对此，法院认为上述季度、年度资产管理报告，系该计划根据有关监管规定而履行的相关信息披露义务，其中包括股票持仓前10名明细，但该明细只是披露已经过去的上一季度或年度持仓前10名股票的数量、市值信息，显然与该计划账户股票交易时的股票名称、数量、价格、盈利预期以及投资（买卖）时点等未公开信息无关。因此，该项信息披露不影响涉案交易金额、非法获利额的认定。〔1〕基金公司以季报、年报等形式对外披露该基金的持股情况，属于对公告之前特定时间段内有关事实的说明，不影响该特定时间段之后的交易、持股信息的未公开性。本案涉案的股票均系在特定时间段后，利用基金管理公司的未公开信息交易的情形，故相关辩护意见与已经查明的事实不符，不予支持。〔2〕

第二，被告人主张个人账户组之间存在盈利方向相反的情况。对此，法院认为不同的个人证券账户系由不同的操纵人控制使用，对股票买卖的时机掌握亦不同，故盈利方向不一致实属正常，且交易是否盈利也不影响本案的犯罪构成。〔3〕

第三，被告人主张涉案证券账户从事部分股票的交易活动的初始时间均早于其获取未公开信息的初始时间，但因行业精选基金执行混合买入指令而导致涉案账户组存在被动趋同交易，故上述交易获利数额应予扣除。对

〔1〕贾岩利用未公开信息交易案，（2018）鲁01刑初43号刑事判决书。

〔2〕王某强、蔡某利用未公开信息交易案，（2016）粤03刑初748号刑事判决书。

〔3〕蒋宁利用未公开信息交易案，（2019）鲁刑终279号刑事判决书。

此，法院认为应当按照行业认定惯例认定涉案账户组的趋同交易并计算相关数额，执行的交易指令无论是单一还是混合，均不影响趋同交易的认定。[1]

实践中之所以采用如此宽泛的认定标准，系因为“利用”并不仅仅会直接使行为人从其交易行为获利，或者对行为人所任职基金公司的财产利益造成直接损害，更重要的是行为人较之在证券市场的大部分投资者占据着绝对的信息优势，其借助在职务中获得的未公开信息进行交易，很可能会减少/增加其他投资者在正常交易情况下的投资收益/投资损失，破坏了公开、公平、公正的证券市场原则，损害了处于信息弱势的散户的利益，进而损害了有关基金和基金管理人的声誉，以及投资者对有关基金及基金管理人的信赖和信心，对有关基金的长期运作和基金份额持有人利益造成损害，并对整个证券市场造成损害。因而，刑法设置该罪，目的在于惩治该行为对证券市场正常运行所造成的严重危害，基金公司买入行为对涉案股票价格的影响及行为人是否实际获利，均非决定犯罪是否构成的因素。

（3）“利用”的例外情形

抗辩未“利用”未公开信息时也并非毫无回旋余地。只要行为人确有证据证明其交易相关股票系出于纯粹个人的分析判断，则法院可能会将相关股票从趋同交易的股票范围内予以排除。例如，在田冬宇、刘光谱利用未公开信息交易案中，法院认为涉案10只股票的相关公告信息等证明，从公告内容、公告时间、公告与交易的关联等分析，被告人供述称其根据上述公告信息买入该10只股票的辩解具有合理性，在计算趋同交易相关情况时已将该10只股票予以剔除。[2]

5. 本罪的立案追诉标准：何为“情节严重”？

根据《刑法》第180条的规定，构成本罪需要“情节严重”。

《利用未公开信息交易司法解释》第5条在数额、次数、人数等方面以定量方式界定了何为“情节严重”，具体如下：（1）违法所得数额在100万元以上的；（2）2年内3次以上利用未公开信息交易的；（3）明示、暗

---

〔1〕 蒋宁利用未公开信息交易案，（2019）鲁刑终279号刑事判决书。

〔2〕 田冬宇、刘光谱利用未公开信息交易案，（2016）渝01刑初99号刑事判决书。

示 3 人以上从事相关交易活动的。

如果未满足以上标准，根据《利用未公开信息交易司法解释》第 6 条，违法所得数额在 50 万元以上，或者证券交易成交额在 500 万元以上，或者期货交易占用保证金数额在 100 万元以上，只要存在下列情形之一的，也应当认定为“情节严重”：(1) 以出售或者变相出售未公开信息等方式，明示、暗示他人从事相关交易活动的；(2) 因证券、期货犯罪行为受过刑事追究的；(3) 2 年内因证券、期货违法行为受过行政处罚的；(4) 造成恶劣社会影响或者其他严重后果的。

6. 犯罪数额的计算

对于证券交易成交额的计算，趋同交易存在仅趋同买入、仅趋同卖出、同时趋同买入及卖出三种形式，但无论是单向趋同交易还是双向趋同交易，均应计入证券交易成交金额。

对于交易获利数额的计算，法院往往会依据“前五后二”的趋同标准：比对出趋同交易的股票，再以该股票在涉案账户中趋同交易买入、卖出的日期顺序，确定该股票所对应的买入、卖出交易金额，扣除交易费用后计算出该股票的获利金额，而后将全部获利金额累加，计算出全部获利金额。在一些案例中，法院会仅计算先进先出交易的获利金额。

三、合规及预防重点

(一) 上市公司应建立完善的证券合规管理制度

随着近几年证监会不断加大对于上市公司的稽查力度，上市公司在证券合规制度的建设方面取得卓有成效的进步。但是我们注意到，纸面的合规管理制度与落到实处的合规管理体系是两个概念。因此，企业内部在建立并完善证券合规管理制度的同时，也应该结合企业文化、实践等角度对已建立的合规管理制度进行落地化的执行。

1. 定期推送证券稽查处罚信息

证监会定期例行公布行政处罚案例，企业也可以收集该等证券稽查处罚信息，并向上市公司员工推送。由此一来，一方面可以强化上市公司员工的法律意识，另一方面也有助于打消员工的不法意图。

2. 建立预防证券违法行为的培训机制

在部分案例中，上市公司员工实施违法行为，与其不了解不熟悉法律的明文规定有重大关系，其往往抗辩该等操作在实践中极为常见。因此，上市公司有必要定期开展预防证券违法行为的培训，培训机制包括讲座培训、抽查考试，等等。

3. 建立内幕信息知情人员近亲属信息收集制度

为了安全起见，行为人实施证券违法行为，往往借用自己得以信赖的近亲属以及朋友的个人账户。因此，上市公司可以考虑要求收集公司内部内幕信息知情人员的近亲属及关系密切人员的证券交易账户信息，并定期更新。收集行为可以传递出一个预警信号，即行为人通过近亲属及关系密切人员证券账户实施与上市公司相关的证券交易极为容易被企业所知悉。

4. 强化上市公司重大事项文档管理工作

实践中，很多内幕信息的泄露与企业未严格落实重大事项文档管理工作不无关系。例如关于员工私下在茶水间、洗手间等公共场所讨论重大事项，电话讨论重大事项相关工作事宜时未刻意回避非法定知情人员等，将重大事项相关文档长时间置于公司内部不特定人均能接触的状态，如打印文件未及时收回，人员离开工位后未及时关闭重大事项的文档页面，等等。因此，上市公司应不断强化重大事项文档管理工作，从源头断绝内幕信息泄露的风险。

5. 建立内部监察合规体系

现在越来越多的企业都建立了公司自己的监察合规部门，专门查处内部员工的违法违规违纪行为。该种做法也有助于肃清不正风气，同时将员工违法行为对公司造成的负面影响降低至最小。另外，监察合规部门也可以定期公布其所查处的内部违法违规违纪案例，进一步发挥警示教育作用。

6. 探寻合法的市值管理制度

对于上市公司经营来讲，稳定股价的确是一门必修课。股价太低容易被举牌，股价太高担心被捧杀。但是实践中，很多市值管理被简单理解为不断释放利好信息，甚至没有利好信息时通过非正规途径宣传利好信息。

上述种种行为以往可能被评价为灰色地带，但是自《刑法修正案（十一）》及相关司法解释出台以后，均被认定构成红线行为。因此，企业还是应当严格按照法律规定，该披露的公开透明，该保密的密不透风，接待好投资者和机构调研，按规定做好信息披露，完成证监会规定动作，不造假、不瞒报、不骗人，做好经营业务，提升资产和影响力，得到市场较高认可，市值也会稳步增长。

（二）企业在策划或者出现重大事项时，内部人员严禁出现如下行为，避免涉嫌内幕交易罪：

1. 内幕信息知情人，在内幕信息公开前，利用个人账户或者他人账户买入或者卖出公司证券。

2. 内幕信息知情人，在内幕信息公开前，泄露内幕信息。

3. 内幕信息知情人，在内幕信息公开前，建议他人买卖该证券。

企业针对内部内幕信息知情人应当建立一定的防火墙制度，防止内幕信息无序的流动、泄露。

（三）企业及上市公司股东、实控人在日常经营管理中，严禁出现下述行为，避免陷入操纵证券市场罪的法律风险：

1. 单独或者合谋，集中资金优势、持股或者持仓优势或者利用信息优势联合或者连续买卖的。

2. 与他人串通，以事先约定的时间、价格和方式相互进行证券、期货交易的。

3. 在自己实际控制的帐户之间进行证券交易，或者以自己为交易对象，自买自卖期货合约的。

4. 不以成交为目的，频繁或者大量申报买入、卖出证券、期货合约并撤销申报的。

5. 利用虚假或者不确定的重大信息，诱导投资者进行证券、期货交易的。

6. 对证券、证券发行人、期货交易标的公开作出评价、预测或者投资建议，同时进行反向证券交易或者相关期货交易的。

7. 通过策划、实施资产收购或者重组、投资新业务、股权转让、上市公司收购等虚假重大事项，误导投资者作出投资决策，影响证券交易价格或者证券交易量，并进行相关交易或者谋取相关利益的，可以被认定为“以其他方法操纵证券、期货市场”。

8. 通过控制发行人、上市公司信息的生成或者控制信息披露的内容、时点、节奏，误导投资者作出投资决策，影响证券交易价格或者证券交易量，并进行相关交易或者谋取相关利益的，可以被认定为“以其他方法操纵证券、期货市场”。

9. 通过囤积现货，影响特定期货品种市场行情，并进行相关期货交易，可以被认定为“以其他方法操纵证券、期货市场”。

（四）针对利用未公开信息交易的合规管理建议

早在2016年7月，证监会曾组织部分派出机构对13家证券公司投行类业务开展了专项检查，发现涉及内部控制、尽职调查、持续督导、工作底稿管理等各方面的问题，具体表现在：一是内部控制机制未有效执行；二是内核工作流程不完善、缺乏独立性；三是尽职调查未履行关键核查程序；四是持续督导尽责程度不够；五是工作底稿未按规定编制、留存。这意味着相关公司内控及合规制度可能仅停留在纸面，要真正实现合规治理效果，还需在思想上对合规制度充分予以重视，并在行动上认真贯彻执行与落实。

就利用未公开信息交易的合规风险，应从信息保密、完善从业人员买卖证券申报制度、合规监测等方面加强防范，具体如下：

1. 基金公司应保证交易指令及其他未公开信息的秘密性，加强交易过程的信息管理，相关交易指令应以规定的方式发送并留痕存档备查。

2. 建立并完善从业人员买卖证券申报制度。公司确定指定的证券经纪商后，公司人员本人、配偶、利害关系人原则上需在公司指定的证券经纪商处开立证券交易账户。因特殊原因无法在指定证券经纪商处开立证券交易账户的，需向合规负责人员特别说明原因并备案。对员工、配偶及利害关系人进行股权投资、证券投资应做严格的交易记录与跟踪分析，明确投资禁止行为的范围。

3. 完善合规监测机制，对从业人员的交易对象、交易数量进行有效监督。在必要时，可设置必要的监测设备，对专门交易场所或从业人员交易行为进行监督。

第五章

日常经营可能涉及的刑事犯罪

一、典型犯罪特征分析

上市公司是我国经济发展中的重要力量，涉及各行各业，因而其在经营过程中所存在的刑事风险也多种多样。常见的上市公司在经营过程中可能涉及的犯罪，既包括以往较为传统的虚开发票罪，虚开增值税专用发票罪，伪造增值税专用发票罪，串通投标罪，生产、销售伪劣产品罪等，也包括近年来涉及较多的侵犯商业秘密罪，组织、领导传销活动罪，非法经营罪，污染环境罪，重大安全事故罪，非法侵入计算机信息系统罪与侵犯公民个人信息罪等新兴犯罪。经研究相关案例，笔者注意到上市公司在日常经营中涉及的刑事风险存在如下特征：

（一）传统犯罪案件数量较少，业务创新易忽视合规红线触刑

对于一般民营企业较易触犯的税务类犯罪，上市公司由于存在相对完善和全面的监管制度，案件数量普遍较少。但上市公司往往走在行业技术创新前列，新型业务模式下对合规性多少有所忽视，因而容易在“无意”间触碰刑事红线。例如，目前有上市公司发展出搜索引擎优化（Search Engine Optimization，以下简称“SEO”）服务的业务领域，以营利为目的，提供短期彻底消除舆情信息的有偿删帖服务，该行为涉嫌非法经营罪。再如，有以游戏为主营业务的上市公司，在经营过程中对于玩家利用游戏实施赌博活动的行为予以放纵或提供帮助，该行为涉嫌开设赌场罪。

有些上市公司提供征信识别和检索的服务，但如相关行为未遵守我国关于个人信息保护的相关规定，则存在侵犯公民个人信息的可能性。因此，上市公司在业务创新或技术创新过程中也应重视刑事合规，守住刑事红线。

（二）日常生产经营存在合规漏洞，在日趋严格的执法趋势下频频案发

在研究相关案例时，我们注意到2018年媒体频频报道上市公司涉嫌污染环境罪、非法吸收公众存款罪。这两类犯罪的频发实际均与国家政策调整变化紧密相关。而公司在日常经营中如存在合规漏洞，在国家政策收紧时未能及时合规经营、调整赛道，将导致出现重大刑事风险。2018年以来，我国不断提高环境保护的重视程度，集中打击了一批涉嫌污染环境的企业，其中不乏多家知名上市公司。部分上市公司在生产过程中存在违法倾倒工业废渣等固体废物、偷排有害废水或超标排放污水、修改监测数据等。之所以发生该等情况，主要原因就在于上市公司在日常生产经营过程中存在合规监管漏洞，未能严格依照法律规定合规生产经营。而对于非法吸收公众存款罪，则同样是在国家政策出现重大变化的情况下，互联网金融企业面临全行业的整顿、调整，部分企业未能及时规范经营活动。随着大量P2P爆雷事件的发生，部分上市公司因在跨界经营、投资热门行业、涉足互联网金融领域时未尽合规审查义务，也深陷非法集资的旋涡之中。

二、重点案例解读

（一）上市公司非法经营罪案例分析

案情简介

XD公司于1996年成立，是“第一批立足于中国市场为客户提供整合营销顾问服务的专业机构”，被称为中国公关公司的“黄埔军校”。2014年XD公司被上市公司HY公司收购，成为HY公司的全资子公司。XD公司的主要业务包括内容营销、大数据管理、公共关系、活动管理、广告创意、活动管理展示、品牌策划等。其中，公共关系业务下有“危机管理”细分业务。

2015 年 7 月至案发，XD 公司与 AL 公司签订了三份百度 SEO 合同，按照合同约定，XD 公司使用删除、屏蔽、下沉等手段在百度搜索引擎上清理涉及 AL 公司的负面信息。姜某在担任 XD 公司大数据中心负责人期间，为了删除 AL 公司负面信息，通过 QQ 在网上找到专门从事有偿删帖业务的被告人吴某、何某，谈好价格后，姜某将其部门搜集的相关帖文链接发给吴某、何某进行删帖，吴某、何某共为姜某删除、屏蔽帖文 1800 余条，姜某代表 XD 公司向吴某、何某支付删帖费用 143 万余元，XD 公司通过有偿删帖服务向 AL 公司收取费用，非法删帖经营数额为 5 846 971.98 元，违法所得共计 4 415 697.98 元。案发后，XD 公司退缴全部违法所得。

两审法院均认为，XD 公司、被告人姜某等人违反国家规定，以营利为目的，通过信息网络有偿提供删除信息服务，扰乱市场秩序，情节特别严重，其行为均构成非法经营罪。被告人姜某作为 XD 公司犯非法经营罪的直接责任人员，应当以非法经营罪追究其刑事责任。最终判处 XD 公司犯非法经营罪，判处罚金人民币 450 万元；姜某犯非法经营罪，判处有期徒刑六年九个月，并处罚金人民币 450 万元。

2019 年，HY 公司发布公告公布了判决相关信息，并表示 XD 公司目前已不存在该类业务，并将加强内控管理、加大员工教育力度，杜绝违法违规的事情再次发生。互联网营销是不断规范和发展中的新生事物，公司将在不断探索中持续保持日常经营的稳定正常，回报广大投资者。

法律规定

《刑法》第 225 条【非法经营罪】

违反国家规定，有下列非法经营行为之一，扰乱市场秩序，情节严重的，处五年以下有期徒刑或者拘役，并处或者单处违法所得一倍以上五倍以下罚金；情节特别严重的，处五年以上有期徒刑，并处违法所得一倍以上五倍以下罚金或者没收财产：

（一）未经许可经营法律、行政法规规定的专营、专卖物品或者其他限制买卖的物品的；

（二）买卖进出口许可证、进出口原产地证明以及其他法律、行政法规规定的经营许可证或者批准文件的；

（三）未经国家有关主管部门批准非法经营证券、期货、保险业务的，或者非法从事资金支付结算业务的；

（四）其他严重扰乱市场秩序的非法经营行为。

律师点评

本案所涉及的SEO服务正是一种因互联网不断发展普及、信息筛选、传递与呈现需求旺盛而诞生的一种新的业务，其是指通过一定的手段使目标网站或目标信息更易于被搜索引擎抓取和编入索引的过程。[1]其中，舆情处理和优化是SEO服务的重要组成部分。SEO服务方可通过合法途径发布舆情相关品牌真实可靠的正面信息，逐渐提升正面信息在搜索引擎中的自然排名，从而相应推后舆情信息在搜索引擎中出现的位置。但在前述案例中，XD公司作为SEO服务方以营利为目的，提供短期彻底消除舆情信息的有偿删帖服务，这一行为被法院认定构成非法经营罪。

事实上，在诸多刑事风险中，非法经营罪无疑是在上市公司创新经营中所面临的重大挑战之一。在经济转型时期，花样翻新的市场失范行为不断涌现，使得非法经营罪中具有高度抽象性与类型化的兜底条款日益成为以不变应万变的“法宝”，非法经营罪的适用范围扩张趋势愈加明显。而由于非法经营罪是典型的“行政犯”，在诸多新兴领域国家规定尚不明晰或上市公司并未能及时研判相关规定进而对业务及时作出调整的情况下，极有可能触及非法经营的红线。

非法经营罪是指违反国家规定非法经营，扰乱市场秩序，情节严重的行为。具体到前述案例中XD公司从事的有偿删帖行为，《最高人民法院、最高人民检察院关于办理利用信息网络实施诽谤等刑事案件适用法律若干问题的解释》（以下简称《信息网络解释》）第7条规定：“违反国家规定，以营利为目的，通过信息网络有偿提供删除信息服务，或者明知是虚

〔1〕参见谷歌搜索中心网站《搜索引擎优化新手指南》，载https://support.google.com/webmasters/answer/7451184?hl=zh-Hans，最后访问日期：2022年1月12日。

假信息，通过信息网络有偿提供发布信息等服务，扰乱市场秩序，具有下列情形之一的，属于非法经营行为‘情节严重’，依照刑法第二百二十五条第（四）项的规定，以非法经营罪定罪处罚。”根据上述司法解释规定，在信息网络上从事有偿删帖服务，构成非法经营罪，必须具备以下要件：（1）违反国家规定；（2）以营利为目的；（3）通过信息网络提供有偿删除信息服务；（4）扰乱市场秩序。下文将对非法经营罪中的焦点问题进行逐一分析。

1. 违反国家规定——“国家规定”的界定

《刑法》第96条规定：“本法所称违反国家规定，是指违反全国人民代表大会及其常务委员会制定的法律和决定，国务院制定的行政法规、规定的行政措施、发布的决定和命令。”需要特别注意的是，“国家规定”仅限于国务院制定的行政法规、规定的行政措施、发布的决定和命令，各级地方人民代表大会及其常务委员会制定的地方性法规以及国务院各部委制定的规章和发布的决定和命令都不属于“国家规定”。[1]

考虑到实务中对于“国家规定”的界定存在任意扩大之嫌，非法经营罪长期被作为“口袋罪”使用，为明确“违反国家规定”的范围，2011年4月8日，《最高人民法院关于准确理解和适用刑法中“国家规定”的有关问题的通知》（法发〔2011〕155号，以下简称“155号文”）发布。155号文肯定了刑法中的“国家规定”应当严格按照《刑法》第96条的规定执行。同时明确，“国务院规定的行政措施”应当由国务院决定，通常以行政法规或者国务院制发文件的形式加以规定。以国务院办公厅名义制发的文件，符合以下条件的，亦应视为刑法中的“国家规定”：（1）有明确的法律依据或者同相关行政法规不相抵触；（2）经国务院常务会议讨论通过或者经国务院批准；（3）在国务院公报上公开发布。

上述规定表明最高人民法院对“国家规定”的界定比较明确，应当坚守《刑法》第96条相关规定，不得随意扩大。如果在司法适用中对被告

---

〔1〕 参见全国人大常委会法制工作委员会刑法室编：《中华人民共和国刑法条文说明、立法理由及相关规定》，北京大学出版社2009年版，第130页。

人的行为是否“违反国家规定”存在争议，应当作为法律适用问题，逐级向最高人民法院请示。

2.“有偿删帖”是否属于“互联网信息服务”

本案中所涉及的国家规定为国务院2011年1月8日发布的《互联网信息服务管理办法》。该规定明确我国对经营性互联网信息服务实行许可制度，对非经营性互联网信息服务实行备案制度，未取得许可或者未履行备案手续的，不得从事互联网信息服务。[1]其中，经营性互联网信息服务，是指通过互联网向上网用户有偿提供信息或者网页制作等服务活动。

案情显示，本案的争议焦点从XD公司有无违反国家规定进一步明确为XD公司提供的有偿删帖服务是否为需要经过许可的经营性互联网信息服务。对此，一审法院认定，本案中的通过互联网向上网用户有偿提供删帖服务属于上述第3条中“等服务活动”的情形，应当取得国家相关管理部门的许可。本案中XD公司接受AL公司委托为其提供有偿删帖服务并未取得国家相关管理部门的许可，违反了国家规定。而辩护人则认为，国家对经营性互联网信息服务实行许可制度，针对的是网络经营商的经营行为，对网络删帖行为并未规定许可经营管理。这一观点二审法院在终审判决中并未予以回应。

虽然《信息网络解释》已经将通过信息网络有偿提供删除信息服务纳入非法经营罪的规制范畴，但是《互联网信息服务管理办法》尚未及时更新。现行《互联网信息服务管理办法》对经营性互联网信息服务的定义较为宽泛。因此也导致了本案中法院与辩护人之间对此产生分歧。正是考虑到现行《互联网信息服务管理办法》的滞后性，难以满足新型网络环境，国家互联网信息办、工业和信息化部、公安部起草了《互联网信息服务管理办法（修订草案征求意见稿）》（以下简称“修订草案”）。修订草案明确禁止任何组织和个人以营利为目的或为获取非法利益为他人有偿提供删除、屏蔽、替换、下沉信息服务的行为。相信不久之后，随着《互联网

〔1〕《互联网信息服务管理办法》第4条：国家对经营性互联网信息服务实行许可制度；对非经营性互联网信息服务实行备案制度。未取得许可或者未履行备案手续的，不得从事互联网信息服务。

信息服务管理办法》的修订出台，相关规定将进一步明确，类似有偿删帖是否违反国家法律规定等问题将不再有争议。

3. 扰乱市场秩序——非法经营罪的保护法益

一般认为，非法经营罪的保护法益是市场管理秩序。所谓市场管理秩序，即在一定的社会经济结构中由国家管理市场活动而形成的一种正常的市场运行状态。[1]但是，市场管理秩序无论是作为非法经营罪的保护法益还是作为《刑法》分则第3章第8节的同类法益都比较模糊。这一概念既不能区分非法经营罪与同节其他罪名的保护法益，也不能据此发掘本节的同类法益与所属章的保护法益之间的差别，丧失了其区分罪与非罪、此罪与本罪的基本功能。这恐怕也是第225条第4项沦为整个破坏社会主义市场秩序罪“筐”中之“筐”的一个重要原因。我们认为，将非法经营罪的保护法益界定为国家对特定行业施行经营许可而形成的市场准入秩序的观点是妥当的。[2]一方面，由于市场准入秩序这一概念比市场秩序的概念更加明确、具体，可以通过保护法益的限缩对非法经营罪的适用范围进行限缩，防止非法经营罪继续朝着“口袋化”的方向发展。另一方面，将非法经营罪的保护法益限缩至“市场准入秩序”，符合《刑法》第225条的罪刑规范，具有法定依据。

（二）上市公司污染环境罪案例分析

案情简介

XY公司成立于2002年，并于2010年在深交所成功上市，经营范围为生产销售超纤材料、PVC、PU人造革、胶模、塑胶制品等。XY公司下设超纤部、PU部、PVC部三个生产运行管理部门，李某系超纤部总经理助理，协助XY公司副总经理、超纤部执行总经理刘某工作，具体负责超纤部设备、项目改造、安全、环保等方面的工作。根据企业申报的《建设项

[1] 参见张天虹：“罪刑法定原则视野下的非法经营罪”，载《政法论坛》2004年第3期；彭辅顺等编著：《非法经营罪专题整理》，中国人民公安大学出版社2007年版，第19页。

[2] 参见刘家琛主编：《新刑法新问题新罪名通释》，人民法院出版社2002年版，第610页；刘树德：《“口袋罪”的司法命运——非法经营的罪与罚》，北京大学出版社2011年版，第12页。

目环境影响申报登记表》和《环境影响报告书》，以及环保行政管理部门的审批意见，XY 公司建成投产的超细旦聚氨酯短纤维超真皮革项目中，回收 DMF（二甲基甲酰胺）时产生的工业废渣，需依照相关规定委托有危险废物处理资质的单位处置。日常产生的工业废渣需用铁桶装好盖上铁盖后，运至厂区的堆场存放，之后由 XY 公司分管环保工作的负责人及所属部门通过申报、审批和运送流程予以依法处置。XY 公司因长期未及时处置废渣，至 2014 年 6 月，堆场内及外面的路面上堆放了大量装满废渣的铁桶。为应对环保部门检查，2014 年 6 月 10 日，李某明知周某甲无资质处理 DMF 回收工艺产生的工业废渣，仍联系其帮忙处理。周某甲明知其无资质处理上述工业废渣，仍同意帮忙处理，并联系、安排农用车驾驶员周某乙、郑某拖运上述工业废渣，双方商定运费每车人民币 200 元（案发后未支付）。同月 11 日晚，周某乙、郑某驾驶各自的农用车至被告单位工业废渣堆场，并根据周某甲的指示，先后多次将装有上述工业废渣的铁桶装运至其经营地某河道内倾倒。次日上午，经群众举报而案发，环保部门组织人员将装有工业废渣的铁桶及散落在现场的工业废渣装运至某市工业废物处置中心集中处理。经现场清点、称重，从上述河道内打捞起装有工业废渣的铁桶共计 99 只，计重 11.074 吨，散落在现场的工业废渣计重 4.373 吨，合计 15.447 吨。市环保局、区建设环保局环境监测中心于案发之日，将倾倒地点的散落废渣和桶装废渣分别采样，并于同年 7 月 30 日到 XY 公司对 DMF 蒸馏残渣原样（干、湿）分别采样，样品送往 XH 检测公司进行检测。XH 检测公司的检测结论为 DMF 蒸馏残渣原样（原干、新湿）、样品“XY 超纤事故废渣 39 号桶”、样品“XY 事故点废渣”主成分相同。被告人李某等对该检测结果均无异议。经江苏省固体有害废物登记和管理中心判定：1、上述倾倒在河道内的残渣为 XY 公司 DMF 蒸馏残渣；2、根据《XY 超细旦聚氨酯短纤维超真皮革项目》环境影响报告书（报批稿）的审批意见，认定该公司 DMF 蒸馏残渣为危险废物；3、根据《国家危险废物名录》，该公司 DMF 蒸馏残渣属于“其他精炼、蒸馏和任何热解处理中产生的废焦油状残留物”，废物代码为 900-013-11。

一审法院认定 XY 公司犯污染环境罪，判处罚金 500 万元，超纤部总经理助理李某犯污染环境罪，判处有期徒刑一年，缓刑两年，并处罚金人民币 10 万元。XY 公司随后提起上诉，认为：1、本案从实施犯罪行为到案发仅数小时，且危险废物仅少部分散落在外。案发后，XY 公司及时处置受污染土壤和污水，防止损害扩大，未造成人身损害和公私财产损失，应从轻处罚；2、本案系公司因管理过失，为应付环保部门检查产生的偶发事件，XY 公司主观恶性较小。综合本案犯罪情节和其他被告人的量刑，对 XY 公司判处罚金的数额应在 50 万元以下。二审法院终审维持原判。二审宣判后的第 68 天，XY 公司公布一则诉讼公告，称因公司涉一起环保诉讼，经法院判决、公司上诉以及二审法院驳回上诉后，该案现已终结，公司将因此减少净利润 500 万，从而使得公司 2016 年 1 月 ~9 月预计净利润增长幅度降为增长 120%~170%。

法律规定

《刑法》第 338 条【污染环境罪】

违反国家规定，排放、倾倒或者处置有放射性的废物、含传染病病原体的废物、有毒物质或者其他有害物质，严重污染环境的，处三年以下有期徒刑或者拘役，并处或者单处罚金；情节严重的，处三年以上七年以下有期徒刑，并处罚金；有下列情形之一的，处七年以上有期徒刑，并处罚金：

（一）在饮用水水源保护区、自然保护地核心保护区等依法确定的重点保护区域排放、倾倒、处置有放射性的废物、含传染病病原体的废物、有毒物质，情节特别严重的；

（二）向国家确定的重要江河、湖泊水域排放、倾倒、处置有放射性的废物、含传染病病原体的废物、有毒物质，情节特别严重的；

（三）致使大量永久基本农田基本功能丧失或者遭受永久性破坏的；

（四）致使多人重伤、严重疾病，或者致人严重残疾、死亡的。

有前款行为，同时构成其他犯罪的，依照处罚较重的规定定罪处罚。

律师点评

污染环境罪是生产型企业近年来违规涉案的“重灾区”，在生产经营活动中较为频发，如何有效规避环境污染刑事风险已经成为特定类型企业不可忽视的重要问题。

1. 危险废物的认定

根据《最高人民法院、最高人民检察院关于办理环境污染刑事案件适用法律若干问题的解释》（以下简称《环境污染解释》）第1条规定，实施《刑法》第338条规定的行为，具有下列情形之一的，应当认定为“严重污染环境”：（二）非法排放、倾倒、处置危险废物三吨以上的。根据《环境污染解释》第7条规定，明知他人无危险废物经营许可证，向其提供或者委托其收集、贮存、利用、处置危险废物，严重污染环境的，以共同犯罪论处。

本案中认定XY公司及相关人员构成污染环境罪的关键之一为本案所排放的DMF（二甲基甲酰胺）能否认定为危险废物。

根据《环境污染解释》第15条第1项规定，危险废物是指列入国家危险废物名录，或者根据国家规定的危险废物鉴别标准和鉴别方法认定的，具有危险特性的废物。因此，在办理污染环境案中，对危险废物的认定主要依据《国家危险废物名录》和针对个案中具体废物的检测鉴定。

（1）《国家危险废物名录》是危险废物认定的主要依据

《最高人民法院、最高人民检察院、公安部、司法部、生态环境部关于办理环境污染刑事案件有关问题座谈会纪要》（以下简称《环境污染纪要》）第13条规定：“对于列入《国家危险废物名录》的，如果来源和相应特征明确，司法人员根据自身专业技术知识和工作经验认定难度不大的，司法机关可以依据名录直接认定。”

根据《国家危险废物名录（2021年版）》规定，共467种固体废物属于危险废物，主要包括具有腐蚀性、毒性、易燃性、反应性或者感染性等一种或者几种危险特性的固体废物（包括液态废物）和不排除具有危险特性，可能对环境或者人体健康造成有害影响，需要按照危险废物进行管理的固体废物（包括液态废物）。为提高危险废物管理效率，自2016年修订开始增加了《危险废物豁免管理清单》（以下简称《豁免清单》）。《国家危险废物名录（2021年版）》新增16类危险废物豁免管理，豁免的危险废物共计达到32个种类，即危险废物在特定环节满足相关条件时实施豁免管理，有利于进一步降低企业危险废物管理和处置成本。需要注意《豁免清单》并非对危险废物危险属性的豁免，而是豁免了危险废物特定环境的部分管理要求。

本案中，行政监管部门通过在排放的河道现场采样、前往XY公司生产现场采样，将样品送往专业检测公司进行检测鉴定，确认河道内残渣即为XY公司DMF蒸馏残渣。而根据XY公司该项目的环境影响报告书中的审批意见，行政监管部门即可认定DMF蒸馏残渣为危险废物，并在《国家危险废物名录》中确认了废物代码，这一结论被后续司法机关直接采纳。

（2）如何认定危险废物

尽管本案中涉及的危险废物认定争议不大，但是在实务中对于是否是危险废物通常是争议焦点之一。根据《环境污染纪要》规定，通常按照以下不同情形来具体认定是否是危险废物。

第一，对已确认固体废物产生单位，且产废单位环评文件中明确为危险废物的，根据产废单位建设项目环评文件和审批、验收意见、案件笔录等材料，可对照《国家危险废物名录》等出具认定意见。

第二，对已确认固体废物产生单位，但产废单位环评文件中未明确为危险废物的，应进一步分析废物产生工艺，对照判断其是否列入《国家危险废物名录》。列入名录的可以直接出具认定意见。

第三，对已确认固体废物产生单位，但产废单位环评文件中未明确为危险废物的，应进一步分析废物产生工艺，对照判断其是否列入《国家危险废物名录》。未列入名录的，应根据原辅材料、产生工艺等进一步分析其是否具有危险特性，不可能具有危险特性的，不属于危险废物。

第四，对已确认固体废物产生单位，但产废单位环评文件中未明确为危险废物的，应进一步分析废物产生工艺，对照判断其是否列入《国家危险废物名录》。未列入名录的，应根据原辅材料、产生工艺等进一步分析其是否具有危险特性，可能具有危险特性的，抽取典型样品进行检测，并根据典型样品检测指标浓度，对照《危险废物鉴别标准》（GB5085.1-7）出具认定意见。

第五，对固体废物产生单位无法确定的，应抽取典型样品进行检测，根据典型样品检测指标浓度，对照《危险废物鉴别标准》（GB5085.1-7）出具认定意见。

实践中，生态环境部门或者公安部门在认定危险废物时，一般倾向于委托具有相关资质的检测鉴定机构进行检测鉴定。在认定过程中需要注意以下四点：

首先，注重审查实物检测中样品抽取和检测过程的规范性和合法性。对于无法确定危险特性的废物，必须通过检测鉴定的方式确定其是否属于危险废物。对此要对检测鉴定意见进行证据审查，不仅要符合刑事诉讼中对鉴定主体、鉴定资质、检材提取的要求，还要符合《危险废物鉴别标准》《危险废物鉴别技术规范》等技术规范的要求。

其次，注重审查涉案废物的生产工艺的变化，必要时可以请专家证人分析论证其毒害性和危险性。危险废物一项重要的认定依据是生产企业自身提供的环评报告，在企业申请立项或竣工验收时向行政主管部门提交，其内容包含有废物名称、工艺、产量、处置方案等。办案机关也以此作为查明废物情况的重要证据。在实践中，由于生产企业对产品和技术会进行更新和升级，产出的废物在毒害性方面可能相比原有的环评报告发生本质变化，这时可以对现有的产出废物和技术流程进行取证，借助鉴定或专家证人的途径，对工艺升级更新后的现有废物实际情况进行论证，对毒害性和危险性进行认定。

再其次，注重审查不同时期的《国家危险废物名录》的修订，审查废物何时列入名录、是否有所变化。我国《国家危险废物名录》制定于 1998 年，之后分别在 2008 年、2016 年、2020 年进行了修订，从修订的过程看，虽然总体上危险废物的种类在增多，但就具体废物而言，存在着删除、增加或豁免的变化，而在具体案件中，有些涉案单位生产时间长达十几年，产出废物有的是在后期才被列入危险废物名录的，或者后期被删除，这就需要甄别出不同阶段对该种废物的认定、是否属于危险废物以及在相应阶段的产量和处置方法，避免“一盘端”认定。

最后，对于产废单位来说，如果将废物交由第三方处置时能够确认相关废物未被列入《国家危险废物名录》，不属于危险废物，则应当据理力争。同时可委托专业机构根据原辅材料、产生工艺等进一步分析其是否具有危险特性，由专业机构抽取典型样品进行检测，并根据典型样品检测指标浓度，对照《危险废物鉴别标准》（GB5085.1-7）出具认定意见，尽力避免因司法机关错误采样、错误鉴定而被认定为将危险废物交由没有处置资质的第三方处置而引发刑事责任。

2. 单位犯罪相关问题

（1）单位犯罪的认定

司法实践中，往往存在追究自然人犯罪多，追究单位犯罪少的情况。对于为了单位利益实施的环境污染行为，由单位决策或单位负责人决定、同意、追认、纵容、默许的或以单位名义对外实施污染行为的，应当认定为单位犯罪。简言之，单位犯罪的认定需要结合单位意志、单位名义以及单位获利来认定。

在本案中，XY公司承认了单位犯罪，法院并未对此展开论述，而专门从上市公司的角度出发，强调了XY公司所应当具备的环保意识、应当承担的法律责任和社会义务：XY公司系股份制上市公司，其长期从事生产销售超纤材料、PVC、PU人造革等易产生危险废物的产品，企业在《建设项目环境影响申报登记表》和《环境影响报告书》中均明确写明和承诺对于生产工艺流程中产生的DMF蒸馏残渣，拟采用的污染防治措施为委托有资质的单位依法处理。XY公司理应按照法律规定的流程和其作出的承诺依法处置危险废物。作为行业内有一定影响力的上市公司，与一般企业相比，XY公司在保护生态环境方面应作出表率作用，但该公司环保意识淡薄，反而造成了严重污染环境的法律后果和负面影响，对此应当承担相应的刑事责任。

从事实来看，李某作为超纤部总经理助理，具体负责超纤部设备、项目改造、安全、环保等方面的工作，属于单位授权的分管负责人。为应对环保部门的检查，李某安排没有危险废物处理资质的周某甲等人处理 DMF 残渣，属于《环境污染纪要》第 1 条关于单位犯罪认定中所提及的“经单位实际控制人、主要负责人或者授权的分管负责人决定、同意的”这一情形。

企业因污染环境行为被判处构成单位犯罪后，企业本身将被处以罚金刑，相关责任人员也将被追究责任。《刑法》对于污染环境罪没有明确规定罚金数额标准。从目前统计的生效判决来看，企业罚金从 4000 元到 1500 万元不等，跨度极大。法院通常会根据犯罪情节自由裁量。本案中，鉴于 XY 公司在案发后采取相应措施防止损害扩大，未造成明显的人身损害后果和公私财产损失，可酌情从轻处罚，法院最终判处其 500 万元的罚金。

（2）直接责任人员的认定

《环境污染纪要》第 1 条提到，单位犯罪中的“直接负责的主管人员”，一般是指对单位犯罪起决定、批准、组织、策划、指挥、授意、纵容等作用的主管人员，包括单位实际控制人、主要负责人或者授权的分管负责人、高级管理人员等；“其他直接责任人员”，一般是指在直接负责的主管人员的指挥、授意下积极参与实施单位犯罪或者对具体实施单位犯罪起较大作用的人员。

值得注意的是，在认定单位犯罪时，应当依法合理把握追究刑事责任的范围，贯彻宽严相济刑事政策，重点打击出资者、经营者和主要获利者。对于实际操作人员的责任认定，尤其是对于基层员工，应当综合考虑其参与程度、主观恶性等情形，不宜打击面过大。

3. 信息披露

2018 年 6 月 23 日，证监会发布公告，提出要严肃整治上市公司环保信息披露违法行为，保持对重大环境污染信息披露违法行为的执法高压态势，依法全面从严实施行政处罚，督促上市公司切实履行好生态环境保护义务。根据《上市公司信息披露管理办法（2007）》第 30 条第 11 项的规定，上市公司涉嫌违法违规被有权机关调查，或者受到刑事处罚、重大行政处罚，上市公司应当立即披露，说明事件的起因、目前的状态和可能产生的影响。根据上述规定，XY 公司应当在收到相关判决后立即公告消息，然而在二审宣判后的第 68 天，XY 公司才公布相关诉讼公告。对此，XY 公司在公告中给出的解释是：因诉讼相关文件内部流转不及时，导致此次信息披露延迟；本次信息披露延迟期间未有相关媒体、机构报道该事项，未对投资者造成不利影响；因本次信息披露延迟给投资者带来的不便，公司及全体董事、监事和高级管理人员向全体股东及广大投资者表示诚挚的歉意。

根据《上市公司信息披露管理办法（2007）》第 62 条规定，信息披露义务人未在规定期限内报送有关报告、履行信息披露义务，或者报送的报告、披露的信息有虚假记载、误导性陈述或者重大遗漏的，中国证监会按照《证券法》第一百九十三条处罚。根据《证券法》（2005 修订）第 193 条，证监会可对信息披露义务人给予警告并处以 30 万元以上 60 万元以下的罚款。对直接负责的主管人员和其他直接责任人员给予警告，并处以 3 万元以上 30 万元以下的罚款。从前述规定来看，XY 公司显然并未按照相关要求及时公告涉案信息。尽管当年 XY 公司并未受到证监会的行政处罚，但在监管日益严格的当下，上市公司切忌存有侥幸心理，一定要依法依规进行信息披露。

三、合规及预防重点

事实上，与上市公司相关的犯罪大部分均为行政犯，即行为构成刑事犯罪以违反行政法规为前提。从这个角度来讲，上市公司刑事合规以行政合规为前提。

（一）树立全流程行政合规理念，培养法律风险意识

上市公司开发新的业务版图是常见的商业行为，但开展业务前务必需要明确该等行业有无行政许可等准入限制。针对特定行业，只有在确定取得行政许可的前提下才能开展相关业务。因此，企业务必树立全流程的行政合规理念，依法经营。

目前众多披露出的非法经营案例中，相当一部分被查处的非法经营行为均为企业管理者法律意识缺失，并不知晓企业在相关业务中违反了相关法律规定，甚至在案发后仍然不明白自己为何会被追究刑事责任。在公司管理者开辟新的业务领域之时，应当就该领域可能涉及的法律规定、法律问题安排合规部门进行系统研究。公司高层管理者即使不掌握具体的法律规定和法律知识，也应当具有法律风险意识。建议企业通过系统、长期、定期的合规培训，来培养管理层的法律意识。除在业务开展之初进行法律问题研究外，公司还应当及时关注所在行业及业务领域的相关规定的更新与变更，以便及时调整业务方向。改变观念，重视对新业务模式、创新业务领域中风险的防范，才能防患于未然。而无论是开辟业务抑或是面对法律法规更新后所遇到的争议问题，都应当及时寻求专业人士的帮助，以最大程度管控法律风险，这一点对于经常面临交叉法律问题的上市公司而言尤为重要。

（二）建设一支专业的全覆盖的合规团队，加强合规制度设计

在部分上市公司眼中，合规团队与法务团队系属一家，但事实上因为企业运营过程中会涉及多个领域，单一的法务人员可能并不了解具体业务开展过程以及其所涉及的法律问题。每个业务领域均涉及多个细分层面的问题，业务人员在事前可能无法识别该实操层面的法律风险，而法务人员在事前也无法深入参与业务事宜，导致经营过程中风险才得以暴露。因此，上市公司有必要建设一支专业的全覆盖的合规团队，深入参与业务领域，提前识别并评估风险，事前部署合规方案。

更为前置的刑事风险防控路径是通过合规制度的设计来防范刑事风险。前文已经提及公司高级管理人员需要具有法律意识，时刻关注与公司业务相关的最新法律动态，对于不符法律法规的业务及时进行战略调整。具体而言，这一工作可以由公司内部合规部门通过定期法律快讯等方式呈现，并发送给公司全体员工。在此基础上，及时建立内部风险防控制度，对公司的相关业务条线进行定期风险核查。这样一方面可以避免在贯彻执行的过程中出现任何纰漏；另一方面，有效的内控制度和执行工作将成为公司面临刑事调查时有效的抗辩证据。

（三）及时关注国家政策导向，适时启动自查机制

上市公司除了在日常强化自身管理，也需要重点并及时关注国家的政策导向。例如个人信息保护、生态环境治理，打击证券犯罪、互联网灰黑产、扫黑除恶、“套路贷”，等等，都是近几年政策层面强调的执法监管事项。因此，企业务必及时关注该等执法导向，并根据政策内容适时调整业务方向、开展自查，等等。

司法实践中，因为新型业务模式或创新经济领域违反国家法律法规而触犯非法经营罪的刑事案件频发。不少公司与个人都会提出“大家都在做”的辩护观点，然而“法不责众”并不能成为有效阻却犯罪的事由。非法经营罪的兜底条款“其他严重扰乱市场秩序的非法经营行为”一度成为司法机关对于新型扰乱市场经济秩序行为进行处罚的“口袋罪”。非法经营罪的兜底条款规定得极为模糊，在具体适用过程中很大程度受各类行政法规、行业动态以及指导环境的变化影响。特别是对于一些经济领域的创新发展模式，是否违法、是否构罪争议极大。最高司法机关先后发布了 10 余个司法解释，对于司法解释未明确规定的，坚持一事一请示原则。对于企业经营管理人员，在面对新领域的新问题时，要及时寻求专业人员的帮助。

同时，也要注意到，非法经营罪是典型的行政犯，并且具有“兜底条款”，使得涉及该罪时行政责任与刑事责任呈现出一种胶着的状态。在此种情况下，公司应当建立起行政执法与刑事司法调查的应对机制，通过有效合规风控机制的建立做好风险隔离，积极配合行政主管机关的调查与监督，争取在行政责任层面化解风险，避免进入刑事调查程序。

（四）建立生态环保责任制度，做好环境信息披露

首先，在了解环境污染相关立法和熟悉企业业务的基础上，对企业生产经营活动中各环节的风险进行评估。如分析企业是否存在“严重违规排放、倾倒、处置有放射性的废物、含传染病病原体的废物、有毒物质”或“违规排放、倾倒、处置危险废物 3 吨以上”等行为，建立企业风险行为库。

其次，在对企业进行风险评估的基础上，需要明确企业的主要负责人员及各部门的具体职责，将企业环境保护的责任进行层层细化，建立职责分明、以责论处的工作原则，根据各部门及人员之相关职责，制定环境保护的工作清单，将环保工作进行分解和细化，做到落实到岗，形成系统化、规范化的环保责任管理体系。实务中，存在部分人员为了追求其自身的利益，擅自作出违法行为导致触犯污染环境罪的情形。如企业在此行为之前已拥有一套完善的生态环保责任制度，则在面临刑事追责时可以以该合规制度进行有力抗辩。

再其次，建立健全环保监督管理体系，定期进行检查通报。对于特定类型的企业来说，建立专门的环保监督管理部门十分重要，或将环保监督管理的职能赋予现有的合规管理部门。这一部门应定期对企业环境保护的各个方面进行现场监督检查，对于不符合要求的情况要进行记录并及时通报，落实相关人员的责任，立即对相关问题进行整改。此外，要严格落实环境管理台账制度。建立对日常环境保护问题整改台账和对重大环保隐患问题台账，包括问题产生的原因、责任的落实、整改的措施以及相关的应急预案等内容。企业如果面临刑事风险，这些台账可以作为企业自身经营行为合法的相关证据。

最后，对企业员工进行定期培训。易触犯污染环境罪的企业多数集中在化工、电力、采矿、医疗等行业。这些企业成员从上到下往往多为技术出身，对相关法律知识了解较少，需要根据所在的地区和行业特点，为企业员工定期提供专业化的法律培训，从整体上提高企业对于环境保护的法律意识及合规意识。

自2018年以来，证监会提出要严肃整治上市公司环保信息披露违法行为。对于上市公司而言，无论是在日常经营中还是在发生污染环境相关违法违规行为后，一定要按期、如实披露相关信息。对此，上市公司应当定期就环保信息披露进行专项培训。针对本企业行业特点和业务领域，组织开展环保信息披露培训工作，提高本企业内相关人员（含业务部门、法务部门、信息披露职能部门人员等）的及时信息披露意识。此外，制定环保信息披露内控规范。从符合条件的环保信息披露内容产生，到最终披露，需要企业内部多个部门的协调配合。结合企业特点，建立本企业环保信息披露内部控制规范，落实相关环保信息披露责任，并纳入绩效考核，做到将环保信息披露落到实处。

（五）企业擅自经营如下业务，涉嫌非法经营的刑事犯罪

1. 未经许可经营法律、行政法规规定的专营、专卖物品或者其他限制买卖的物品的。

2. 买卖进出口许可证、进出口原产地证明以及其他法律、行政法规规定的经营许可证或者批准文件的。

3. 未经国家有关主管部门批准非法经营证券、期货、保险业务的，或者非法从事资金支付结算业务的。

4. 违反国家规定，实施倒买倒卖外汇或者变相买卖外汇等非法买卖外汇行为，扰乱金融市场秩序的。

5. 违反国家规定，未经监管部门批准，或者超越经营范围，以营利为目的，经常性地向社会不特定对象发放贷款，扰乱金融市场秩序，情节严重的。

6. 违反国家规定，未经依法核准擅自发行基金份额募集基金，情节严重的。

7. 未经国家批准擅自发行、销售彩票。

8. 违反国家规定，采取租用国际专线、私设转接设备或者其他方法，擅自经营国际电信业务或者涉港澳台电信业务进行营利活动，扰乱电信市场管理秩序。

9. 违反国家规定，使用销售点终端机具（POS 机）等方法，以虚构交易、虚开价格、现金退货等方式向信用卡持卡人直接支付现金，情节严重的。

10. 无危险废物经营许可证从事收集、贮存、利用、处置危险废物经营活动，严重污染环境的。

11. 违反国家规定，非法经营非国家重点保护野生动物及其制品（包括开办交易场所、进行网络销售、加工食品出售等）。

12. 违反国家药品管理法律法规，未取得或者使用伪造、变造的药品

经营许可证，非法经营药品，情节严重的。

13. 以提供给他人生产、销售药品为目的，违反国家规定，生产、销售不符合药用要求的非药品原料、辅料，情节严重的。

14. 以提供给他人生产、销售食品为目的，违反国家规定，生产、销售国家禁止用于食品生产、销售的非食品原料，情节严重的。

15. 违反国家规定，未经许可经营兴奋剂目录所列物质，涉案物质属于法律、行政法规规定的限制买卖的物品，扰乱市场秩序，情节严重的。

16. 违反国家规定，生产、销售国家禁止生产、销售、使用的农药、兽药，饲料、饲料添加剂，或者饲料原料、饲料添加剂原料，情节严重的。

17. 未取得药品生产、经营许可证件和批准文号，非法生产、销售盐酸克仑特罗等禁止在饲料和动物饮用水中使用的药品，扰乱药品市场秩序，情节严重的。

18. 出于医疗目的，违反有关药品管理的国家规定，非法贩卖相关麻醉药品或者精神药品，扰乱市场秩序，情节严重的。

19. 违反国家规定采挖、销售、收购麻黄草，没有证据证明以制造毒品或者走私、非法买卖制毒物品为目的。

20. 违反国家规定，私设生猪屠宰厂（场），从事生猪屠宰、销售等经营活动，情节严重的。

21. 违反国家规定，以营利为目的，通过信息网络有偿提供删除信息服务，或者明知是虚假信息，通过信息网络有偿提供发布信息等服务，情节严重的。

22. 违反国家在预防、控制突发传染病疫情等灾害期间有关市场经营、价格管理等规定，哄抬物价、牟取暴利，严重扰乱市场秩序，违法所得数额较大或者有其他严重情节的。

23. 违反国家规定，从事生产、销售非法电视网络接收设备（含软件），以及为非法广播电视接收软件提供下载服务、为非法广播电视节目频道接收提供链接服务等营利性活动。

24. 以提供给他人开设赌场为目的，违反国家规定，非法生产、销售具有退币、退分、退钢珠等赌博功能的电子游戏设施设备或者其专用软件，情节严重的。

25. 非法生产、销售“伪基站”设备，情节严重的。

26. 非法生产、经营烟花爆竹及相关行为。

27. 明知是违法音像制品而进行经营的。

第六章

财务管理可能涉及的刑事犯罪

一、典型犯罪特征分析

上市公司财务造假、债券违约是证券市场的“毒瘤”，严重破坏市场运行基础，侵害投资者利益，始终是证监会监管执法的重点。

（一）财务造假

近年来，在中国资本市场蓬勃发展的同时，财务造假层出不穷，证监会持续加大对财务造假恶性违法案件的查处力度。首批适用新《证券法》惩处财务造假恶性案件已进入事先告知阶段或作出行政处罚决定，最高拟处以近 4000 万元罚款。2021 年 6 月，证监会对某科技公司涉嫌财务造假作出行政处罚事先告知决定，拟对公司及相关责任人员合计罚款近 4000 万元，系目前拟对上市公司信息披露违法罚款额最高的案件。根据公开渠道检索，该公司涉及的财务造假的违法事实主要是通过虚构销售业务、虚增销售额等方式虚增利润、通过伪造银行单据等方式虚增存款等。监管部门认为，该种财务造假并违规披露的行为，严重扰乱了证券市场秩序、严重损害了投资者利益。

除前述案例外，证监会查处的某药业公司、某材料公司、某供应链公司等涉嫌财务造假的案件也颇具影响。通过对近年来上市公司财务造假案件的总结分析，可以发现上市公司涉嫌财务造假的案件也存在一些共性，其行为表现方式主要分为以下几类：第一，虚构交易，夸大营业收入；第二，与供应商、客户相互勾结，通过制作两套账目的方式来虚增利润；第三，与境外关联方或境外第三方主体相互勾结，虚增海外资产或海外业务规模；第四，以伪造、变造单据、票证的方式，虚增上市公司资产；第五，恶意隐瞒债务或转移债务，制造盈利的假象；第六，直接修改、删改有关财务数据等。

财务造假一方面误导投资者，严重损害投资者的利益，另一方面也严重毁坏了市场诚信基础，破坏了资本市场良性发展生态。监管部门在“零容忍”方针指示下，未来一段时间将会持续对财务造假行为保持高压态势。

（二）债券违约

近年来受经济下行压力增大和供给侧结构性改革的影响，资本市场债券违约频频发生。不仅公司信用债券违约高发，金融债券、地方政府债券、资产支持债券及可交换债券等其他形式的债券都有违约发生。

2020 年新冠肺炎疫情暴发，国内外环境愈发严峻，债券违约规模也不断创造新高，2020 年全年债券违约规模超过 500 亿元，创近 5 年内新高；2021 年上半年的债券违约规模更是接近 984 亿元，大幅超过 2020 年的同期水平。且 2021 年上半年的债券违约情况主要呈现四个特点：一是在债券违约主体中，国有企业占比逐步升高，且高评级的大型国企违约集中爆发；二是房企信用风险进一步攀升，破产房企范围逐步向中型、大型房企蔓延；三是航空运输业受疫情影响较大，未能逆转亏损，债券违约率较高；四是在严监管下，城投债违约率有所下降，发行规模继续创新高，城投信誉仍较为坚挺。[1]在此特殊历史节点，相关经济主体更应持续关注可能的信用风险。

从债券违约的内涵来看，债券违约可以划分为以下几种类型：第一，债券的实质性违约，主要是指投资者购买的债券在本金或利息到期后无法兑付，该种违约的本质是直接偿付不能。第二，债券的技术性违约，即使债券本息兑付尚未到期也可能构成债券违约，并非是直接偿付不能。比如，根据发行人债券募集说明书约定，其他合同或类似交易中出现发行人

〔1〕 参见黄胤英：“2021 年上半年债券违约情况回顾与展望”，载《银行家》2021 年第 8 期。

或关联方债务违约的，导致本合同被视为连带违约；再比如，因发行人自身经营事项发生变化而引发的宣告违约，发行人实际控制权变动、违反比例对外担保等事项触发的违约。另外，根据债券交易方式不同也可能引发不同类型的债券违约，比如债券回购交易违约，该种债券违约主要发生在债券投资者之间，另外还有债券借贷违约、债券衍生品违约等。

二、重点案例解读

（一）违规披露、不披露重要信息罪案例分析

案情简介

ABC 公司是近年来在通信领域表现亮眼的一家上市公司，但是近年来受经济波动影响股价持续下跌。

2017 年 4 月，该公司突然发布公告称其无力按期兑付 10 亿元的短期融资券本息。可是在其 3 月公布的年报中，ABC 公司声称其实现营业收入 80 亿元，同比降低 24%；利润总额 4 亿元，同比降低 90%；归属于母公司净利润 2.5 亿元，同比降低 76%；并且其账面货币资金达到 93 亿元，其中 70 亿元存放在某地方银行。市场不禁疑惑公司完全可以利用账面货币资金偿付到期债务，其中是否存在猫腻。证监会迅速反应，决定对 ABC 公司涉嫌信息披露违法行为立案调查。

2017 年 10 月，证监会发布消息称，ABC 公司存在严重信息披露违法行为：

1. 连续 3 年虚增利润

2015 年 1 月至 2017 年 12 月，ABC 公司通过虚构业务方式虚增营业收入，并通过虚构采购、生产、研发费用、产品运输费用的方式虚增营业成本、研发费用和销售费用。通过上述方式，ABC 公司 2015 年虚增利润总额 20 亿元，占年报披露利润总额的 120%；2016 年虚增利润总额 30 亿元，占年报披露利润总额的 130%；2017 年虚增利润总额 40 亿元，占年报披露利润总额的 140%。上述行为导致 ABC 公司披露的相关年度报告财务数据存在虚假记载。ABC 公司自 2015 年至 2017 年连续 3 年净利润实际为负。

2. 未披露大股东非经营性占资问题

2015 年，ABC 公司大股东 F 公司、ABC 公司与甲银行签订了《现金管理服务协议》，对 F 公司控制的下属公司在该银行开立的银行账户进行统一管理，将协议下子公司账户资金实时归集到 F 公司特定账户，如需付款再从母账户下拨。各子账户实际余额为 0，但该银行提供的银行对账单上不显示母子账户自动上存下划等归集交易，显示余额为累计上存金额扣减下拨金额后的余额。ABC 公司及其合并财务报表范围内 5 家子公司的 6 个银行账户资金被实时归集到 F 公司，构成 ABC 公司与 F 公司之间的关联交易。

经查，ABC 公司与 F 公司发生的关联交易金额，2015 年为 30 亿元，2016 年为 35 亿元，2017 年为 40 亿元。

3. 未及时披露为 F 公司担保事宜

2016 年，ABC 公司与乙银行签订存单质押合同，该存单质押合同均约定以 ABC 公司大额专户资金存单为 F 公司提供担保。在 2016 年至 2017 年的公告中，ABC 公司均未披露该事项。

4. 未如实披露募资使用情况

2016 年 12 月，ABC 公司定增募资净额 10 亿元用于投资建设 5G 研究及相关基建项目。但是在 2017 年 9 月，ABC 公司累计将 7 亿元从募集资金专户转出，以支付设备采购款的名义向多家公司支付，转出的募集资金经过多道流转后主要资金最终回流至 ABC 公司，用于归还银行贷款、配合虚增利润等，变更了募集资金用途。但是该事项并未在年报中披露，而是声称其募集资金已全部用于建设相关项目，不存在募集资金变更用途的情况。

案发后，ABC 公司发布上市公司公告，称其触及相关重大违法强制退市情形，公司股票可能被实施重大违法强制退市，股票不日停牌。ABC 公司及其大股东 F 公司实际控制人均为李甲。

另外，众多投资主体也质疑连续 3 年为 ABC 公司出具年度财务报告的某会计师事务所存在不尽职的情况。

法律规定

《刑法》第161条【违规披露、不披露重要信息罪】

依法负有信息披露义务的公司、企业向股东和社会公众提供虚假的或者隐瞒重要事实的财务会计报告，或者对依法应当披露的其他重要信息不按照规定披露，严重损害股东或者其他人利益，或者有其他严重情节的，对其直接负责的主管人员和其他直接责任人员，处五年以下有期徒刑或者拘役，并处或者单处罚金；情节特别严重的，处五年以上十年以下有期徒刑，并处罚金。

前款规定的公司、企业的控股股东、实际控制人实施或者组织、指使实施前款行为的，或者隐瞒相关事项导致前款规定的情形发生的，依照前款的规定处罚。

犯前款罪的控股股东、实际控制人是单位的，对单位判处罚金，并对其直接负责的主管人员和其他直接责任人员，依照第一款的规定处罚。

律师点评

近年来，上市公司因违规披露、不披露重要信息而被认定构成相关犯罪的案例越来越多。一旦公安机关介入侦查，因其侦查活动具有扩大性的特点，在此过程中上市公司潜在的其他涉嫌犯罪问题可能一并被发现，并最终追究上市公司实际控制人、高管等人员的刑事责任。本案系根据热点事件改编，借由此案例解析违规披露、不披露重要信息罪。

1. ABC公司涉嫌构成违法披露、不披露重要信息罪

根据《刑法》第161条以及《立案追诉标准（二）》第6条[1]，

---

〔1〕《最高人民检察院、公安部关于公安机关管辖的刑事案件立案追诉标准的规定（二）》第6条：依法负有信息披露义务的公司、企业向股东和社会公众提供虚假的或者隐瞒重要事实的财务会计报告，或者对依法应当披露的其他重要信息不按照规定披露，涉嫌下列情形之一的，应予立案追诉：（一）造成股东、债权人或者其他人直接经济损失数额累计在五十万元以上的；（二）虚增或者虚减资产达到当期披露的资产总额百分之三十以上的；（三）虚增或者虚减利润达到当期披露的利润总额百分之三十以上的；（四）未按照规定披露的重大诉讼、仲裁、担保、关联交易或者其他重大事项所涉及的数额或者连续十二个月的累计数额占净资产百分之五十以上的；（五）致使公司发行的股票、公司债券或者国务院依法认定的其他证券被终止上市交易或者多次被

ABC 公司下述行为涉嫌构成违法披露、不披露重要信息罪：

第一，虚增利润达到当期披露的利润总额 30%以上；

第二，在公司财务会计报告中将亏损披露为盈利；

第三，未按照规定披露担保及关联交易；

第四，致使公司发行的股票被终止上市交易；

第五，多次提供虚假、隐瞒重要事实的财务会计报告。

2. ABC 公司实际控制人李甲涉嫌构成挪用资金罪及背信损害上市公司利益罪

根据《刑法》第 272 条规定，公司工作人员利用职务便利挪用本单位资金借贷给他人，数额较大，超过三个月未还的，或者虽未超过三个月，但数额较大、进行营利活动的，或者进行非法活动的，构成挪用资金罪。

本案中，李甲利用其担任 ABC 公司及 F 公司实际控制人的职务便利，指示 F 公司与甲银行签订《现金管理服务协议》，将 ABC 公司资金实时归集至 F 公司账户进行管理，同时 ABC 公司对此协议加盖公章。

但是，就单位内部来讲，李甲指示 ABC 公司签订上述协议的行为并未经过 ABC 公司股东会同意，难以认定此举体现了 ABC 公司的单位意志。《ABC 公司章程》规定："公司与关联人发生的交易金额在 3000 万元以上，且占公司最近一期经审计净资产绝对值 5%以上的关联交易，必须经过董事会审议通过后，提交股东大会审议。"本案中 ABC 公司与 F 公司之间发生的关联交易显然达到上述标准，根据章程规定，该交易应该上报董事会审议通过后提交股东大会决议。但是 ABC 公司在签署上述协议时并未经过股东大会审议，属于无权代表公司签订协议。

李甲在未经 ABC 公司股东大会决策同意的情况下，将 ABC 公司资金实时归集至 F 公司账户进行管理。案情显示，F 公司自 2015 年起即将 ABC 公司资金实时归集至其实际控制的账户项下，符合"数额较大，超过三个

(接上页) 暂停上市交易的；(六) 致使不符合发行条件的公司、企业骗取发行核准并且上市交易的；(七) 在公司财务会计报告中将亏损披露为盈利，或者将盈利披露为亏损的；(八) 多次提供虚假的或者隐瞒重要事实的财务会计报告，或者多次对依法应当披露的其他重要信息不按照规定披露的；(九) 其他严重损害股东、债权人或者其他人利益，或者有其他严重情节的情形。

月末还”的行为类型，此举涉嫌构成挪用资金罪。

同时，上述行为也可能被认定构成背信损害上市公司利益罪。根据《刑法》第169条之一[1]第1款第1项，“无偿向其他单位或者个人提供资金、商品、服务或者其他资产的”，致使上市公司利益遭受重大损失的，构成背信损害上市公司利益罪。如前所述，李甲在未经ABC公司同意的情况下自行将其账户资金归集至实际控制的账户进行管理，涉嫌构成无偿向其他单位提供资金的行为，存在被认定构成背信损害上市公司利益罪的可能性。

鉴于李甲的前述行为同时构成挪用资金罪与背信损害上市公司利益罪，在此情况下应适用刑法中“想象竞合犯”的处理原则，即一行为触犯两罪名择一重罪论处。考虑到本案涉案金额巨大，无论认定构成何种罪名均适用最重一档量刑。可以看到，挪用资金罪的量刑最高可达有期徒刑十年，而背信损害上市公司利益罪最重仅为有期徒刑七年，因此司法机关最终将对李甲以挪用资金罪论处。

3. 与F公司签订《现金管理服务协议》的甲银行的直接责任人员是否可能构成挪用资金罪的共犯？

本案中，有人提出甲银行与F公司、ABC公司签订《现金服务管理协议》，明确约定F公司可以对其下属公司ABC公司账户进行归集管理。该协议是否违反相关法律规定，甲银行直接经手负责此事的人员是否可能构成挪用资金罪的共犯？笔者认为，分析这一问题必须要从《现金管理服务

[1]《刑法》第169条之一【背信损害上市公司利益罪】上市公司的董事、监事、高级管理人员违背对公司的忠实义务，利用职务便利，操纵上市公司从事下列行为之一，致使上市公司利益遭受重大损失的，处三年以下有期徒刑或者拘役，并处或者单处罚金；致使上市公司利益遭受特别重大损失的，处三年以上七年以下有期徒刑，并处罚金：（一）无偿向其他单位或者个人提供资金、商品、服务或者其他资产的；（二）以明显不公平的条件，提供或者接受资金、商品、服务或者其他资产的；（三）向明显不具有清偿能力的单位或者个人提供资金、商品、服务或者其他资产的；（四）为明显不具有清偿能力的单位或者个人提供担保，或者无正当理由为其他单位或者个人提供担保的；（五）无正当理由放弃债权、承担债务的；（六）采用其他方式损害上市公司利益的。上市公司的控股股东或者实际控制人，指使上市公司董事、监事、高级管理人员实施前款行为的，依照前款的规定处罚。犯前款罪的上市公司的控股股东或者实际控制人是单位的，对单位判处罚金，并对其直接负责的主管人员和其他直接责任人员，依照第一款的规定处罚。

协议》的效力入手，进而判断银行工作人员在确立该种服务模式时是否具有协助李甲挪用上市公司资金的主观故意。

（1）集团资金集中管理在实践中较为普遍

在国资委推行下，多数大型集团企业施行资金集中管理。国务院国资委研究中心宏观部原部长程伟曾公开表示，银行开发创新的金融工具，软件商提供IT解决方案，双方合力为企业提供高附加值的服务，这种优势互补，三方共赢的模式是发达国家资金管理行业的成功经验，也是中国企业资金管理未来发展的大趋势。目前主要有以下5种模式：统收统支方式〔1〕、拨付备用金方式〔2〕、设立结算中心方式〔3〕、设立内部银行方式〔4〕、财务公司方式〔5〕。

据此，集团实行资金集中管理模式在实践中较为普遍，因此难以仅仅依据本案存在《现金管理服务协议》即认定甲银行具有协助李甲利用该协议挪用上市公司经营资金的故意。

（2）甲银行相关人员是否构成挪用资金罪的共犯，需要具体审查在案证据，判断能否证明甲银行相关人员明知ABC公司未授权而仍为挪用资金提供帮助行为

甲银行、F公司与ABC公司共同签署了《现金服务管理协议》，且ABC公司法人代表签署该协议，并加盖公章，据此难以认定甲银行具有配合李甲、F公司挪用上市公司资金的故意，除非另有证据证明甲银行明知

〔1〕 该模式是指企业的一切现金收付活动都集中在企业的财务部门，各分支机构或子公司不单独设立账号，一切现金支出都通过财务部门付出，现金收支的批准权高度集中在经营者或者经营者授权的代表手中。统收统支的方式有助于企业实现全面收支平衡，提高现金的流转效率，减少资金的沉淀，控制现金的流出；但是不利于调动各层次开源节流的积极性，影响各层次经营的灵活性，以致降低集团经营活动和财务活动的效率。

〔2〕 拨付备用金是指企业按照一定的期限统拨给所属分支机构和子公司一定数额的现金，备其使用。等各分支机构或子公司发现现金支出后，持有关凭证到企业财务部报销以补足备用金。

〔3〕 结算中心通常是由企业集团内部设立的，办理内部各成员或分公司现金收付和往来结算业务的专门机构。它通常设立于财务部门内，是一个独立运行的职能机构。

〔4〕 内部银行是将社会银行的基本职能与管理方式引入企业内部管理机制而建立起来的一种内部资金管理机构，主要职责是进行企业或集团内部日常的往来结算和资金调拨、运筹。

〔5〕 财务公司是一种经营部分银行业务的非银行金融机构。其经营范围除抵押放款以外，还有外汇、联合贷款、包销债券、不动产抵押、财务及投资咨询等业务。

李甲在ABC公司不知情的情况下，利用个人职务便利操纵ABC公司签订该协议。

挪用资金罪所保护的法益是单位对其资金的占有和使用，本质上是单位对于资金的支配。因此，如果员工转移单位资金的行为系经过单位的认可和同意，则员工的挪用行为并未侵害单位的财产权益，不应认定其构成犯罪。

本案中，ABC公司参与签订《现金服务管理协议》，既有法定代表人签名又加盖了公司公章。就协议来看，对于外部主体，该协议证明ABC公司对于F公司转移使用其资金一事知情并作出认可，因此难以证明甲银行明知李甲、F公司未经ABC公司同意擅自归集使用上市公司资金。在此情况下，难以认定甲银行具有配合行为人实施挪用资金罪的犯罪故意。

但是，如果有证据证明甲银行或者具体直接负责办理该项业务的人员明确知道ABC公司未实际授权签订此协议，或者ABC公司未就该事项作出授权许可，李甲、F公司系利用其职务便利操纵ABC公司公章签订该协议并转移使用ABC公司资金，则具体直接负责办理该项业务的人员具有被认定构成挪用资金罪的可能性。

此处需要特别说明的是，挪用资金罪未规定单位犯罪，但是《最高人民法院关于审理单位犯罪案件具体应用法律有关问题的解释》明确规定，公司等单位实施《刑法》规定的危害社会行为，《刑法》分则和其他法律规定未规定追究单位刑事责任的，对组织、策划、实施该危害社会行为的人依法追究刑事责任。

(3) 即使甲银行不承担挪用资金罪共犯的刑事责任，不排除其可能需要承担相关民事责任

如果无法在刑事上查证甲银行对于协助李甲、F公司挪用资金存在犯罪故意，甲银行在本案中是否存在民事过错是ABC公司及股东追究其民事责任的关键。

如前所述，李甲在未经ABC公司股东会许可的前提下自行签订涉案协议，构成无权代理。甲银行如要主张李甲的行为构成表见代理须证明自己对于涉案协议的签订无过错。

《最高人民法院关于当前形势下审理民商事合同纠纷案件若干问题的指导意见》规定："合同法第四十九条规定的表见代理制度不仅要求代理人的无权代理行为在客观上形成具有代理权的表象，而且要求相对人在主观上善意且无过失地相信行为人有代理权。合同相对人主张构成表见代理的，应当承担举证责任，不仅应当举证证明代理行为存在诸如合同书、公章、印鉴等有代理权的客观表象形式要素，而且应当证明其善意且无过失地相信行为人具有代理权。"

根据涉案协议的规定，甲银行将 ABC 公司账户资金实时归集到 F 公司特定账户，如需付款再从母账户下拨。各子账户实际余额为 0，但该银行提供的银行对账单上不显示母子账户自动上存下划等归集交易，显示余额为累计上存金额扣减下拨金额后的余额。

甲银行本身作为上市公司，理应知道《上市公司治理准则》对于上市公司财务独立性具有明确要求，更应当知道 ABC 公司与 F 公司之间的资金流转构成上市公司关联交易，如此操作存在财务混同的巨大风险。因此，甲银行应更为审慎地履行其核查义务，具体体现为核查 ABC 公司就该事项作出的股东会决议以及 ABC 公司就此事对外发布的上市公司公告。

在此种情况下，如果甲银行仅仅依据 ABC 公司及李甲提供的公章即认为涉案协议得到 ABC 公司的同意，可能被认为未尽到尽职核查业务真实性与风险性的注意义务，故被认定存在过错的可能性较大。据此，如果 ABC 公司起诉甲银行要求其承担侵权责任，甲银行存在被认定承担民事责任的可能性。

4. 为 ABC 公司连续三年出具虚假年度财务报告的会计人员是否需要承担刑事责任？

《刑法》第 229 条第 1 款及第 3 款分别规定了针对中介组织的提供虚假证明文件罪以及出具证明文件重大失实罪。如果承担会计服务的中介人员故意提供虚假证明文件，情节严重的，构成提供虚假证明文件罪；如果承担会计服务的人员因为严重不负责任导致出具的证明文件存在重大失实，造成严重后果的，构成出具证明文件重大失实罪。

本案中，如果有证据证明该会计师事务所工作人员在从事会计审核过程中明知存在财务造假行为，或者未履行应尽审核义务导致未能发现财务造假情况的，存在被认定构成提供虚假证明文件罪以及出具证明文件重大失实罪的可能性。尽管目前尚未出现会计师事务所因为为上市公司出具虚假财务报告而被认定构成此类犯罪的案例，但是针对这一行为法律未作出例外规定，因此会计师事务所工作人员需要为故意出具上市公司虚假财务报告或者出具财务报告存在重大失实的行为承担刑事责任。《刑法修正案（十一）》调整了本罪的加重情节，进一步加大了刑事处罚力度。

需要补充的是，会计人员一旦被查证存在前述犯罪，同时面临着任职资格受限的行政责任。根据《中华人民共和国资产评估法》第 11 条，因故意犯罪或者在从事评估、财务、会计、审计活动中因过失犯罪而受刑事处罚，自刑罚执行完毕之日起不满五年的人员，不得从事评估业务；另根据前述法律第 45 条，评估专业人员违反本法规定，签署虚假评估报告的，由有关评估行政管理部门责令停止从业两年以上五年以下；有违法所得的，没收违法所得；情节严重的，责令停止从业五年以上十年以下；构成犯罪的，依法追究刑事责任，终身不得从事评估业务。

《刑法修正案（十一）》对本罪也作出了新的修订：

版本	违规披露、不披露重要信息罪
原刑法	依法负有信息披露义务的公司、企业向股东和社会公众提供虚假的或者隐瞒重要事实的财务会计报告，或者对依法应当披露的其他重要信息不按照规定披露，严重损害股东或者其他人利益，或者有其他严重情节的，对其直接负责的主管人员和其他直接责任人员，~~处三年以下有期徒刑或者拘役，并处或者单处二万元以上二十万元以下罚金。~~
刑法修正案（十一）（草案一次审议稿）征求意见	依法负有信息披露义务的公司、企业向股东和社会公众提供虚假的或者隐瞒重要事实的财务会计报告，或者对依法应当披露的其他重要信息不按照规定披露，严重损害股东或者其他人利益，或者有其他严重情节的，对其直接负责的主管人员和其他直接责任人员，*处五年以下有期徒刑或者拘役，并处或者单处罚金；情节特别严重的，处五年以上十年以下有期徒刑，并处罚金。* *前款规定的公司、企业的控股股东、实际控制人组织、指使实*

续表

版本	违规披露、不披露重要信息罪
	施前款行为的，或者隐瞒重要事项导致前款规定的情形发生的，处五年以下有期徒刑或者拘役，并处或者单处罚金；情节特别严重的，处五年以上十年以下有期徒刑，并处罚金。 *单位犯前款罪的，对单位判处罚金，并对其直接负责的主管人员和其他直接责任人员，依照前款的规定处罚。*
刑法修正案（十一）（草案二次审议稿）征求意见	依法负有信息披露义务的公司、企业向股东和社会公众提供虚假的或者隐瞒重要事实的财务会计报告，或者对依法应当披露的其他重要信息不按照规定披露，严重损害股东或者其他人利益，或者有其他严重情节的，对其直接负责的主管人员和其他直接责任人员，*处五年以下有期徒刑或者拘役，并处或者单处罚金；情节特别严重的，处五年以上十年以下有期徒刑，并处罚金。* 前款规定的公司、企业的控股股东、实际控制人*实施或者组织、指使实施前款行为的，或者隐瞒相关事项导致前款规定的情形发生的，依照前款的规定处罚。* *犯前款罪的控股股东、实际控制人是单位的，对单位判处罚金，并对其直接负责的主管人员和其他直接责任人员，依照第一款的规定处罚。*
刑法修正案（十一）	依法负有信息披露义务的公司、企业向股东和社会公众提供虚假的或者隐瞒重要事实的财务会计报告，或者对依法应当披露的其他重要信息不按照规定披露，严重损害股东或者其他人利益，或者有其他严重情节的，对其直接负责的主管人员和其他直接责任人员，*处五年以下有期徒刑或者拘役，并处或者单处罚金；情节特别严重的，处五年以上十年以下有期徒刑，并处罚金。* 前款规定的公司、企业的控股股东、实际控制人*实施或者组织、指使实施前款行为的，或者隐瞒相关事项导致前款规定的情形发生的，依照前款的规定处罚。* *犯前款罪的控股股东、实际控制人是单位的，对单位判处罚金，并对其直接负责的主管人员和其他直接责任人员，依照第一款的规定处罚。*

自2019年以来，打击上市公司财务造假成了证监会继内幕交易、操纵证券市场等行为后最为关注的证券违法行为。财务造假被认为是严重挑战

信息披露制度的严肃性、严重毁坏资本市场的诚信基础、严重破坏投资市场的信心、严重损害投资者的利益的行为，是证券市场的“毒瘤”，必须坚决从严从重打击。因此，为响应“零容忍”地肃清资本市场“毒瘤”的社会需求，本次《刑法修正案（十一）》也就违规披露、不披露重要信息罪作出如下重大修订：

第一，明确实际控制人或控股股东的刑事责任。如同欺诈发行证券罪，本次修订也对实际控制人、控股股东指使实施违规披露、不披露重要信息罪的刑事责任作出明确规定。

第二，提升量刑幅度的上限，并增加量刑处罚力度。原《刑法》就本罪仅规定了一档量刑，即“处三年以下有期徒刑”。此次刑法修订，在将基础自由刑上限提高为五年有期徒刑的同时，增设了一档量刑，即“情节特别严重的，处五年以上十年以下有期徒刑”。大大提高了刑法对于违规披露、不披露重要信息的处罚力度。

第三，调整罚金刑。违规披露、不披露重要信息罪是2006年《中华人民共和国刑法修正案（六）》［以下简称《刑法修正案（六）》］规定在刑法当中的。结合彼时的证券市场交易背景，刑法对本罪作出了“并处或者单处二万元以上二十万元以下罚金”的规定。但是随着我国证券市场的快速发展，前述罚金刑早已达不到应有的威慑效果，关于刑法加大对本罪惩处力度的呼声也越来越大。本次《刑法》修订，取消了罚金刑的限制，交由法院根据案件情况进行自由裁量。

笔者注意到有人针对本规定的单位犯罪条款提出疑义。《刑法》就本罪的罪状表述为“依法负有信息披露义务的公司、企业向股东和社会公众提供虚假的或者隐瞒重要事实的财务会计报告，或者对依法应当披露的其他重要信息不按照规定披露，严重损害股东或者其他人利益，或者有其他严重情节的”。按照文义解释，本罪的行为主体应为负有信息披露义务的单位，而《刑法》却仅规定了直接负责的主管人员和其他直接责任人员需要承担刑事责任，并未在本罪中规定单位犯罪。但是，此次《刑法》修订却又针对控股股东或者实际控制人作出相关单位犯罪的规定，是否存在前后规定不相匹配之处？

对此，全国人大常委会法工委刑法室参与起草《刑法修正案（六）》的工作人员在《人民检察》刊发的“《刑法修正案（六）》的理解与适用（上）”给出了答案。本条虽然规定的是单位犯罪，但对单位没有规定判处罚金，主要是考虑到“公司的行政违法行为已经严重损害了广大股东和公众投资者的利益，如果对单位再处罚金，就更不利于对他们利益的保护，因此本条采用了代罚制”。在理解了上述原理的基础上，便不难理解本次修订对于单位犯罪的规定。如果实际控制人或者控股股东系单位的，由其承担刑事责任并不会影响上市公司广大股东和公众投资者的利益，故可以对其判处罚金。

但该结论又产生了一个新的问题，这样的刑法规定可能导致个人（上市公司直接负责的主管人员）与单位（控股股东）共同犯罪的情形，自然人与单位构成共同犯罪的“组合”令人起疑。对此，笔者认为个人与单位构成共同犯罪在学术理论及司法实践中并不存在问题，只不过上述情形较为少见。《最高人民法院、最高人民检察院、海关总署关于办理走私刑事案件适用法律若干问题的意见》在第 20 条也曾就单位与个人共同走私普通货物、物品案件如何处理作出规定，并提出“单位和个人共同走私偷逃应缴税额超过 25 万元且能区分主、从犯的，应当按照刑法关于主、从犯的有关规定，对从犯从轻、减轻处罚或者免除处罚”。据此，如果上市公司直接负责的主管人员与作为控股股东的单位共同实施违规披露、不披露重要信息行为的，笔者认为按照前述司法解释的精神，法院将根据双方所起到的作用予以量刑。

（二）上市公司涉税犯罪案例分析

案情简介

安徽某上市公司 A 下设的金属结构机电设备总厂（以下简称“A 设备总厂”）、安徽某人防公司（以下简称“人防公司”）、曾分别兼任人防公司法定代表人及 A 设备总厂负责人的王某、于某被当地人民检察院指控：王某、于某二人在任职期间，为了在公司经营账外解决本单位的吃喝招待费用、相关奖金的发放以及向他人支付咨询费用的资金来源问题，通过A设备总厂等三家公司负责人参加的领导班子会议，集体讨论后一致决定在没有真实货物交易的情况下，让他人为自己单位虚开增值税专用发票或普通发票套取资金，其中：

2011年5月至7月，时任A设备总厂负责人的王某，为向某个人支付中标工程的咨询费用，通过钢材供应商同案被告人洪某所经营的B公司、C公司，以及被告人朱某的工作单位D公司，使用上述手段虚开面额共计1 753 183.04元的普通发票三笔；

2012年4月，人防公司为从账外支出本单位相关费用，时任法定代表人王某联系被告人徐某，使用上述手段，通过其经营的E公司虚开增值税专用发票，面额共计334 291.60元，应纳税额48 572.28元；

于某在2014年7月接任王某担任人防公司法定代表人期间，为支付本公司上述相关费用，沿用公司领导班子集体讨论通过的形式，使用上述相同的手段，分别联系洪某、徐某于二人经营的公司虚开安徽增值税专用发票，其中2014年12月虚开增值税专用发票面额总计723 247.43元，应纳税额105 087.23元；2015年2月至4月虚开增值税专用发票面额总计741 738.48元，应纳税额107 773.98元。

庭审期间，A设备总厂、人防公司、于某、王某的辩护人均提出，被告单位及两名被告人是为了在公司经营账外解决单位吃喝招待费用、奖金发放等资金来源的问题，才决定让他人为本单位虚开增值税专用发票，并非是偷逃或套取国家税款、资金亦未归个人占有、挥霍，社会危害性不大。洪某、徐某、朱某纷纷辩称：虚开增值税专用发票、虚开发票是人防公司领导主动找自己的；当时考虑到他们是发包单位的领导，对于公司的业务、货款回流起到至关重要作用，如不给其开具要求的发票，公司将无法及时收回已投入的所有资金，不存在为自己谋利，目的也不是为了骗取国家税收；只是帮帮忙，仅起次要和辅助作用，在共同犯罪中属于从犯。

法院经审理认定，被告单位经集体讨论决定，在没有真实货物交易的情况下，通过材料供应商以材料款的名义虚开发票，并制作假合同将合同采购金额汇给材料供应商，供应商虚开发票后扣除税钱将剩余款项还给公司。该行为违反国家发票管理法规，全案各被告人均分别构成虚开增值税专用发票罪和虚开发票罪，且均系主犯，依法分别判处拘役四个月至有期徒刑十个月，罚金2万元至25万元不等。

法律规定

《刑法》第205条【虚开增值税专用发票、用于骗取出口退税、抵扣税款发票罪】

虚开增值税专用发票或者虚开用于骗取出口退税、抵扣税款的其他发票的，处三年以下有期徒刑或者拘役，并处二万元以上二十万元以下罚金；虚开的税款数额较大或者有其他严重情节的，处三年以上十年以下有期徒刑，并处五万元以上五十万元以下罚金；虚开的税款数额巨大或者有其他特别严重情节的，处十年以上有期徒刑或者无期徒刑，并处五万元以上五十万元以下罚金或者没收财产。

单位犯本条规定之罪的，对单位判处罚金，并对其直接负责的主管人员和其他直接责任人员，处三年以下有期徒刑或者拘役；虚开的税款数额较大或者有其他严重情节的，处三年以上十年以下有期徒刑；虚开的税款数额巨大或者有其他特别严重情节的，处十年以上有期徒刑或者无期徒刑。

虚开增值税专用发票或者虚开用于骗取出口退税、抵扣税款的其他发票，是指有为他人虚开、为自己虚开、让他人为自己虚开、介绍他人虚开行为之一的。

《刑法》第205条之一【虚开发票罪】

虚开本法第二百零五条规定以外的其他发票，情节严重的，处二年以下有期徒刑、拘役或者管制，并处罚金；情节特别严重的，处二年以上七年以下有期徒刑，并处罚金。

单位犯前款罪的，对单位判处罚金，并对其直接负责的主管人员和其他直接责任人员，依照前款的规定处罚。

律师点评

本案分别涉及何为刑法意义上的虚开发票、虚开发票的目的是否影响定罪、帮助他人虚开发票是否构成从犯、虚开增值税专用发票罪与虚开发票罪的异同点等问题，下文将一一分析。笔者在试对前述问题进行分析的同时，延伸探讨实务中常见的问题如挂靠方实际销售货物，由被挂靠方向受票方开具增值税专用发票的行为定性等。

1. 什么样的行为构成刑法意义上的虚开？

虚开发票，顾名思义是指不按照实际情况开具发票的行为。从广义上来说，一切不如实开具发票的行为，均属于虚开发票，包括有实际经营活动但未如实开具发票，如改变开票日期、商品名称、客户名称等情形；从狭义上来说，则主要指没有实际经营活动而开具发票，或虽有实际经营活动，但通过虚构数量、单价、税率等，使发票无法真实反映交易双方的经营活动及应缴、已缴税款的情况。

根据1996年10月17日《最高人民法院关于适用〈全国人民代表大会常务委员会关于惩治虚开、伪造和非法出售增值税专用发票犯罪的决定〉若干问题的解释》之规定，具有下列行为之一的，即属刑法上的“虚开增值税专用发票”：

（1）没有货物购销或者没有提供或接受应税劳务而为他人、为自己、让他人为自己、介绍他人开具增值税专用发票；

（2）有货物购销或者提供或接受了应税劳务但为他人、为自己、让他人为自己、介绍他人开具数量或者金额不实的增值税专用发票；

（3）进行了实际经营活动，但让他人为自己代开增值税专用发票。

从上述法律规定可知，刑法意义上的虚开主要指狭义上的虚开。因此，如果只是改变品名或不按规定时限提前或延后开具日期等，虽属违法不实开具，但不属于刑法意义上的虚开，对此不能以犯罪论处。本案例中，A设备总厂及人防公司在没有真实货物交易的情况下，让他人为自己单位虚开增值税专用发票或普通发票从而实现套取资金，符合前述法律规定的第（1）项之情况，且达到了刑事追诉标准，因此应当予以追究刑事责任。

2. 虚开的目的是否影响虚开增值税专用发票罪的成立？

该案例中，被告单位及两名被告人辩称是为了在公司经营账外解决单位吃喝招待费用、奖金发放等资金来源问题，才决定让他人为本单位虚开增值税专用发票，并非以偷逃或套取国家税款为目的。对此，法院不予采纳。

实践中，少数上市公司或者正在谋求上市的企业，为了能够有一张“靓丽”的财务报表，不惜虚构交易、虚增利润，且为了掩盖该等事实，而不得不进一步按照税收法律法规的相关要求，对虚构的交易开具或接受发票，其中不乏增值税专用发票。此种情况下，由于虚开增值税专用发票的主观目的并非为了骗取国家税款，该等虚开行为是否会被认定为刑法意义上的虚开，笔者分析如下：

从《刑法》第 205 条关于虚开增值税专用发票罪的罪状描述可知，犯罪目的并非该罪名法定的犯罪构成要件。然而，正因如此，不少过往的司法判例习惯于认定虚开发票犯罪系行为犯，只要行为人实施了刑法规定的危害行为，即成立既遂犯罪，犯罪目的不影响罪名的成立〔1〕。笔者对于该种观点持保留意见。如果行为人仅仅实施了虚开行为，比如行为人为了虚增公司业绩，所虚开的增值税专用发票没有抵扣联的，又如甲乙双方以相同的数额互相虚开增值税专用发票，且已按规定缴纳税款的情形〔2〕，尽管违反了我国的发票管理制度，但仍可通过行政处罚等监管手段予以调整，在其主观上没有骗取国家税收的故意，客观上没有造成国家税收流失的情况下，应当秉承刑法的谦抑性原则。

以上观点与最高人民法院近期公布的典型案例——张某强虚开增值税专用发票案〔3〕相一致。该案中，被告人张某强营业的某龙骨厂由于系小规模纳税人，无法开具增值税专用发票，遂以他人开办的某公司名义对外签订销售合同并开具增值税专用发票。经某州市人民法院一审认定被告人张某强构成虚开增值税专用发票罪。最高人民法院经复核后认为，被告人

---

〔1〕 何某、刘某、新疆绿牧源肉业有限公司虚开抵扣税款发票案，(2011) 博中刑终字第 22 号刑事判决书。

〔2〕 参见张明楷：《刑法学（第五版）》，法律出版社 2016 年版，第 816 页。

〔3〕 “张某强虚开增值税专用发票案”，载 https://www.chinacourt.org/article/detail/2018/12/id/3596517.shtml，最后访问日期：2022 年 1 月 12 日。

张某强以其他单位名义对外签订销售合同，由该单位收取货款、开具增值税专用发票，不具有骗取国家税款的目的，未造成国家税款损失，其行为不构成虚开增值税专用发票罪，故撤销一审判决并发回重审。该案经重审后人民法院依法宣告张某强无罪。

对此，实务界有人认为该典型案例树立了虚开增值税专用发票罪以是否具有骗税目的作为认定罪与非罪的裁判规则，笔者对于此种观点同样不认同。以上海市高级人民法院作出的上海某国际贸易有限公司、郭某、由某犯虚开增值税专用发票罪一案二审判决结果〔1〕为例，该案中，郭某经与某上市公司总经理、财务中心副总经理商议，通过黄金贸易实现帮助该上市公司完成年度业绩的目的。在没有真实黄金贸易的情况下，被告单位向上海某公司开具以黄金为货物内容的增值税专用发票。至案发时，相关发票均已向税务机关申报抵扣。法院经审理认为，被告单位主观上具有虚开的故意，客观上实施了虚开的行为，其明知与上海某公司没有真实的黄金贸易，仍向后者开具增值税专用发票，使其向税务机关申报抵扣成功，致使国家税款流失，构成虚开增值税专用发票罪。该案例中，被告单位虚开发票的目的是帮助某上市公司完成年度业绩而非骗取国家税款。最终被认定构成犯罪，很重要的原因是受票单位实施了抵扣行为，导致国家税收流失。

结合上述两个案例的共性，不难看出，司法实践对于该罪的裁判思路逐渐从过往的行为犯过渡到抽象危险犯的变化，即以是否具有造成国家税款损失的危险为判断依据，〔2〕目的只是作为判断是否存在造成税款流失危险的标准之一，而非罪与非罪的决定因素。

尽管并非决定性因素，但笔者认为，虚开发票的目的可区分以下三种情形，作为判断是否构成虚开增值税专用发票罪的重要标准：

对于主观上没有骗取国家税款目的，客观上亦没有实际抵扣造成国家税收损失的，不应仅仅以存在虚开发票的行为而认定构成犯罪；

〔1〕 参见上海某国际贸易有限公司、郭某、由某犯虚开增值税专用发票案，(2017) 沪刑终52号 刑事判决书。

〔2〕 参见张明楷：《刑法学（第五版）》，法律出版社2016年版，第816页。

对于主观上没有骗取国家税款目的，但虚开后已经予以抵扣造成国家税收损失的，应认定为构成虚开增值税专用发票罪；

对于主观上存在骗取国家税款目的，但虚开发票后由于客观原因未能及时进行抵扣的，由于具有造成国家税款损失的具体危险，应认定为构成虚开增值税专用发票罪。

值得关注的是，新冠肺炎疫情期间，《最高人民检察院关于充分发挥检察职能服务保障“六稳”“六保”的意见》提出“依法慎重处理企业涉税案件。注意把握一般涉税违法行为与以骗取国家税款为目的的涉税犯罪的界限，对于有实际生产经营活动的企业为虚增业绩、融资、贷款等非骗税目的且没有造成税款损失的虚开增值税专用发票行为，不以虚开增值税专用发票罪定性处理，依法作出不起诉决定的，移送税务机关给予行政处罚”。上述文件以司法解释的形式将“是否具有造成国家税款损失的危险”的裁判思路予以明确。

3. 帮助他人虚开发票是否可成立从犯？

该案例中，针对帮助A设备总厂及人防公司虚开发票的被告人洪某、徐某、朱某分别辩称系应两公司负责人的要求，主要是为了能够顺利收回业务资金，并非骗取国家税收，在整个过程中只是帮忙，起次要和辅助作用，应认定为从犯的意见，法院并未予以采纳。笔者分析如下：

从我国刑法的一般规定来看，帮助行为本身独立于犯罪实行行为之外，是由于该等帮助行为增加了犯罪实现的可能性，使正犯的实行行为更容易完成，因此被追究相关刑事责任，并依据共同犯罪的相关理论，视其实际起到的作用力大小而认定主从犯地位。然而，在虚开增值税专用发票这一罪名上，由于该等帮助行为作用力较大，可以说，没有该等帮助行为，实行行为根本无法完成，必须对其单独科以刑责才足以震慑犯罪。

我国税务机关全面打击虚开发票全链条，包括虚开发票方、受票方、中间介绍方。因此，我国《刑法》第205条以列举的方式明确规定了虚开增值税专用发票的实行行为，包括以下四种：（1）为他人虚开；（2）为自己虚开；（3）让他人为自己虚开；（4）介绍他人虚开。立法者通过具体的法律条文明确将为他人虚开行为规定为四种虚开增值税专用发票犯罪的实行行为之一，故为他人虚开发票的行为不再是帮助行为，均可直接被认定为本罪的实行行为并予以单独定罪处罚。因此，本案中尽管被告人洪某、徐某、朱某均辩称系应两公司负责人的要求“帮忙”，但该等帮助行为已构成虚开增值税专用发票罪的实行行为，因此可认定为主犯。

4. 虚开增值税专用发票罪与虚开发票罪的异同点

虚开发票罪是2011年《中华人民共和国刑法修正案（八）》[以下简称《刑法修正案（八）》]新增设的罪名，规定于《刑法》第205条之一，由此正式扩大了对于虚开发票行为的刑事处罚范围。在此之前，由于1994年税制改革后虚开增值税专用发票的行为日益猖獗，因此为当时刑法重点打击的对象。而随着近年来市场经济的不断发展，虚开的除增值税专用发票以外的其他发票因其可计入企业经营成本进行扣减，一定程度上降低企业缴纳所得税的比例，因此虚开普通发票的规模不断扩大。

作为《刑法》第205条之一，其天然与虚开增值税专用发票罪具有密切联系，其中，二者的相同点包括：（1）主观形态同样是直接故意，间接故意或过失虚开发票不构成本罪；（2）实行行为同样包括为他人虚开、为自己虚开、让他人为自己虚开、介绍他人虚开行为等四种情形。

然而，正如同两种发票天然具有能否直接作为抵扣税款凭证的功能区别，两罪名保护的法益有所不同。虚开增值税专用发票罪保护的法益是我国的增值税税收管理制度，侧重于保证国家增值税税收不被流失，而虚开发票罪保护的法益则是我国的发票管理秩序，侧重于调整规范发票开具行为。因此，上文所提及的以是否具有造成国家税款损失的具体危险为判断虚开增值税专用发票的罪与非罪之依据，笔者认为在虚开发票罪的认定中并不适用。事实上，通过比较二者的法定刑亦不难看出，虚开发票罪情节特别严重的，处二年以上七年以下有期徒刑，相较于需要具有造成国家税款损失危险的虚开增值税专用发票罪的刑罚轻很多，后者最高可判处无期徒刑。因此，本罪的认定不以是否具有造成国家税收损失的危险为标准。

5. 挂靠方开展实际经营活动，由被挂靠方向受票方开具增值税专用发票的行为该如何定性？

实践中，由挂靠方适用被挂靠方的经营资格进行经营活动，并向挂靠方支付挂靠费的经营方式在实践中客观存在，尤其是在建筑工程领域，更具有相当的普遍性。而我国的相关法律并未明文禁止以挂靠形式从事经营活动。

此种情况下，如挂靠方以被挂靠方的名义向受票方开具增值税专用发票，由于实际经营活动的主体与开票主体不一致，符合上文所说广义上的虚开。然而是否属于刑法意义上的虚开，由于过往不少裁判者对于本罪是否属于行为犯的理解不同，因此裁判规则并未统一。有鉴于此，最高人民法院研究室于 2017 年以法研〔2015〕58 号复函的形式，正式明确“挂靠方以挂靠形式向受票方实际销售货物，被挂靠方向受票方开具增值税专用发票的，不属于刑法第二百零五条规定的‘虚开增值税专用发票’”。

三、合规及预防重点

（一）形成良好的企业财务合规文化

要构建企业内部的财务合规管理体系，首先应当重视和发展良好的财务合规文化，并将其融入日常的企业文化建设活动中。具体体现为推广财务合规理念，树立财务合规意识，组织员工进行合规培训、学习相关财务知识，培养完善的财务风险意识。唯有文化先行，在后续的具体操作层面，才能够高效、准确地识别经营过程中的财务风险并依法进行相关工作。

（二）制定企业财务风险管控制度

企业应致力于构建财务合规体系，制定完备的财务风险管控制度，通过在企业日常经营的各个环节中建立行之有效的规章制度，为财务合规体系提供制度化支撑。例如，制定财务风险识别制度，结合企业业务活动、经营活动的流程，按照发生财务风险可能性的高低，对相关环节进行相应的管控，充分识别与提示可能的财务风险。

在实际操作层面，公司应当结合具体的业务流程，配套相关业务凭证的管理，包括款项支付凭据、业务合同、货物单据等，保证可以在出现问题时寻根溯源，通过完整的证据资料证明自身业务的真实性和合法性。例如，完善日常发票管理制度，在发票的印制、领购、开具、取得和保管等环节制定严格的管理制度；加强对日常经营活动中流转的各类发票的管控，严防高发的刑事风险。

此外，企业一方面应当完善账簿管理制度，保证账簿的整齐、清楚、科学；另一方面应当了解有关机关进行检查时的工作重点，以进行自我检查与纠正，避免账簿混乱引发的风险。

（三）加强内部审计

内部审计是防止上市公司出现问题的重要措施，对于确保公司财务数据完整可靠、财务报表真实披露等方面具有重要意义，要做到财税方面的合规，应当加强内部审计工作。具体提出如下建议：

第一，明确公司相关领导人员在内部审计工作中的职责范围。确定内部审计工作的主要负责人后，其应当直接领导内部审计相关机构或人员开展内部审计工作，制定并督促落实内部审计工作规划、计划，定期听取工作汇报，在发现问题后及时跟进整改，并负责管理内部审计队伍建设等重要事项。

第二，合理设置内部审计机构。公司可以结合本单位实际，明确履行内部审计职责的人员架构，甚至单独设置负责内部审计的部门。同时，为了避免出现影响独立、客观履行审计职责的情形，应当对审计机构和负责财务的机构予以充分的隔离，不得将监督与被监督的职能赋予同一主体。

第三，加强内部审计工作力量。公司可以根据内部审计工作需要，合理配备内部审计人员，同时，也可以充分利用社会审计力量，购买审计服务，包括聘用社会审计人员参与审计项目和委托社会审计机构独立实施审计项目等方式。此外，内部审计机构委托社会审计机构独立实施审计项目的，应当审定实施方案，加强跟踪检查，并对采用的审计结果负责。

（四）完善公司治理结构

上市公司财务造假并违规披露在实践中往往是由公司股东、实际控制人或者高管为实现一些商业目的甚至谋取个人利益而故意为之。不合理的股权结构，往往会导致大股东将公司视为“私产”，从自身利益考虑问题，进而导致不合规现象发生。

而良好的公司治理结构，能够有效促进董事会和经营管理者对财务状况保持严谨态度，在公司内部产生一定权力制衡作用，遏制相关人员实施财务造假等行为。所以，要在财税方面进行合规管理，还应该从改善公司自身治理结构的角度出发。

此外，公司还可以考虑完善独立董事制度，进一步优化独立董事的监督功能。独立董事独立于公司的经营管理活动，既不代表出资者，也不代表公司的管理层，对于公司的重大决策问题可以独立发表自己的观点，对公司运行具有监督作用。

但实践中，我国上市公司董事会中的独立董事大多是由控股股东或是董事会决定，形式性地报股东大会审议通过，因此很可能无法保证其独立性，在公司治理中往往发挥不了应尽的职责。

2021 年 11 月 12 日，广州市中级人民法院对全国首例证券集体诉讼案“康美药业案”作出一审判决，责令康美药业股份有限公司因年报等虚假陈述侵权赔偿证券投资者损失 24.59 亿元，原董事长、总经理马兴田及 5 名直接责任人员、正中珠江会计师事务所及直接责任人员承担全部连带赔偿责任，13 名相关责任人员按过错程度承担部分连带赔偿责任。其中，包括 5 名曾任或在职的独立董事，需要承担连带责任，合计赔偿金额最高约 3.69 亿元。该案判决对现有的独立董事制度实践提出挑战，强迫独立董事承担更为严苛的勤勉尽责义务，“打破独董是‘漂亮花瓶’的诅咒”。〔1〕

〔1〕 杨亚茹：“康美药业犯罪，为何独董们也被追责 3 亿?”，载 http://finance.sina.com.cn/jjxw/2021-11-18/doc-iktzscyy6203154.shtml，最后访问日期：2022 年 1 月 12 日。

第七章

上市公司经营管理者可能涉及的刑事犯罪

一、典型犯罪特征分析

职务类犯罪始终是上市公司经营管理者最容易触犯的罪名。此类案件通常通过公司内部报案，或由监管部门移送、有关机关主动调查等途径启动。特别是随着近年来相关部门不断加强对国有资产的监督管理，越来越多的职务类犯罪被曝光。

（一）职务侵占罪和挪用资金罪仍是最高发的职务类犯罪，背信损害上市公司利益罪成为新晋高发罪名

从相关罪名的最新数据来看，2021 年上市公司职务类犯罪所涉罪名案件数量最多的为职务侵占罪和挪用资金罪，其次为背信损害上市公司利益罪、贪污罪和贿赂犯罪〔1〕。作为 2021 年案发率最高的职务类犯罪，在 2016~2021 年上市公司犯罪的整体数据中职务侵占罪也位列前端。

值得注意的是，自证监会重拳出击，严厉打击证券市场乱象，规范证券市场秩序以来，背信损害上市公司利益罪成为新晋被频繁提及的罪名。背信损害上市公司利益罪，是指上市公司的董事、监事、高级管理人员违背对公司的忠实义务，利用职务便利，操纵上市公司无偿向其他单位或者

〔1〕根据《刑法》规定，贿赂犯罪包括非国家工作人员受贿罪，对非国家工作人员行贿罪，对外国公职人员、国际公共组织官员行贿罪，受贿罪，单位受贿罪，利用影响力受贿罪，行贿罪，对有影响力的人行贿罪，对单位行贿罪，介绍贿赂罪，单位行贿罪。

个人提供资金、商品、服务，为明显不具有清偿能力的单位或者个人提供担保，或者无正当理由放弃债权、承担债务等，致使上市公司利益遭受重大损失的行为。该罪主要为规范对上市公司具有忠实义务的董监高的履职行为。上市公司的董监高涉及违背忠实义务，利用职务便利，操纵公司从事不公平的交易，损害公司利益和其他公司股东利益的行为，或是破坏证券市场秩序的任何导致上市公司最终遭受重大利益损失的行为，都可能被追究此罪。

（二）贪污罪和贿赂犯罪作为企业运营中常见的职务类犯罪，在近年上市公司的职务类犯罪中占比亦较高

冰冻三尺非一日之寒，公司运营中的贪腐问题往往不是单独的、偶发性的，到东窗事发时企业往往已经病入膏肓、积重难返。从案发公司的犯罪途径来看，公司实际控制人、董事及高管可通过虚开发票、虚构报销事项或伪造业务交易合同等多种方式，侵占公司财物。

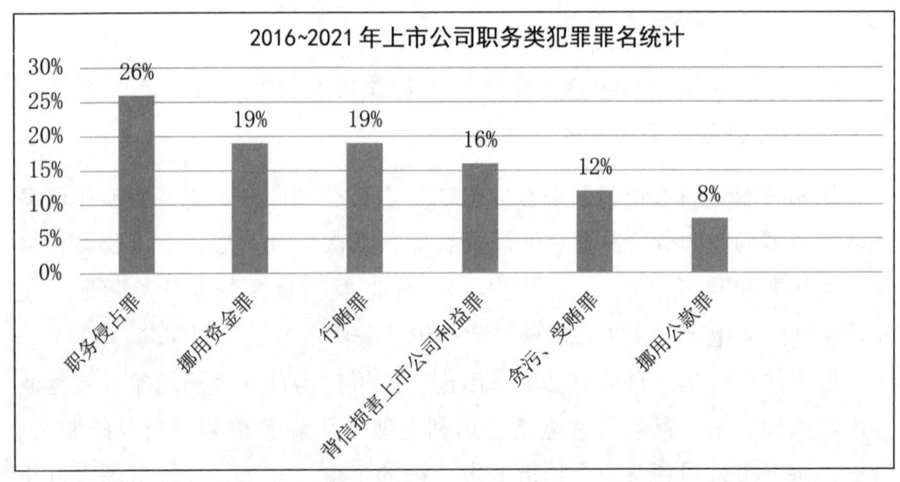

职务类犯罪主体呈现“高层犯罪”的特点。在上市公司职务类犯罪中，承担刑事责任的自然人主体涵盖公司的董事、高级管理人员、控股股东及子公司的实际控制人，总体呈现“高层犯罪”的特点。权力是一把双刃剑，在公司赋予董监高较高的管理权力的同时，也使其拥有贪婪吸食公

司利益的机会。从统计数据来看，上市公司涉及职务犯罪的主体还是多以公司董事、实际控制人、法定代表人这类公司“一把手”为主，也时有其他高管人员监守自盗的情形发生。

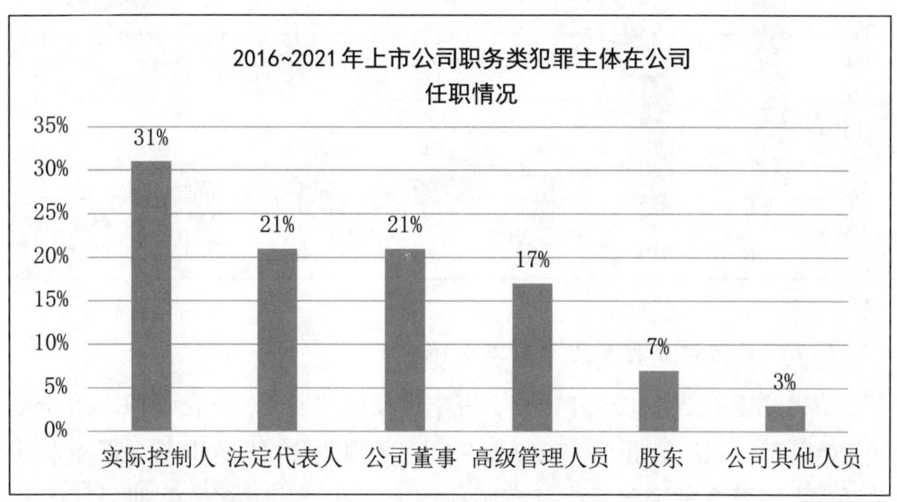

（三）涉职务类犯罪的上市公司主要集中在华东地区，公司巨额损失平均过亿

在2016~2021年统计的涉及职务类犯罪的上市公司中，近50%的公司来自华东地区。以江浙沪为代表的华东地区和以广州、深圳为代表的华南地区，因其经济发达，上市公司众多，竞争激烈，在上市公司的日常运营中职务类犯罪高发。其中，从行业角度来看，最频繁发生职务类犯罪的行业为制造业。其次是房地产业及批发零售业，金融业、软件信息业和医药行业也均有涉及。

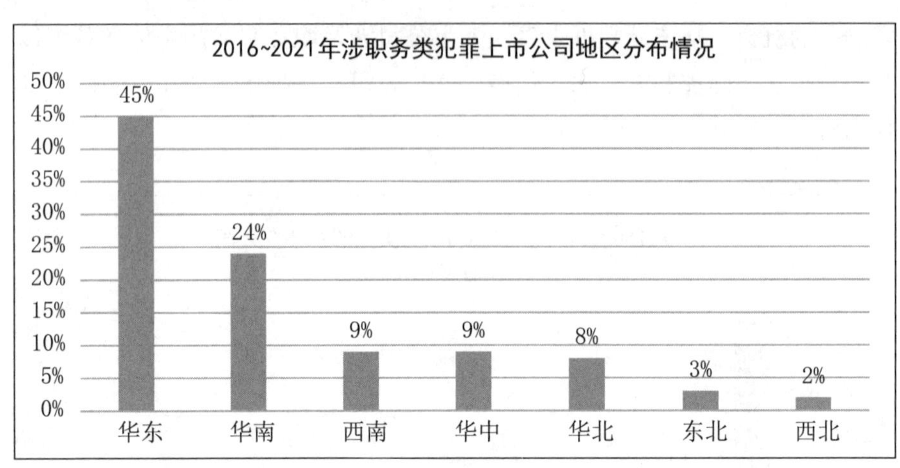

（四）背信犯罪打击力度不断加强

值得注意的是，2020年以来，资本市场风波不断，背信渎职也始终是证券监管部门执法的重点。2020年8月，某酒业公司发布其控股股东及其关联方占用资金的公告后，其实际控制人、高管相继被监管部门立案调查。2020年9月，其实际控制人因涉嫌信息披露违法违规被证监会立案调查，其他几位高管也被公安机关以涉嫌背信损害上市公司利益罪立案调查。

从前述案例可以看出，背信渎职的行为主体通常是上市公司内部人员，包括实际控制人、董监高或掌握上市公司内幕信息的相关人员。其行为主要发生在上市公司日常经营过程中，通常是损害上市公司自身利益或利用掌握的内部信息谋取个人私利。如果说财务造假是上市公司在经营不善、业绩较差的情形下采取的违规“自救”手段，那么背信渎职可能往往是导致上市公司陷入经营不善局面的罪魁祸首。经过分析总结，上市公司涉嫌背信渎职的行为类型主要表现在以下几个方面：第一，通过虚假交易、债务转移等手段直接向上市公司大股东提供资金；第二，控股股东或关联方违规占用上市公司资金；第三，上市公司违规为关联方担保、承担债务；第四，上市公司管理层利用职务便利侵占或挪用上市公司资金；第五，未按照规定及时、准确地针对违法占用资金、违规担保等情况进行信息披露；第六，上市公司内部人员利用掌握的上市公司内部消息进行内幕交易。

二、重点案例解读

（一）上市公司高管职务侵占、挪用资金罪案例分析

案情简介

案例一【职务侵占罪】

被告人李某于2006年12月入职被害单位A上市公司，从事销售工作，后担任销售部总经理。被告人刘某于2006~2010年在A上市公司销售部门担任销售一职，后辞职经营B公司。A上市公司根据市场客户需求的差异性，将市场划分为一级市场（大客户批发）、二级市场（散户零售），并制定了相应的一类价格（低）、二类价格（高），对不同的客户群体销售轮胎。

2014年3月至2017年9月，被告人李某、刘某经商议，决定利用李某经手A上市公司销售的职务便利以及公司管理的漏洞，由李某冒用A上市公司大客户C公司的名义，按一类价格向A上市公司下单，再由刘某安排人员冒用C公司的名义前往A上市公司的仓库提货。

刘某提货后，将A上市公司的轮胎在零售市场进行销售牟利，并按与李某约定的价格向其支付轮胎货款共计人民币2300万元。然而，李某并未将货款转回A上市公司。经查，被告人李某、刘某使用上述方式先后从A上市公司提走轮胎65 620条，按一类价格计算共计人民币2000万元。

被告人李某离职前，同A上市公司协商后按一类价格全额退还涉案轮胎的货款2000万元。后A上市公司向公安机关报案。

法院最终认定：被告人李某身为被害单位的工作人员，利用职务上的便利，伙同被告人刘某将本单位财产非法占为己有，其行为均已构成职务侵占罪。在案证据包括李某、刘某的供述、证人证言、劳动合同、订货单、仓储合同、出货记录、关于销售流程的情况说明、借记卡账户历史明细清单、抓获经过等。

案例二【挪用资金罪】

被告人张某于2014年9月29日入职B上市公司，担任法定代表人兼总经理。2014年12月2日，张某以借款给赵某为由，要求出纳王某将公司账户中的40万元汇入赵某账户。2015年2月2日，张某以向C医院返款为由，要求出纳王某将公司账户中的28万元汇入其个人账户。经查，该笔28万元款项并未用于给C医院返款，银行流水显示为张某个人消费。2015年3月9日，张某以D医院项目费用为由，要求公司财务将公司60万元汇入其个人账户，但张某并未将该款用于D医院项目，而是用于向其他公司投资入股。

案发后，张某辩解称，转给赵某的40万元系赵某向B上市公司的借款，应由赵某向公司偿还，不属于挪用资金。其余的88万元，是其本人以“C医院返款、D医院项目费用”的名义从B上市公司借款，虽然借款理由是编造的，但这些款项全部用于公司事务支出。

经查，张某离职后，B上市公司的财务移交单、明细分类账中对前述款项均有明确记载，未平账、销账。

检察院以张某涉嫌职务侵占罪提起公诉，但法院最终认定：张某利用担任B上市公司总经理的职务便利，挪用本单位资金128万元用于偿还借款或者用于投资营利，构成挪用资金罪。在案证据包括张某供述、证人证言、财务工作交接单、邮件、明细分类账、章程及修正案、股东会议决议、张某名下银行账户的历史交易明细表等。

法律规定

《刑法》第271条【职务侵占罪】

公司、企业或者其他单位的工作人员，利用职务上的便利，将本单位财物非法占为己有，数额较大的，处三年以下有期徒刑或者拘役，并处罚金；数额巨大的，处三年以上十年以下有期徒刑，并处罚金；数额特别巨大的，处十年以上有期徒刑或者无期徒刑，并处罚金。

国有公司、企业或者其他国有单位中从事公务的人员和国有公司、企业或者其他国有单位委派到非国有公司、企业以及其他单位从事公务的人员有前款行为的，依照本法第三百八十二条、第三百八十三条的规定定罪处罚。

《刑法》第272条【挪用资金罪】

公司、企业或者其他单位的工作人员，利用职务上的便利，挪用本单位资金归个人使用或者借贷给他人，数额较大、超过三个月未还的，或者虽未超过三个月，但数额较大、进行营利活动的，或者进行非法活动的，处三年以下有期徒刑或者拘役；挪用本单位资金数额巨大的，处三年以上七年以下有期徒刑；数额特别巨大的，处七年以上有期徒刑。

国有公司、企业或者其他国有单位中从事公务的人员和国有公司、企业或者其他国有单位委派到非国有公司、企业以及其他单位从事公务的人员有前款行为的，依照本法第三百八十四条的规定定罪处罚。

有第一款行为，在提起公诉前将挪用的资金退还的，可以从轻或者减轻处罚。其中，犯罪较轻的，可以减轻或者免除处罚。

律师点评

前述两个案例包括了职务侵占罪、挪用资金罪中常见的争议焦点，包括：如何区分这两个罪名、利用职务便利的认定、非法占有目的的认定、共同犯罪的认定，以及挪用资金归个人使用的认定等。下文将一一进行分析。

1. 同样是侵犯本单位的财产，为何案例一的李某、案例二的张某分别构成了职务侵占罪和挪用资金罪？

根据《刑法》第271、272条的规定，职务侵占罪和挪用资金罪，都是公司、企业或其他单位的工作人员[1]，利用职务上的便利，侵犯本单位财产的行为。正如前述两个案例，一个是侵占公司的货物，一个是转走公司的资金，都是侵犯公司财产的行为。但是，案例一的李某、案例二的

[1] 2020年12月26日公布的《刑法修正案（十一）》，将刑法第271第1款修改为："公司、企业或者其他单位的工作人员……" 自此，《刑法》第271条"职务侵占罪"与第272条"挪用资金罪" 对主体的表述均为"公司、企业或者其他单位的工作人员"。

张某却分别构成了两个不同的罪名。那么，法院是如何区分这两个罪名的呢？

第一，在犯罪对象方面，作为职务侵占罪对象的“本单位财物”，既包括单位现存的财物，也包括单位所有的财产性利益。[1]例如，公司仓库里的货物、账户里的资金、公司依据有效合同取得的财物，以及公司持有的股份等。案例一中，李某冒用C公司的名义向A上市公司下订单。C公司因未收到涉案轮胎而具有不支付货款的抗辩权。因此，被告人李某、刘某系通过冒用C公司名义的方式，从A上市公司提走涉案轮胎。其二人所侵占的，正是A上市公司存放在仓库的涉案轮胎。

值得注意的是，随着互联网技术的迅猛发展，“网络虚拟财产”也逐渐成为职务侵占罪的保护对象。例如，网民或者游戏玩家在网络游戏中的账号积累的“装备”“货币”“宠物”等。如果行为人利用职务便利盗卖“网络虚拟财产”，同样可能构成职务侵占罪。[2]

而挪用资金罪的行为对象仅仅是“本单位资金”，其范围明显小于职务侵占罪所保护的对象。例如，案例二中，张某指示公司出纳将B上市公司账户的资金转走。毫无疑问，张某所侵犯的对象正是B上市公司的资金。

第二，在主观方面，职务侵占罪需要行为人具有非法占有目的。具体而言，是指行为人明知是本单位财物，仍希望利用职务之便非法转为自己或第三者不法所有。案例一中，李某明知其以C公司名义提走的轮胎必须通过C公司的对公账户向A上市公司支付货款，而无法通过其他个人途径进行回款，仍旧伙同刘某冒用C公司的名义不断提走A上市公司的轮胎。这足以说明李某具有非法占有A上市公司财物的主观目的。

而挪用资金罪，是指行为人明知是本单位的资金，为了本人或者他人使用，而擅自动用。行为人虽然具有一定期间内非法占用本单位资金的目的，但却准备日后归还，而非永久占为己有。案例二中，张某虽然指示B

〔1〕 参见张明楷：《刑法学（第五版）》，法律出版社2016年版，第1022页。

〔2〕 参见王一辉、金珂、汤明职务侵占案，《刑事审判参考》（2007年第5集，总第58集）第461号。

上市公司的出纳直接将公司账户的资金转走，但是，该款项在B上市公司账目中有明确记载。而且，张某离职后，B上市公司的财务工作交接单中对这几笔款项也明确记载为借款，未平账、销账。因此，法院最终没有认定张某具有非法占有相关款项的目的。

2. 案例一的李某、案例二的张某是否利用了职务上的便利?

根据《刑法》规定，与普通侵犯财产类犯罪相比，职务侵占罪和挪用资金罪的特殊之处在于行为人利用了职务之便，不但侵犯了单位财产权，还违背了自身的职责勤勉要求。而认定是否具有职务上的便利，不能以行为人是正式工、合同工还是临时工为划分标准，而应当从其所在的岗位和所担任的工作上看其有无主管、管理或者经手单位财物的职责。[1]

案例一中，李某伙同刘某侵占A上市公司的轮胎，显然是利用了李某在A上市公司主管销售部的职务之便。李某在A上市公司担任销售部总经理一职，其可以拿到一级市场大客户的批发价格（一类价格）。此外，李某也清楚地知道销售部有一个特定的销售项是“自提货物”，价格是一类价格且货款结算期由销售部总经理自行决定。因此，李某正是利用其主管销售部的职务便利，伙同刘某通过冒用大客户名义的方式，侵占A上市公司的轮胎，并在零售市场销售牟利。

案例二中，张某指示财务转走资金，也是利用了其担任B上市公司总经理，主管公司财务的职务之便。根据B上市公司出具的任职证明，张某为公司的法定代表人兼总经理。而根据B上市公司出纳王某的证言，其几次从公司账户转走资金，均是根据张某的指示，且经过了张某的邮件审批同意。需注意，尽管张某系B上市公司的实际控制人，但公司具有独立的法人资格，享有独立的财产权利，公司资金的支配和使用应严格按照公司法和公司财务管理制度进行。即使是公司的总经理、法定代表人，在没有任何贸易背景或业务往来的情况下，也不能擅自将公司资金转归个人使用。可见，张某实际上就是利用职务便利，为个人谋取私利。

值得注意的是，实践中，主管、管理、经手单位财物的通常不是一

---

〔1〕 参见于庆伟职务侵占案，《刑事审判参考》（2003年第2集，总第31集）第235号。

人。出于相互制约、互相监督的需要，单位财务的支配权、处置权及管理权往往由两人或两人以上共同行使。这种情况下，行为人的管理权能以及因该管理权所产生的便利亦不因有其他共同管理人而受到影响，其单独利用其管理职务便利窃取本单位财物的行为不影响“利用职务上的便利”的认定。[1]

3. 如何认定案例一的李某、案例二的张某是否具有非法占有目的？

如前所述，行为人是否具有非法占有目的，是职务侵占罪和挪用资金罪的重要区别。而如何准确判断行为人是否“以非法占有为目的”是司法实践中的难点。

前述两个案例中，李某侵占公司货物、张某转走公司资金，其二人在案发之时均未向单位归还相应的货款或资金。然而，这并不意味着其二人一定具有非法占有目的。只有结合案件的其他事实，才可以认定行为人是否具有非法占有目的。

案例一中，李某系冒用C公司的名义向A上市公司下单，并到仓库提货，企图隐瞒其向不符合条件的客户（刘某）销售轮胎的真相。此外，李某作为销售部的总经理，其明知涉案轮胎的货款必须通过C公司的对公账户进行支付，而不能通过其他个人途径进行支付。因此，李某显然无法通过C公司进行回款。这也是其在案发之前始终没有向A上市公司支付货款的原因。在A上市公司进行内部调查时，李某拒不交代涉案轮胎的真实去向，致使A上市公司的轮胎或者相应的货款均无法收回。前述客观行为足以反映出李某根本没有打算归还A上市公司的货款，而是意图通过编造事实或者隐瞒真相的方式，侵吞涉案轮胎，应认定其具有非法占有目的。

尽管被告人李某在案发后与A上市公司协商，按一类价格将涉案轮胎的货款人民币2000万元退还给A上市公司。但被告人刘某根据李某提供的信息从仓库提走涉案轮胎后，李某、刘某就已经实现了对涉案轮胎的非法占有，犯罪行为已经既遂。事后的退赃退赔行为，不影响对其二人行为的评价，但可以在量刑时酌情予以考虑。

---

[1] 参见刘宏职务侵占案，《刑事审判参考》（2008年第6集，总第65集）第516号。

而案例二中，尽管张某也是虚构理由，指示出纳转走公司资金，但是，B上市公司的明细分类账对这几笔款项均明确记载为“付款/员工借款/张某”。哪怕是张某离职后，财务工作交接表上仍记载为“张某，借款××元，支出凭单无签字有邮件”。此外，根据B上市公司财务人员的证言，公司明细分类账记载的“借款”不是民事借贷法律关系中的借贷行为，而是B上市公司使用的一种财务记账表达方式。财务部对员工从公司预支的费用称为“借款”，员工事后提交发票报销后会冲抵“借款”。综上，由于张某指示出纳从公司转走的款项在财务账目中均有明确记载，且财务工作交接表中对这几笔款项也明确记载为借款，未平账、销账。因此，不能认定张某具有非法占有目的。然而，张某系编造理由从公司支取款项，其实际用于个人支出，侵犯了单位对资金的占有权、使用权和收益权，法院最终将张某的行为认定为挪用资金。

综上，根据刑法主客观相一致的原则，“以非法占有为目的”认定既要避免单纯根据损害后果进行客观归罪，也不能仅凭行为人自己的供述证明，而必须坚持在客观基础上的主观判断，即在查明客观事实的前提下，根据一定的经验法则或者逻辑规则，推定行为人的主观目的。

4. 案例一的李某和刘某是否属于共同犯罪？

根据《刑法》第25条第1款的规定，共同犯罪是指二人以上共同故意犯罪。司法实践中，认定共同犯罪通常要考虑主客观两方面的条件，即各行为人具有共同的犯罪故意和共同的犯罪行为。

共同的犯罪故意，意味着各行为人都明知共同犯罪行为的性质、危害结果，并且希望或者放任危害结果的发生。与此同时，也要求各行为人主观上有意思联络，都意识到自己不是在孤立地实施犯罪，而是同他人一起共同犯罪。而共同的犯罪行为，不仅指各行为人都实施了属于同一犯罪构成的行为，而且指各人的行为在共同故意支配下相互配合、互相协调、互相补充，形成一个整体。在发生了危害结果的情况下，各人的行为作为一个整体与危害结果之间具有因果关系，故也可以肯定个人的行为与危害结果之间具有因果关系，各人均应对危害结果承担责任。

案例一中，刘某始终辩称其已将轮胎货款2300万元支付给李某，对于李某未将货款交还给A上市公司的情况，刘某表示并不知情。然而，笔者认为，李某、刘某相互配合从A上市公司仓库提走轮胎，应当认定为共同犯罪。

首先，李某、刘某具有非法侵占A上市公司轮胎的共同故意。刘某明知自己不属于A上市公司的大客户，无法以一类价格从A上市公司采购轮胎。于是，刘某与李某商议，利用李某主管销售部的职务便利，按一类价格采购轮胎，进而销售牟利。因此，李某、刘某均具有利用李某职务便利，通过不正当途径获取A上市公司涉案轮胎的共同故意。其次，李某、刘某具有获取A上市公司涉案轮胎的共同行为。李某利用其作为总经理的职务便利，冒用C公司的名义向A上市公司下订单，完成审批流程，并向涉案轮胎所在仓库的工作人员通知提货。随后，由刘某安排车辆冒用C公司的名义到涉案仓库完成提货。李某、刘某两人的行为缺一均不能实现对涉案轮胎的占有。最后，刘某按照约定的价格向李某支付货款共计人民币2300万元，其行为看似“向被告人李某进货并进行销售的正常商业行为”，但其明知涉案轮胎的来源并非合法途径，且其亦积极参与其中以获取涉案轮胎，故其销售行为本身是销赃变现的过程。至于其将销售所得的大部分赃款以货款的形式转给李某，在量刑时可以对其酌情从轻考量。

5. 案例二的张某是否属于“挪用资金归个人使用”?

根据《刑法》第272条的规定，挪用资金构成犯罪的，分为三种情形：其一，挪用单位资金归个人使用或者借贷给他人，数额较大、超过三个月未还的；其二，挪用单位资金进行营利活动的，只要求数额较大，不要求超过3个月未还；其三，挪用单位资金进行非法活动的，对挪用数额和时间均无要求。

实践中，对于挪用资金进行营利活动或非法活动易于判断，而如何判断“挪用资金归个人使用或借贷给他人”是司法实践中认定的难点。为此，2000年《最高人民法院关于如何理解刑法第二百七十二条规定的“挪用本单位资金归个人使用或者借贷给他人”问题的批复》明确：“公司、企业或者其他单位的非国家工作人员，利用职务上的便利，挪用本单位资金归本人或者其他自然人使用，或者挪用人以个人名义将所挪用的资金借给其他自然人和单位，构成犯罪的，应当依照刑法第二百七十二条第一款的规定定罪处罚。”

案例二中，张某指示公司出纳将40万元转至赵某的账户，且公司账目上记载为“借款”。根据前述批复的规定，张某挪用公司的资金归赵某使用，无论其用于偿还个人借款还是借给他人，均属于挪用资金归个人使用的行为。而张某编造“C医院返款、D医院项目费用”等理由，实际将公司的资金用于个人消费、投资入股，也属于挪用资金归个人使用的情形。

（二）上市公司商业贿赂类犯罪案例分析

案情简介

李某为某上市企业集团全资控股的A公司董事长、总经理、法定代表人。

事实1：

2014~2017年，李某在A公司从事旅游购物商品出口项目的报关、贸易等业务并领取政府专项补贴过程中，找到原市商务委主任张某为A公司谋取不正当利益，先后7次向张某贿送现金人民币2万元和价值14万元的购物卡。

2016年1月，李某为A公司能顺利开展旅检渠道旅游购物商品出口项目的代理报关等业务，并能将获得的政府外贸专项补贴标准从每出口1美元补贴人民币1分钱提高到每出口1美元补贴人民币2分钱，找到张某寻求帮助，承诺A公司成功获得上述补贴后按增量部分利益的40%即人民币800万元送给张某。张某即协调相关人员运作，后A公司获取第一批扶持资金人民币360.77万元。2017年9月，因张某涉嫌犯罪被立案调查，李某承诺给予的上述贿款人民币800万元亦未实际送出。

事实2：

2014~2016年，李某在为A公司的下属公司B承接某国有物流企业的出口分运单拼装经营业务和国际货站搬运外包业务过程中，指使A公司副总经理田某找到该国有物流企业的总经理杨某谋取不正当利益，先后4次向杨某贿送现金人民币750万元。

事实3:

2013~2017年，李某为A公司能够得到某韩国航空公司原销售经理贾某保障A公司航线的货运仓位的帮助，以及为得到B公司承接韩国航空公司外包的货物打包装卸业务的帮助，使用李某名下银行卡，以给予回扣的方式向贾某贿送人民币453 345.27元。

本案经过监委调查、检察机关审查起诉及一审法院审判三个阶段，对事实1认定为单位行贿罪（2万元人民币和14万元购物卡既遂）、单位对有影响力的人行贿罪（人民币800万元未遂）；对事实2认定为单位行贿罪；对事实3认定为单位对非国家工作人员行贿罪。

法律规定

《刑法》第391条【对单位行贿罪】

为谋取不正当利益，给予国家机关、国有公司、企业、事业单位、人民团体以财物的，或者在经济往来中，违反国家规定，给予各种名义的回扣、手续费的，处三年以下有期徒刑或者拘役，并处罚金。

单位犯前款罪的，对单位判处罚金，并对其直接负责的主管人员和其他直接责任人员，依照前款的规定处罚。

《刑法》第393条【单位行贿罪】

单位为谋取不正当利益而行贿，或者违反国家规定，给予国家工作人员以回扣、手续费，情节严重的，对单位判处罚金，并对其直接负责的主管人员和其他直接责任人员，处五年以下有期徒刑或者拘役，并处罚金。因行贿取得的违法所得归个人所有的，依照本法第三百八十九条、第三百九十条的规定定罪处罚。

《刑法》第164条【对非国家工作人员行贿罪】

为谋取不正当利益，给予公司、企业或者其他单位的工作人员以财物，数额较大的，处三年以下有期徒刑或者拘役，并处罚金；数额巨大的，处三年以上十年以下有期徒刑，并处罚金。

……

单位犯前两款罪的，对单位判处罚金，并对其直接负责的主管人员和其他直接责任人员，依照第一款的规定处罚。

行贿人在被追诉前主动交待行贿行为的，可以减轻处罚或者免除处罚。

律师点评

该案例涵盖了贿赂犯罪中的不少焦点问题，如行贿和商业馈赠的界限在哪？如，上述行贿事实均由李某实施或指使，为何均认定成单位行贿行为？一家企业的行贿行为同时涉及三个罪名，又是如何认定的？

1. 如何区分行贿和商业馈赠？

在事实1中，公司向张某贿送钱款和购物卡时，仅是出于逢年过节的人情往来，该几笔款项确实无具体的请托事项，那么这种情况是否可以商业馈赠为由出罪？

根据《最高人民法院、最高人民检察院关于办理商业贿赂刑事案件适用法律若干问题的意见》第10条，要注意区分贿赂与馈赠的界限：（1）发生财物往来的背景，如双方是否存在亲友关系及历史上交往的情形和程度；（2）往来财物的价值；（3）财物往来的缘由、时机和方式，提供财物方对于接受方有无职务上的请托；（4）接受方是否利用职务上的便利为提供方谋取利益。

虽然在逢年过节时向张某贿送钱款和购物卡在表面上看比较接近人情往来，在送礼时也确实并无具体请托事项，但结合整个事件背景和过程来看，A公司仍然是有求于张某而并非是单纯的人情往来，从2016年1月的请托事项就不难看出，零星的贿送仍然被赋予了业务中期望张某予以帮助和便利的期待。

另外，从追诉标准的角度来看，根据《最高人民法院、最高人民检察院关于办理贪污贿赂刑事案件适用法律若干问题的解释》，为谋取不正当利益，向国家工作人员行贿，数额在三万元以上的，应当以行贿罪追究刑事责任。行贿数额在一万元以上不满三万元，具有下列情形之一的，应当依照刑法第三百九十条的规定以行贿罪追究刑事责任：（一）向三人以上行贿的；（二）将违法所得用于行贿的；（三）通过行贿谋取职务提拔、调整的；(四) 向负有食品、药品、安全生产、环境保护等监督管理职责的国家工作人员行贿，实施非法活动的；(五) 向司法工作人员行贿，影响司法公正的；(六) 造成经济损失数额在五十万元以上不满一百万元的。

那么，如果单次贿送现金或购物卡价值较小，没有达到三万元的，是否能够出罪？根据《最高人民法院、最高人民检察院关于办理行贿刑事案件具体应用法律若干问题的解释》第 5 条，多次行贿未经处理的，按照累计行贿数额处罚。所以，如果在定性上，无法作为商业馈赠认定，那么将分次贿送的钱物累计计算，也达到了刑事追诉标准。

2. 单位犯罪还是自然人犯罪?

本案中，李某为 A 公司的实际经营管理者，其向相关国家工作人员、非国家工作人员行贿的决策由其独立作出，并未通过公司内部的决策机构或与其他股东进行商量，那么是否可以由此判定是李某自然人行贿罪?

在案件侦办过程中，公安机关向检察机关专门提交了一份说明，认为：经调取李某时任法定代表人、董事长、总经理的 A 公司 2013~2017 年的全部股东会议纪要、决议文件，未发现股东决议中有对行贿事项进行决议的相关内容，暂无证据证明该案系单位犯罪。公安机关似乎认为经过单位集体决策是构成单位犯罪的要件，没有集体决策程序即不构成单位犯罪。

但在审查起诉阶段，检察机关对该意见予以了纠正：虽然从决策过程看，确实由李某独自决定并实施；但从行贿的目的出发，其是为了整个 A 公司能获取更多的政府补贴和业务上的关照；从实际获益来看，最终由 A 公司享受了受贿人帮助取得的不正当利益；从行贿所使用的资金来看，该等资金亦由 A 公司账上支出。所以，尽管形式上并非经单位集体意志作出决策，但实质上该行为系以公司名义、为了公司利益，应认定成是单位犯罪。

3. 受贿人身份的辨明

在事实 1 中，A 公司对张某行贿 800 万元未遂，对该事实，办案机关原本同样认定为单位行贿。但经仔细审查发现，张某在 2015 年 12 月时已退休，实际上系离职的国家工作人员，对已经离职的国家工作人员贿送钱款并谋取不正当利益，属于对有影响力的人行贿。性质和罪名的变更，降低了A公司及李某可能面临的刑罚。

(三) 背信损害上市公司利益罪案例分析

案情简介

2006年，刘乙经营的Z公司在曹某（时任A省人民政府副秘书长）的介绍下，以代储代销形式向G公司销售PDC钻头及配件。2007年12月，G公司在上海证券交易所上市。2008年3月，G公司欲采取公开招标形式采购PDC钻头及配件，刘乙所经营的Z公司已更改为Z'公司，因不符合供应商资格而被G公司停止供应PDC钻头等矿用配件业务。同年4月，曹某任HN市代市长，其妻刘乙告知上述被停止供应业务一事，后曹某与时任G公司总经理刘甲谈论此事。2008年5月27日，在曹某的授意下，刘乙以Z'公司名义向G公司出具了一份《关于申请产品供货的报告》，以达到向G公司继续供货的目的。后刘甲自行在该份报告上签字同意，并让时任G公司企管部部长田某具体负责此事，同时向其明确说明该公司是市长曹某妻子刘乙经营的。后田某按照刘甲的指示，又让时任G公司企管部副部长赵某、供应部部长倪某具体安排工作人员与Z'公司工作人员商谈，并明确在价格上要予以"照顾"。2008年6月23日，G公司企管部和供应部联合盖章，向刘甲请示，建议以"议价"价格采购Z'公司的PDC钻头，并将议价价格列明，向刘甲请示，刘甲在请示报告上签字同意。最终刘乙的Z'公司以议价形式，且用明显高于市场价格的售价，从2009年开始向G公司供应PDC钻头及配件直至2012年。期间，在2011年，刘乙出资注册成立Z2公司。2012年2月，Z2公司合并了Z'公司。经审计，自2009~2012年，G公司以上述明显不公平的条件，接受Z'公司、Z2公司销售的钻头，造成G公司直接经济损失人民币1 844.64万元。

2009年11月至2011年11月，时任G公司法定代表人、董事长的于某使用G公司公章，以G公司名义，为明显不具有清偿能力的控股股东大G集团等关联方提供担保24笔，金额计人民币16 035万元，占G公司2011年12月31日经审计的净资产的比例为101. 29%。其中2008年11月1日至2009年10月31日连续12个月的担保累计数额为人民币12 005万元，占G公司2011年12月31日经审计的净资产的比例为75.83%。G公司对上述担保事项未按规定履行临时公告披露义务，也未在2009年年报、2010年年报、2011年半年报中进行披露。截止到2011年12月31日，大G集团以及于某通过以股抵债或用减持股票款向债权人偿还的方式，清偿了全部债务，已经解除了担保人G公司的保证责任。

法院认为，被告人刘甲作为G公司这家上市公司的高级管理人员，明知刘乙经营的公司向G公司提供的产品价格远高于市场价格，仍同意其通过议价的方式向公司供货，属于以明知不公平条件接受他人商品，违背了对公司的忠实义务，致使G公司利益遭受重大损失，其行为已构成背信损害上市公司利益罪。依法判处刘甲有期徒刑十个月，并处罚金人民币十万元。被告人于某作为G公司违规担保并隐瞒不予披露行为的直接主管人员，其行为已构成违规不披露重要信息罪。公诉机关起诉指控于某违规不披露重要信息罪的事实清楚，证据确实、充分，罪名成立，但指控的背信损害上市公司利益罪因构成该罪必须以“致使上市公司利益遭受重大损失”为条件，于某虽有操纵上市公司向明显不具有清偿能力的关联企业提供担保的行为，但鉴于其违规担保的风险在公安机关立案前已全部化解，未给G公司造成实际损失，因此于某的行为不构成背信损害上市公司利益罪。最终依法判处于某犯违规不披露重要信息罪，判处拘役三个月，缓刑六个月，并处罚金人民币二十万元。

法律规定

《刑法》第169条之一【背信损害上市公司利益罪】

上市公司的董事、监事、高级管理人员违背对公司的忠实义务，利用职务便利，操纵上市公司从事下列行为之一，致使上市公司利益遭受重大损失的，处三年以下有期徒刑或者拘役，并处或者单处罚金；致使上市公司利益遭受特别重大损失的，处三年以上七年以下有期徒刑，并处罚金：

（一）无偿向其他单位或者个人提供资金、商品、服务或者其他资产的；

（二）以明显不公平的条件，提供或者接受资金、商品、服务或者其他资产的；

（三）向明显不具有清偿能力的单位或者个人提供资金、商品、服务或者其他资产的；

（四）为明显不具有清偿能力的单位或者个人提供担保，或者无正当理由为其他单位或者个人提供担保的；

（五）无正当理由放弃债权、承担债务的；

（六）采用其他方式损害上市公司利益的。

上市公司的控股股东或者实际控制人，指使上市公司董事、监事、高级管理人员实施前款行为的，依照前款的规定处罚。

犯前款罪的上市公司的控股股东或者实际控制人是单位的，对单位判处罚金，并对其直接负责的主管人员和其他直接责任人员，依照第一款的规定处罚。

律师点评

针对上市公司大股东、实际控制人操纵上市公司，尤其是大股东、实际控制人占用上市公司资金、违规担保、违规关联交易等问题，证监会于2001~2005年间先后颁布了《上市公司检查办法》[1]《关于规范上市公司与关联方资金往来及上市公司对外担保若干问题的通知》《关于加强社会公众股股东权益保护的若干规定》《关于提高上市公司质量的意见》等文件予以规制，但仍无法有效抑制上述问题。2006年6月29日通过的《刑法修正案（六）》增设背信损害上市公司利益罪，将部分严重损害上市公司利益的行为规定为犯罪，纳入刑法调整的范围。具体而言，背信损害上市公司利益罪是指上市公司的董事、监事、高级管理人员违背对公司的忠实义务，利用职务便利，操纵上市公司，损害上市公司利益，致使上市公司利益遭受重大损失的行为。

[1] 2010年12月16日，中国证券监督管理委员会发布《关于废止部分证券期货规章的决定（第十批）》，《上市公司检查办法》已于2010年5月20日被废止。

在近年多发的上市公司高管犯罪案件中，以上市公司董监高为犯罪主体的背信损害上市公司利益罪在实践中屡被提及；本罪的法律规定较为原则化，且未有具体的司法解释与最高人民法院、最高人民检察院指导性案例，因此在认定上也存在一定的争议，引起了广泛关注与讨论。

1. 立案追诉标准中需明确的概念

《立案追诉标准（二）》第 18 条规定了背信损害上市公司利益罪的相关立案追诉标准。[1]对于这一规定，有以下三个概念需进行界定：

（1）本罪属于结果犯

《刑法》第 169 条之一的罪状中要求“致使上市公司利益遭受重大损失”，“上市公司利益遭受重大损失”这一犯罪结果是否出现直接影响到本罪的成立，没有这一危害结果则不成立本罪。根据《立案追诉标准（二）》第 18 条的规定，“致使上市公司利益遭受重大损失”一般是指上市公司直接经济损失数额在一百五十万元以上或致使公司发行的股票、公司债券或者国务院依法认定的其他证券被终止上市交易或者多次被暂停上市交易。实践中，若上市公司董监高实施背信行为致使上市公司财产遭受重大损失，但在案发前及时实施其他行为补救，并没有使上市公司利益受损的，不成立本罪。

在前述案例中，公诉机关最初指控于某构成背信损害上市公司利益

〔1〕《最高人民检察院、公安部关于公安机关管辖的刑事案件立案追诉标准的规定（二）》第 18 条：［背信损害上市公司利益案（刑法第一百六十九条之一）］上市公司的董事、监事、高级管理人员违背对公司的忠实义务，利用职务便利，操纵上市公司从事损害上市公司利益的行为，以及上市公司的控股股东或者实际控制人，指使上市公司董事、监事、高级管理人员实施损害上市公司利益的行为，涉嫌下列情形之一的，应予立案追诉：（一）无偿向其他单位或者个人提供资金、商品、服务或者其他资产，致使上市公司直接经济损失数额在一百五十万元以上的；（二）以明显不公平的条件，提供或者接受资金、商品、服务或者其他资产，致使上市公司直接经济损失数额在一百五十万元以上的；（三）向明显不具有清偿能力的单位或者个人提供资金、商品、服务或者其他资产，致使上市公司直接经济损失数额在一百五十万元以上的；（四）为明显不具有清偿能力的单位或者个人提供担保，或者无正当理由为其他单位或者个人提供担保，致使上市公司直接经济损失数额在一百五十万元以上的；（五）无正当理由放弃债权、承担债务，致使上市公司直接经济损失数额在一百五十万元以上的；（六）致使公司发行的股票、公司债券或者国务院依法认定的其他证券被终止上市交易或者多次被暂停上市交易的；（七）其他致使上市公司利益遭受重大损失的情形。

罪，但在公安机关立案前，大G集团以及于某通过以股抵债或用减持股票款向债权人偿还的方式，清偿了全部债务，积极解除了G公司的保证责任，从而未给G公司造成直接经济损失。正是基于缺少结果要件，法院认定于某并不构成背信损害上市公司利益罪，最终以违规不披露重要信息罪追究于某的刑事责任。一定程度上，“致使上市公司利益遭受重大损失”是构成背信损害上市公司利益罪的关键性要件，但如果只是并未造成上市公司损失，涉案行为仍可能符合违规披露、不披露重要信息罪的构成要件。无论是财务造假抑或是上市公司董监高违规利益输送，在客观上都具备违规披露、不披露重要信息罪的行为特征，但在具备了“致使上市公司利益遭受重大损失”的情况下，董监高很可能会被以背信损害上市公司利益罪追究刑事责任。

（2）重大损失的认定

在重大损失的认定上，《立案追诉标准（二）》第18条规定中前五项对应《刑法》第169条之一规定的五项具体行为，均以直接损失一百五十万元为重大损失的标准。行为人如果实施了损害上市公司利益的行为，但没有给公司造成损失，或损失小于一百五十万元的，则不以犯罪论处。该追诉起点远超职务侵占罪、挪用资金罪的起刑点，且本罪只以“直接”损失为追诉标准，不考虑间接损失。即便只考虑直接损失，损失数额的认定在实践中也存在一定难度。如对于造成损失数额交易范围的界定、账目问题的鉴定标准等专业问题都亟待司法解释予以解答。

（3）对于特别重大损失无明确标准规定

《立案追诉标准（二）》第18条没有明确《刑法》第169条之一规定的特别重大损失的标准。因上市公司交易数额往往动辄以千万计量，简单确定的数额规定很难衡量体量各不相同的上市公司的“特别重大损失”。而对上市公司而言，具有共性的重大影响无疑是被终止上市交易或暂停上市，在被剥夺参与资本市场博弈的资格后，上市公司无疑将遭受重大损失。因此，《立案追诉标准（二）》第18条第6项把“终止上市交易或者多次被暂停上市交易”这一情节作为一百五十万元重大损失数额标准的例外，这一点对于特别重大损失的数额标准的确定具有很大的参考意义。

2. 如何界定上市公司高管构成背信损害上市公司利益罪

(1) 主体并不限于董监高

本罪的主体为上市公司的董事、监事、高级管理人员，对于高级管理人员的认定的依据为《中华人民共和国公司法》（以下简称《公司法》）第216条第1项的规定，高级管理人员，是指公司的经理、副经理、财务负责人，上市公司董事会秘书和公司章程规定的其他人员。

根据《刑法》第169条之一第2款的规定，上市公司的控股股东或者实际控制人也可成为背信损害上市公司利益罪的主体。因控股股东或者实际控制人指使上市公司董事、监事、高级管理人员实施损害上市公司利益的行为，依照背信损害上市公司利益罪进行处罚。第169条之一第2款没有采用“以……论处”的立法用语，可见本款立法原意并非将其以共同犯罪看待，且对“指使”行为作出专门规定，即明确规定对本款犯罪依第1款规定单独处罚，意即不按共同犯罪处理，所以“控股股东、实际控制人”虽不具备管理上市公司的特殊职务身份，刑法第169条之一第2款也将其拟制为犯罪主体，构成独立犯罪。

(2) 何为“违背忠实义务”

所谓“背信”即违背对公司的忠实义务，刑法中并未规定何为“忠实义务”，明确提及“忠实义务”的是《公司法》第147条。[1]“忠实义务”是指公司高级管理人员应当忠实履行职责，其自身利益与公司利益发生冲突时，应当维护公司利益，不得利用高级管理人员的地位牺牲公司利益为自己或者第三人牟利。[2]但是何为“违背忠实义务”，在司法实践中判断起来存在一定的争议。

在前述刘甲案中，刘甲是出于为G公司谋利的“公心”而实施了与刘乙的合作——刘甲考虑公司长远发展需要市领导的招标，因此在明知刘乙

---

〔1〕《公司法》第147条：董事、监事、高级管理人员应当遵守法律、行政法规和公司章程，对公司负有忠实义务和勤勉义务。董事、监事、高级管理人员不得利用职权收受贿赂或者其他非法收入，不得侵占公司的财产。

〔2〕参见山东海之杰纺织有限公司、艾哈迈德·盖博损害公司利益责任纠纷案，(2020) 最高法民申640号民事裁定书。

经营的公司不符合供应钻头的招投标公司资质的情况下，特批并以“议价”的方式向刘乙公司采购，采购价格也高于市场价格。尽管刘甲主观上出于“公心”而为之，但客观上确实因此不公平的交易致使上市公司利益遭受重大损失。对此，法院认为，刘甲作为G公司的高级管理人员，在日常管理中，应为公司的利益善意地处理公司事务、处置公司财产，其行使权力的目的也要是为了公司的利益。但在本案中，Z’公司违规向G公司供货这一事情上，被告人刘甲没有忠实于公司，违反了对公司的忠实义务，其行为已严重影响了公司及股东的利益，破坏了市场经济秩序，符合背信损害上市公司利益罪客体要件要求。结合法院的判决，我们认为，对于违背忠实义务的认定应当就事论事。从《立案追诉标准（二）》中所要求的“直接经济损失”来看，应当判断在给上市公司造成直接损失的事件中，相关高级管理人员是否为公司利益着想、是否违背忠实义务。此外，还需要从形式上把握上市公司高管的相关行为是否符合法律法规及上市公司章程规定，从形式和实质双重角度判断是否违背忠实义务。

(3)“利用职务便利”的界定

“利用职务便利”是指上市公司董监高利用自身所具有的职权或者与职权相关的便利条件。如利用职务便利操纵上市公司从事不正当关联交易，指使下级员工转让公司财产等。该种职务便利更多地表现为上市公司高管本身所具有的权力及影响力，该影响力使其更便于操纵会议决定或者下级员工行为，致使上市公司利益造成重大损失。在前述案例中，刘甲因曹某请托，不顾公司规定，在明知刘乙经营的公司不符合招投标条件的情况下，利用职务便利，不仅让其公司继续供货，还明确让下属工作人员在采购价格上予以关照，客观上帮助了刘乙经营的公司获得了不当利益；尽管刘甲不再担任主管此项业务的总经理，由于其在2011年又继任该公司董事长一职，虽然自己没有具体操作该事，但是对Z公司及之后变更的Z’公司持续向公司供货一事也是明知的，其影响力一直存在，依然应当认定为“利用职务便利”。

3.“采用其他方式损害上市公司利益”的界定

《刑法》第169条之一规定“上市公司的董事、监事、高级管理人员违背对公司的忠实义务，利用职务便利，操纵上市公司从事下列行为之一，致使上市公司利益遭受重大损失的，处……”，采用列举式的方式描述了该罪的罪状，同时在第6项中采用兜底方式规定了“采用其他方式损害上市公司利益的”行为，以避免其他千奇百怪的“掏空”上市公司的行为得不到刑法规制。在法条列举的第1项至第4项中，上市公司高管采用积极的方式对外向关联主体提供某种帮助，且这种帮助损害了上市公司利益。第5项为上市公司高管采用消极的方式放弃本该属于上市公司的利益，前5项行为的共同特征是上市公司高级管理人员通过与关联主体不正当交易“掏空”上市公司。

在解释和适用第6项的兜底条款时，应根据刑法的体系解释和目的解释的方法，采用相当性解释，即将“其他方式损害上市公司利益的行为”限制在其他通过与关联主体进行不正当交易“掏空”上市公司的行为，而非将所有损害公司利益的行为都认定为属于第6项兜底条款的情形。[1]

三、合规及预防重点

（一）对上市公司

1. 针对经营管理者侵害公司利益的相关职务犯罪

首先，公司应当建立清晰、完善的内部控制流程，将公司的经营管理行为纳入流程化管控，以审批、留痕等外部控制措施约束相关行为，避免相关经营管理者因为制度的疏漏而产生自己可以“瞒天过海”的错误认识。公司对每个高管和员工的每一项业务活动，都应当进行可持续的监控管理。

其次，公司应当完善审计与内控机制，公司审计部门应与合规部门分离，从而对公司运营过程中是否存在违规行为进行双重审查。

最后，公司应当畅通投诉、举报渠道，经营管理者实施损害公司利益的职务犯罪行为，往往需要公司员工的帮助配合。公司应当给予员工充分的机会与便利，使其能够在工作中遇到不合规行为时及时向合规部门进行投诉。在接到投诉后，应得到及时、高效的处理，并给予投诉者一定的保

〔1〕 参见余蒂妮等违规披露、不披露重要信息案，(2016) 粤04刑初131号刑事判决书。

护与激励。

2. 针对商业贿赂相关犯罪

首先，上市公司内部应加强廉政教育和反腐败宣导，划定禁止贿赂行为的红线。

其次，在此基础上，对于一些需要存在商业赠礼需求的行业上市公司，应制定完善的制度及指引，避免因界限不清导致触发刑事责任。具体而言：

第一，商务馈赠行为应以公开透明的方式进行，成本支出及收入应按照财务会计准则如实记入公司财务账册，礼品的接收方也应当如实入账。

第二，商业馈赠应符合商业惯例。根据《最高人民法院、最高人民检察院关于办理商业贿赂刑事案件适用法律若干问题的意见》第 10 条[1]，企业应当结合双方的交往历史，在礼品赠送的缘由、时机和方式以及礼品的选择上均应符合商业惯例。具体来说，赠礼时机应符合商业礼仪及社会普遍认知，例如医药企业在年节期间向医院赠送小额广告礼品、在庆典场合赠送祝贺花篮等。但是，如涉及业务招投标、采购过程的，不宜赠送礼品。在赠礼方式上，以广告宣传为目的的广告礼品应当以明示公开方式赠送。而具体的礼品内容也应当考虑所处具体行业，赠送样品、试用品等一般认为符合商业惯例，但是现金以及超市购物卡、商场代金券等现金等价物、烟酒、手表、消费电子产品等实物等均不符合商业惯例。

第三，严格控制馈赠礼品的金额。在目前的执法实践中，由于各地经济发展水平不同，除前述司法解释明确规定的商业贿赂案件立案追诉标准，金额多少的礼品属于小额范围并不统一标准，企业可以根据所处行业的情况，结合《最高人民法院、最高人民检察院关于办理商业贿赂刑事案件适用法律若干问题的意见》第 10 条的规定，综合评估商业贿赂法律风

---

[1] 《最高人民法院、最高人民检察院关于办理商业贿赂刑事案件适用法律若干问题的意见》：十、办理商业贿赂犯罪案件，要注意区分贿赂与馈赠的界限。主要应当结合以下因素全面分析、综合判断：(1) 发生财物往来的背景，如双方是否存在亲友关系及历史上交往的情形和程度；(2) 往来财物的价值；(3) 财物往来的缘由、时机和方式，提供财物方对于接受方有无职务上的请托；(4) 接受方是否利用职务上的便利为提供方谋取利益。

险，确定自身的适用标准，但总的来说，礼品金额应严格控制。

（二）对经营管理者个人

1. 定期培训：坚守底线

定期、长期的合规培训是管理刑事风险有效的方式，尤其对于“手握重权”的上市公司高管而言，总是着眼于未来趋势、商业前沿，动辄运作千万甚至上亿资金，因而十分容易忽视自身经营行为中的细枝末节，例如短暂将公司钱款转出用于个人事务。殊不知，侵占或是挪用公司资金 6 万元以上即可能受到刑事追诉。通过合规培训，可以使高管了解刑事法律规范，知法畏法守法，对自己的行为性质产生清晰的认识，避免因为一时疏忽而遭遇牢狱之灾。

2. 决策之时：形成明确的公司意志，禁止利用职务便利为个人牟利

《公司法》等相关法律法规设定了公司应有的基本治理结构，并规定公司应当遵照公司章程，在股东会、董事会、监事等一系列机构的制衡机制下运作。无论是公司的所有者还是经营管理者，对于公司对外担保、重大资产处置等重大事项，均应当遵守相关法律法规、公司章程的规定，按流程进行决策，避免私自行动。

按照公司流程进行决策进而实施的相关行为，即便最终造成了对公司不利的后果，也会被认定为系符合公司整体意志的行为，因而难以追究相关决策者个人的责任，也不具备挪用资金、背信损害上市公司利益等侵犯公司利益犯罪的可罚的基础。

例如，在亿阳通信案中，在小股东强烈反对、相关专家认为该交易存在明显定价不当的情况下，相关人员以《公司法》的相关规定作为其“合法”的依据，最终以 60.86%的比例在股东大会中使得交易方案通过。[1] 基于刑法的谦抑性，对于不具有民事违法性的行为往往不追究刑事责任。

但是，经过股东会、董事会一致同意的行为依然有可能构成背信损害上市公司利益罪。如果行为人所实施行为是经过董事会一致“同意”的，从形式上可认定其“没有”违反《公司法》关于“忠实义务”的规定。

---

〔1〕 参见陈蓉：“亿阳通信关联交易疑局”，载《证券日报》2008 年 4 月 18 日。

但实践中不排除许多经董事会一致“同意”的行为是通过与关联公司不正当交易“掏空”上市公司，这种行为即便形式合法，也应将其认定为严重违背对公司“忠实义务”的犯罪行为。如经董事会一致“同意”，无正当理由放弃债权、承担债务，虽然该行为是经过法定程序作出的集体决策，但实质上致使上市公司的利益遭到重大损失。若该损失达到本罪相关立案追诉标准，应当对行为人依法追究刑事责任。但实践中，如何证明在形式合法的公司决策之下，个人实施行为的主观状态以及是否通过个人意志操纵公司行为也是一大难点。

3. 亡羊补牢：立案前及时采取措施防止损失，避免刑事追诉

实践中，即便行为人已经实施了相关犯罪行为，但如果及时退赔，弥补公司的损失，也可能成为办案机关认为犯罪情节轻微而不起诉的理由，或是从轻、减轻处罚的情节。

例如前文提到的背信损害上市公司利益罪即属于结果犯，要求对上市公司造成重大损失，不具备损失要件往往不能被认定构成本罪。如案例中的于某在公安机关立案前通过以股抵债或用减持股票款向债权人偿还的方式，清偿了全部债务，未给上市公司造成重大损失，最终并未被追究背信损害上市公司利益罪的刑事责任。

《刑法修正案（十一）》更是对挪用资金罪增加了一款规定，明确在提起公诉前将挪用的资金退还的，可以从轻或者减轻处罚。其中，犯罪较轻的，可以减轻或者免除处罚。

因此，在立案前或是被提起公诉前，行为人均可通过避免或者弥补给上市公司造成损失的方式，争取被从宽甚至免予处罚。

第八章

企业刑事合规一般理论

一、企业合规理论历史沿革

由于现代国家企业管理理念的突破，传统的简单威慑（Simple Deterrence）已经难以达到预防法律风险、减少公司损失的目的。因此，在新兴的监管政策与法律法规基础之上，自20世纪90年代起，西方国家逐渐衍生出了企业自我监督和行业自律的体系，合规管理这一内部管理模式应运而生。近几十年来，企业合规理论经历了从产生到发展，再到全面推广的历程，已然成为当代公司治理的重要组成部分。

（一）企业合规理论的产生背景

长期以来，由于企业的营利性，其自身缺少建立合规系统的内在动力，但19世纪末到20世纪期间，美国部分新兴行业开始了反托拉斯探索，形成了政府监管加舆论监督的外部压力，逐步催化着企业合规理论的形成。

19世纪末至20世纪初，有两大标志性事件推动着企业合规概念的产生。首先，随着美国铁路业的迅猛发展，“进步时代”美国政府逐步开始管制商业大托拉斯，美国国会于1887年通过了《州际商务法》，以加强联邦管制、授权州际商业委员会调查和裁决铁路领域的有关争议，并授权该委员会发布旨在制止不法行为的行政命令。[1] 其次，1929年起，美国进

〔1〕 参见万方：“企业合规刑事化的发展及启示”，载《中国刑事法杂志》2019年第2期。

入了经济大萧条时代，国内大批银行面临倒闭，众多企业濒临破产，国家生产急剧下降。为尽快恢复经济和产业运作，一系列政策和立法措施相继公布，旨在进一步促进企业公平竞争，社会公众也大力推崇诚信原则，期待企业符合商业道德规范，故遵守法律法规和企业规章在企业经营中的地位得到提升。在此背景之下，企业逐步意识到合规制度是增强企业核心竞争力的一大重要途径。

（二）企业合规理论的形成

目前学界普遍认为，企业合规理论真正形成于20世纪60年代的美国。[1]随着《反托拉斯法》和《克莱顿反托拉斯法》的推进，部分大型企业也开始引入合规制度，目前学界普遍认同20世纪60年代初期的现代语境的企业合规理论与实践逐步形成。以美国反垄断法判例史中的著名案件——1961年通用电气公司案为例：1946年起，通用电气公司实施了合规管理制度并声称以其“必要且适当”的合规管理为由，对其与30家重型电气设备公司的价格协商与市场范围分割之行为作无罪辩护，但被地方法院驳回。该判决虽然未能在有关企业法人的刑事责任认定和合规管理制度的法律意义上进行法律确认，但是相当严厉的判决客观上也创造了推广企业合规管理制度的机会。[2]

而20世纪下半叶，随着尼克松总统“水门事件”的曝光，美国部分企业海外贿赂丑闻引起轩然大波，数个知名企业及其董事会成员遭到起诉。以此为导火索，美国国会于几年内顺势采取了一系列措施，包括美国证券交易委员会规范了企业可疑支出义务公示政策，完善了对企业的法规调查，遏制部分大型企业隐瞒报表、违法行贿的现象。随后，美国国会顺势颁布了1977年《海外反腐败法案》，并于1988年对其修订，进一步加大了反商业贿赂的打击力度。由于此类商业贿赂中，涉案企业为了逃避法律责任，往往使用了大量的资金转移手段，故该法律立足于促进公司对于

[1] See Charles J. Walsh, “Corporate Compliance Programs as a Defense to Criminal Liability: Can a Corporate Save Its Soul?”, *Rutgers Law Review*, Vol. 47, No. 2., 1994-1995, pp. 650~651.

[2] 参见李本灿：《合规与刑法：全球视野的考察》，中国政法大学出版社2018年版。

企业账户资金的记录和管理，推动着企业内审体系，是反贿赂合规领域的重要助推，奠定着全国范围内企业合规落实的基调。此外，我国香港于1971年公布了《防止贿赂条例》，建立了专门的廉政专员公署，促进香港地区的反贪污反贿赂违法犯罪活动，虽然没有对企业合规进行直接规定，但是其打击力度之大也间接推动了香港地区的企业合规管理。

在此语境下，不难发现，企业合规的最初形成与反海外腐败行动密不可分。这种仅仅着眼于防范商业贿赂犯罪的合规机制，仅仅聚焦于狭义的反商业贿赂层面，属于“小合规”[1]，是企业合规史上的重要先声。

（三）企业合规制度的发展与完善

1. 小合规制度的发展

20世纪末至21世纪初是企业合规制度发展的高峰期。从宏观来看，国际上诸多公约和条约相继纳入了反商业贿赂法律规范，如《泛美反腐败公约》《防止贿赂条例》《关于打击国际商业交易中行贿外国公职人员行为的公约》《反腐败刑法公约》等，为企业合规理论的推广打下了坚实的法律基础。从微观视角来看，德国于1997年出台《反腐败法》《行政犯罪法》，规定企业管理人员采取必要监督措施防止腐败犯罪。美国联邦量刑委员会于1991年颁布《针对机构实体联邦量刑指南》，通过“企业向所有员工有效普及企业的合规政策和标准”等七项最低标准，[2]确立有效合规计划；通过激励与纪律处分机制，刺激企业落实合规管理措施，这些历史性文件使得企业合规理论有了更深一步的丰富和发展。

19世纪末国际反商业贿赂合规的法规（部分）：

年份	国家/地区/组织	文件名
1996	美洲	《泛美反腐败公约》
1997	德国	《反腐败法》《行政犯罪法》

〔1〕 参见陈瑞华：“企业合规制度的三个维度——比较法视野下的分析”，载《比较法研究》2019年第3期。

〔2〕 参见万方：“企业合规刑事化的发展及启示”，载《中国刑事法杂志》2019年第2期。

续表

年份	国家/地区/组织	文件名
1997	经合组织	《关于打击国际商业交易中行贿外国公职人员行为的公约》（简称《OECD 反腐败公约》）
1998	美国	修订《反海外腐败法》
1999	欧洲	《反腐败刑法公约》
2003	联合国	《联合国反腐败公约》
2003	非洲	《非洲联盟反腐败公约》
2008	中国香港	修订《防止贿赂条例》

与此同时，国际范围内出现了部分企业因合规建设落后而导致破产的惨痛案例，从反面角度印证着企业合规的必要性和紧迫性。1995 年，曾经广受英国贵族信赖的老牌金融机构——英国商业投资银行巴林银行倒闭，引发轰动。其直接原因是银行职员不正当利用期货杠杆效应，追求个人利益，忽略银行风险，而究其深层原因，则是长期以来缺乏有效的合规文化，内部松散，最终导致了倒闭的发生。[1]这起 20 世纪末的金融界热点事件刺激了各种行业的诸多企业加快合规建设，也反映着合规的内涵已经远不止于反腐败领域，而是慢慢扩张发展出了“大合规”体系。

2. 大合规制度的发展

虽然近年来有律师将大合规定义为“我国央企、国企的全面合规管理”[2]，但此处采用学界层面的“大合规”之概念，即是指除了反商业贿赂以外，其他领域包括反洗钱、反垄断、数据保护、反金融欺诈等，也逐渐被纳入合规管理体系之中。[3] 21 世纪以来，银行业、通信业、能源业、会计业等诸多重要行业的正反面案例层出不穷。以美国为例，2001 年

---

〔1〕 参见肖真：“巴林银行倒闭对合规建设的启示”，载《农业发展与金融》2015 年第 12 期。

〔2〕 郭青红：“企业合规管理体系建设，五大方面一文解读”，载微信公众号“汇业法律观察”2019 年 11 月 8 日。

〔3〕 参见陈瑞华：“企业合规制度的三个维度——比较法视野下的分析”，载《比较法研究》2019 年第 3 期。

安然公司的破产事件轰动全球，成为企业合规理论发展的一大推动力，具有里程碑意义。曾为世界上最大的电力、天然气公司之一的安然公司于2001年10月突然宣布因经营不当，公司股东资产缩水12亿美元，美国证交会在调查中发现，其虚报盈利、财务造假、公司高管内部交易等多种违规行为最终导致其破产资产高达近500亿美元，成为美国历史上最大的破产企业。[1]该案件作为21世纪初的企业合规失败之典型，直接催生了美国《萨班斯法案》的出台，该法案虽然没有使用合规一词，但却体现了美国治理上市公司走向实质性合规监管。该法案重要条款较多，如第1章第105节调查和惩戒程序中，第5段A小段揭示了合规依据的内涵，包括法律、法规、规章、专业准则等，这与现今的合规内涵一脉相承，并非仅仅局限于法律或者公司内部章程；第3章公司的责任第306节规定了禁止在养老基金的管制期内进行内部交易；第4章强化财务信息披露第404节规定了管理层对内部控制的评价。特别是第1章第103节规定了评价内部控制的构成及程序的要求，包括第bb项的“能够合理保证：交易被记录、可以根据这些记录来编制符合公认会计原则要求的财务报告、公司的所有的收入支出得到了管理层或董事的批准”等，从各个方面综合形成及时内部评估制度的法规雏形，推动着证券领域合规制度的发展。

在合规热的浪潮之下，巴塞尔银行监管委员会在充分征求国际银行界及其监管者建议的基础之上，于2004年起实施新巴塞尔协议，其中市场自律和信息披露方案是对于企业合规理论的新补充与发展，且不同于以往个别法律中并未涵盖合规一词，新巴塞尔协议突破了传统银行业的限制，对合规风险进行了明确的定义。例如，随后国际标准组织ISO-19600《合规管理体系——指南》、联合国《全球契约十项原则》、经合组织《跨国企业准则》等相继颁布，一方面国际层面上逐步意识到了跨国企业内外兼修、自我管理的战略意义；另一方面企业个体层面也认识到了立足世界的一大关键便是建立更加完善的合规体系。企业合规理论达到了前所未有的蓬勃状态。

---

〔1〕 参见陈瑞华：“安然和安达信事件”，载《中国律师》2020年第4期。

在企业合规理论的实践中，本书以三个涉外企业为例。第一，2008 年德国西门子公司身陷贿赂调查案，被处罚金 16 亿美元，成为 21 世纪反商业腐败合规管理领域的一大典型。[1]但不同于巴林银行之结局，西门子在 18 个月内迅速与美德两国达成协议，凭借一套庞大的合规重建工程，使其在华业务不降反升。[2]这不仅得益于西门子公司对于合规的深刻了解和认识，也得益于国际合规环境的相对成熟。第二，2010 年 4 月美国墨西哥湾原油泄漏引发大火，系因英国石油公司管理不力，为赶工而不当操作，擅自减少了安全管理措施，是安全生产合规领域的严重事件，该公司也以此为鉴建立了更加完整的合规管理系统，逐步恢复信誉。第三，2014 年被认为是企业数据泄露的灾难之年，[3]其中 80%的信息泄露源自内部，较大比例的内部威胁鲜有察觉，此后 IBM、ORACLE 等诸多国际大型 IT 公司为了防止主观层面的恶意泄露和破坏数据事件以及客观的操作失误或设备故障事件，相继强化了数据安全的合规监管，增强了数据安全风险培训制度和日常监控制度，防止了更多可能的损失。以上三起事件分别为不同领域的企业合规，其共性在于各企业不仅有理论层面上的合规标准、合规部门、合规权限，更有实践层面上的合规培训、合规监控、合规操作等，共同体现着“大合规”时代的到来。

（四）企业合规理论的现状与前景

企业合规已然是大势所趋，但是近年来国际形势的变化也从一定程度上影响着企业合规理论的地位与内涵。在现今挑战与机遇并存的时代下，企业合规理论以稳中求变为特点。

一方面，2018 年前后美国陆续退出了数个多边协议，修改了出口管制规定，重置了部分经济制裁措施，直接导致了众多行业的跨国企业面临着合规风险，其中国际贸易领域首当其冲。例如，2018 年 12 月 10 日，烟台杰瑞石油服务集团股份有限公司因通过第三国与伊朗方进行贸易而被罚 60

---

〔1〕 参见唐蓓蓓：“跨国公司的合规性及法律规制”，吉林大学 2011 年硕士学位论文。

〔2〕 参见王先知：“西门子重建合规体系在华业务不降反升”，载《WTO 经济导刊》2009 年第 12 期。

〔3〕 参见威瑞森电信公司：《2014 年度数据泄露调查报告》，2014 年 12 月。

万美元；2018 年 12 月 14 日，Eric Baird 因向美国贸易商隐匿海外客户的物项出口事实而被罚 1700 万美元等。故，与伊朗、古巴、苏丹、俄罗斯、乌克兰等国家和地区进行贸易往来的企业尤其需要及时更新合规体系，识别自身的贸易违规风险，与时俱进，从而适应国际环境中不断变化的合规依据。另外，2019 年年底开始的新冠肺炎疫情，对于国际贸易合规无疑也是较大的考验。在全球大量企业遭到重创的背景之下，如何在遵守各法律法规、公司章程的基础之上完成艰难的国际贸易，是合规领域的一大焦点话题。各跨国企业为了在国际经济恢复中起到一定的推动作用，必须按照符合国际标准和规范的要求进行运作，特别是与新冠肺炎疫情相关的疫苗制造企业、药企、口罩等基础医疗用品生产企业，更应当担负国际责任，在合规方面严格把关，在变化中不断更新，以规避法律风险。

另一方面，随着全球化程度的提升，联合国全球契约组织对世界的合规治理都予以了足够的重视。2019 年，其亚太地区总代表表示，应当在全球呼吁将“十项原则”纳入到企业的核心战略和运营当中，各企业和国家均应积极为全人类的共同目标做出积极贡献，以实现联合国可持续发展目标，世界各国的企业合规受到了较大力度的保障和鼓励，有着更加宽广的发展前景。

二、企业合规理论比较研究

从比较法角度，由于各国国情差异，其企业合规理论也不尽相同，以下将从产生背景和理念两方面进行分析：

（一）基于企业合规理论产生背景之比较

从法系划分的角度来看，英美法系的发展进度相较大陆法系而言更为超前。上述提到的反海外腐败和垄断之助推以外，其企业合规产生的另一大推动力是企业丑闻的曝光。以美国和英国为代表的国家，于 19 世纪至 20 世纪涌现出了大量的跨国企业，在国际各行业市场上起到了举足轻重的作用，而以巴林银行倒闭事件为典型的企业丑闻，被媒体接二连三地曝光，使得企业合规有了外部舆论压力监督的客观环境。加之其对企业犯罪的打击力度并未受阻，故发展较为迅速。而大陆法系在此方面深受传统罗马法的影响，德国、意大利等国家的传统刑法不承认企业犯罪，实体法对于合规的刑罚激励效果并未明确规定，故在企业合规方面的发展动力较小。[1]但是20世纪90年代以后，德国、法国等国在实践中遇到跨国企业往来合规问题时也开始逐步重视。而我国的企业合规起步较晚，最早关注的群体仅仅包括两类，分别是赴国外上市公司（合规于外国法）以及外国在华公司（合规于美国《反海外贿赂法》）。对于国企等公司而言，合规的概念并不普及。[2]此外，不少学者均认同我国不存在典型的企业刑事合规制度，在立法模式上需要较为显著的调整和创新，需要一定的时间，故仍处在发展的阶段。

从经济水平划分的角度来看，相较于发展中国家跨国企业，以美国为例的发达国家的企业合规动力更侧重于主动实施而非被动应对。凭借其诸多跨国企业的行业优势和地位，发达国家的企业合规更多是产生于国家为了维护经济稳定和宏观利益而对企业进行的规制，包括反垄断等。而部分发展中国家处于国际贸易往来的被动地位，甚至属于部分发达国家的制裁和限制对象，故其企业合规的产生背景更多是为了规避违反其他国家的法律规制和合同规定。特别是在“一带一路”背景之下，沿线大多为发展中国家，发展中国家跨国企业为了改善企业管理组织体系，必须要主动深入研究国际法律法规，形成风险防范意识和体系，无论是出于对内的持续稳定发展，还是出于对外的竞争优势，倘若其希望能够“走出去”，在此时代背景之下，于国际市场中分一杯羹，依法合规经营是其必然的选择。[3]因此，发展中国家的企业合规经历了一个从被动到主动的历程，已然成为国际化战略的应有之义。

（二）基于企业合规理念之比较

首先，从原则层面，合规理念因不同国家民法和刑法基本原则的差异

---

〔1〕 参见杨帆：“企业合规中附条件不起诉立法研究”，载《中国刑事法杂志》2020第3期。

〔2〕 参见邓峰：“公司合规的源流及中国的制度局限”，载《比较法研究》2020年第1期。

〔3〕 参见刘玉飞：“‘一带一路’倡议下中国企业的合规管理”，载《国际工程与劳务》2018年第2期。

而稍有不同，但是其最核心的诚信原则是鲜有争议的全球共识。诚信原则是市场经济活动的一项基本道德准则，也是现代法治社会的一项基本法律规则。诚信合规的原则来源于反垄断、反洗钱、信息安全等多个维度的“不诚信”行为，其不仅是英美国家杜绝在开展合规管理、反舞弊的同时实施舞弊行为，进行“假合规”或者形式主义合规的有力武器，更是被上升到国际商业行为准则的高度，纳入全球信用管理体系，成为企业参与国际市场竞争的基本条件与核心竞争力。国际层面上，经合组织发布的《内控、道德与合规，最佳实践指南》，世界银行集团发布的《诚信合规指南》等都是诚信合规管理的集大成者。[1] 这些国际文件在企业合规理念上的共性在于，均强调了突出诚信合规管理，在措辞上也使用了“诚信合规”（Integrity Compliance）一词。例如，西门子股份有限公司重建的合规管理体系，便是以管理层职责为核心，打造诚信与透明的企业文化。美国通用电气将诚实、公正和值得信赖作为公司所有活动与关系的一项基本的商业行为准则（Be honest, fair and trustworthy in all of your GE activities and relationships）。[2] 此外，新加坡、加拿大、中国香港也均认可了企业合规中诚信合规的根基性地位，例如在加拿大的法律体系中，一旦企业合规涉及司法领域，法官在对协议的合法性进行审查的过程中，要确保该项协议的公平、合理和相称。法院一旦批准，该协议还要被公之于众，以确保暂缓起诉协议的透明和公开，这便是诚信原则、公平公正原则的一个外显，体现了国际共识。

其次，从内涵角度，各国的企业合规发展方向并不相同。在英国、加拿大、澳大利亚等多国，企业合规不仅仅是公司治理的内在手段，也是暂缓起诉的重要依据和来源，进入了刑事司法领域。例如，英国的暂缓起诉协议是指检察机关对涉嫌犯罪的企业提起公诉后，在法官的监督下与该企业达成的一项附条件的暂停起诉的协议。有权与涉案企业达成这一协议的

---

〔1〕 参见郭青红：“透视欧美企业合规管理”，载微信公众号“汇业合规实务”2020年4月3日。

〔2〕 参见郭青红：“透视欧美企业合规管理”，载微信公众号“汇业合规实务”2020年4月3日。

主要是英国反严重欺诈办公室和皇家检察署，这两个机构享有对刑事犯罪案件提起公诉的权力，也可以对那些符合条件的刑事欺诈、贿赂及其他刑事案件提出暂缓起诉的申请。与美国的暂缓起诉制度不同的是，英国的暂缓起诉只针对涉嫌犯罪的企业，而不适用于涉嫌犯罪的自然人。此外，与英国的暂缓起诉协议制度非常相似，加拿大的暂缓起诉制度也仅适用于公司，而不适用于自然人。检察官经过与涉案企业进行商谈，达成暂缓起诉协议后，应将该协议提交法院加以审查。本书将于后续章节具体展开企业合规不起诉制度的分析，此处暂不展开，但从其发展方向的拓宽和深入，不难发现各国鲜明的企业合规特色。

第九章

企业刑事合规理论的本土化

发端于美国的企业刑事合规制度随着全球化的进程也出现纵深发展。我国企业尤其是跨国企业在反贿赂、反腐败以及反欺诈方面逐渐形成了合规管理的共识。2006 年，我国围绕金融行业风险管理的法律规制问题主动颁布了当时法律框架与体制安排下的合规规范；与此同时，我国从顶层设计出发，依托国有企业进行试点，在经历模块化管理到合规治理、境内视野到境外视野的转变后，构建了完整的合规管理体系，相关合规规范文件的适用对象也从金融机构扩大到中央企业和国有企业，并呈现出扩大到所有企业的趋势。可以说，我国刑事合规制度的建设与发展存在着金融行业先行、国企带动的特点，为我国企业形成合规生态链打下了良好的基础。2020 年，刑事合规制度在司法实践层面形成突破，由检察机关主导、自下而上进行的合规不起诉制度试点的出现，成为一种外部的企业刑事合规激励制度，为我国企业刑事合规制度带来了新的发展契机。2022 年，全国检察长（扩大）会议明确最高检将在第二批试点结束后总结经验，在全国检察机关全面推开涉案企业合规改革。

企业合规不起诉，是指由检察机关主导，对于符合一定条件的单位犯罪案件，督促涉刑企业建立健全合规管理体系，如其能在一定期限后经监督考察合格，则对该涉刑企业不予起诉的制度。

该制度发轫于美国的“审前转处协议”制度，属于英美法系对抗制、协商制诉讼的产物，其制度设计的目的在于激励企业合规经营。美国联邦检察机关与涉案企业达成“暂缓起诉协议”（Deferred Prosecution Agreement,

DPA）或“不起诉协议”（Non-Prosecution Agreement，NPA）——由检察机关设置一定的考验期，在此期间涉案企业需要缴纳高额罚金、建立或完善合规计划，接受检察机关派驻的合规官并定期报告建立完善合规计划的进展情况，在考验期结束后，对于遵守协议的涉案企业，联邦检察机构可以撤销起诉，涉案企业由此避免被定罪判刑的后果。[1]大众、葛兰素史克（GSK）、Facebook 等均与检察机关签署过此类协议，从而避免了被起诉。受长臂管辖影响，美国的暂缓起诉协议制度与不起诉协议制度在全球范围内具有极大的影响力，英国、法国、加拿大、新加坡等国纷纷效仿美国建立起暂缓起诉协议制度。[2]

我国刑事合规制度建设重要时间节点与文件可参见下图：

一、中国企业合规理论的本土化发展

随着改革开放的不断推进，越来越多的跨国企业走入中国并带来了其

[1] 参见陈瑞华：“企业合规视野下的暂缓起诉协议制度”，载《比较法研究》2020 年第 1 期。

[2] 参见陈瑞华：《企业合规基本理论》，法律出版社 2020 年版，第 233~236 页。

作为企业管理与企业文化有机组成部分的合规计划，一些从事涉外业务的律师事务所也开始为外企提供合规业务。与此同时，中国企业也积极地走向世界，如何做到遵守所在国家或地区的法律法规也成为其迈出国门需要学习的重要一课。正是在这一双向的交流中，企业合规理论在我国逐渐扎下了根。此后，随着国家以及社会对于企业合规管理制度的重视，政府监管部门相继发布了多项企业合规的管理指引，例如《商业银行合规风险管理指引》《保险公司合规管理办法》《中央企业合规管理指引（试行）》《经营者反垄断合规指南》等。值得注意的是，2018 年 5 月，中国国际贸易促进委员会发起设立了全国企业合规委员会。同年 12 月，国家发展和改革委员会会同其他 6 个部门发布了《企业境外经营合规管理指引》，对于中国企业在境外经营中的合规管理问题，确立了基本的标准和体系。在该文件中明确指出合规是指“企业及其员工的经营管理行为符合有关法律法规、国际条约、监管规定、行业准则、商业惯例、道德规范和企业依法制定的章程及规章制度等要求”[1]，并认为合规管理能力是中国企业“走出去”并行稳致远的前提以及企业国际竞争力的重要方面。

2018 年的中兴事件与华为事件的相继爆发，也使得我国理论界与实务界更加关注企业合规理论。我国对于企业合规的内涵与外延存在着一定的争议。例如有学者认为合规仅指企业的合规，而有学者认为企业合规与企业高管的法律责任密切相关。此外，有学者指出，企业合规等于企业对其可能遇到的法律风险的防控，但也有学者指出企业合规并不是一般意义上的风险防控而主要是对行政处罚与刑事法律风险的防控。同时还有学者认为企业合规仅是道德问题，但是大多数学者承认企业合规已经是一种成熟的法律制度并且大体属于企业内部的自我管理问题。总体来看，我国对于企业合规的理论研究长期以来存在着“碎片化”和“片面化”的问题，很多学者也意识到了这一问题，并倾向从一个整体的视角对合规问题进行全面的研究，因此笔者在下文中同样也采取这一综合性的视角，对我国企业合规理论进行论述。

〔1〕《企业境外经营合规管理指引》第 3 条。

(一) 企业合规的性质

在对我国企业合规理论发展进行进一步探究的过程中，有必要对相关观点进行分析，从而总结出我国企业合规的性质。总的来说，中国的企业合规含义可以分为三个方面，一是企业在经营过程中积极遵守法律和遵循规则并且督促员工以及其他商业伙伴依法依规进行经营活动；二是企业为了避免或者减轻因违法违规可能受到的行政、刑事责任处罚而造成的经济损失或者其他损失，而采取的一种公司治理方式；三是从外部激励的角度来看，国家通过在法律中设置正向激励从而实现鼓励企业建立或者改进合规计划的目的。

我国刑法确立了单位犯罪制度，并设定了近两百个单位犯罪的罪名，对于这些犯罪，刑法均实行的是对单位和直接责任人员同时科以刑事处罚的“双罚制”。鉴于此，部分学者指出，企业合规的建立既要达到防控企业法律风险的效果，也要做到避免公司高管承担刑事责任。这一观点显然是不成立的，企业合规的实施就是为了有效地分割企业责任与员工、高管以及其他主体的责任，通过企业内部治理的方式最大限度地维护企业的利益，此外从企业应对合规风险的角度来看，企业合规也包含了自我披露和自我内部调查的过程，在这一过程中不可避免地包含了对从事违法违规行为的高管和员工进行惩戒的内容。企业一旦出现违法违规的行为就可能面临监管部门的调查，为了避免更大的损失就需要在配合监管部门的基础上进行独立的内部调查，对直接负责人员进行纪律惩戒甚至送交司法机关，在有些情况下，为了获取更大奖励，企业还有可能对监管部门没有掌握的情况进行主动披露，由此牵连出更多的员工和高管受到惩戒。因此，企业合规机制的实施，不仅不会减免企业家的法律风险，反而还会带来惩戒负有责任的高管甚至追究企业家法律责任的后果。[1]

我国很多企业在推进合规体系建设的过程中，将企业合规等同于风险防控或者内部控制，甚至主张将合规部门设置在“风控部门”之下，但是

〔1〕 参见尹云霞、庄燕君、李晓霞：“企业能动性与反腐败‘辐射型执法效应’——美国FCPA合作机制的启示”，载《交大法学》2016年第2期。

笔者认为这一设置还是不太妥当的。一般而言，企业会面临三个方面的风险：经营风险、财务风险和合规风险。[1]合规风险不同于其他两者，主要是指企业因违法违规行为而受到监管处罚和刑事处罚的风险，该风险一旦得不到控制，除了被追加法律责任以外，企业还可能会丧失特许经营资格，甚至被吊销营业执照，遭到毁灭性的打击。正因如此，在那些建立有效合规计划的企业中，在董事会的领导下，应当存在针对三种风险的三种治理体系，这三个治理体系相互独立，相互制衡，发挥着不同的作用。因此，企业合规并不是一般的"风险防控"，而是一种具有"合规风险控制"职能的治理体系。企业合规也不等于一般意义上的"内部控制"，而属于针对企业合规风险所建立的内部治理体系。[2]

在建立合规管理体系的过程中，很多企业将合规部门设置在"公司法律部门"之下，甚至安排公司法务总监或者总法律顾问担任首席合规官（CCO）。因此有人认为，企业合规等同于公司的法律事务，要对企业遇到的全部法律风险（也即包括民事法律风险）承担防范、识别以及应对的责任。但是从中国中兴通讯公司事件的经验来看，即使该公司早就设立了法律实务部门，但是在接受审查后还是需要重建出口管制合规体系。这一案例显示，企业合规并不就等同于一般意义上的法律风险防控，企业合规所应对的风险还是对企业具有致命影响的受到监管处罚与刑事追究的风险，例如企业因为接收了恐怖分子或者腐败分子的融资，违反了有关反洗钱的法律，受到了监管部门的调查或者受到检察机关的起诉。这时一旦执法程序启动，企业可能就面临着严厉的处罚或者被追究刑事责任，最终走向"企业死亡"的结局。正因为这些风险会给企业带来如此严重的后果，我们才需要将其与一般的法律风险区分开来。

随着时间的推进，企业合规所包含的概念不仅指的是企业依法依规经营，同时也是企业自我治理、自我监管和自我整改的治理方式，更是一种在企业陷入执法调查之时获取宽大处理的激励机制。它的目的在于帮助企

〔1〕 参见陈瑞华："企业合规的基本问题"，载《中国法律评论》2020 年第 1 期。

〔2〕 参见陈瑞华："论企业合规的性质"，载《浙江工商大学学报》2021 年第 1 期。

业规避风险，因此需要实现企业责任与员工责任的切割。企业合规不是一般意义上的“风险防控”，甚至也不等同于笼统上的“法律风险防控”，而是针对行政处罚风险与刑事法律风险所建立的专门公司治理机制。国家法律与行政监管法规也通过确立强制合规制度使得企业合规获得了制度保障。

（二）企业合规的多维度分析

目前企业合规问题引起了我国法律实务界与理论界的高度重视，也逐渐成为一项“跨学科法律研究”的课题。在对于企业合规进行研究时，可以发现其囊括了商事法、行政法、刑法以及诉讼法等多个领域，对传统的法律体系产生了冲击。不仅如此，企业合规的演进还涉及律师业务的重新调整，这也会给律师制度与司法制度带来重大的变动。

1. 公司治理角度的企业合规

企业合规本质上是一种公司治理方式。企业建立合规计划始于20世纪90年代的美国，后来出于防范法律风险、减少公司损失的需要逐渐被西方其他国家所接受，并且合规管理也与业务管理和财务管理一起并称为企业管理三大支柱。我国跨国企业在“走出去”的过程中也逐渐接纳这一观念，并通过建立合规计划来应对企业风险。简单来说，一个完整的企业合规计划通常包括五大体系：一是商业行为准则；二是合规组织体系；三是防范体系；四是监控体系；五是应对体系。[1]企业通过建立这些体系来避免风险以及实现企业利益的最大化。

2. 行政监管角度的企业合规

我国在引入企业合规管理机制的过程中，行政监管部门发挥了强力的推进作用，其通过行政立法和执法方式，强制企业建立合规管理机制，并通过考核、报告、评估等方式进行行政管理，还通过惩戒、处罚等方式惩罚那些不依法建立合规机制的企业及其负有责任的高层管理人员，此外还

---

〔1〕参见周振杰、赖祎婧：“合规计划有效性的具体判断：以英国SG案为例”，载《法律适用（司法案例）》2018年第14期。

引入了一定的合规激励机制。[1]在中国的特有国情下，这种行政压力机制对于企业快速、有效地推进合规管理体系建设无疑具有极大的推动意义。

我国行政监管部门在推动企业合规管理体系建立的同时也积极地吸纳国外的公司治理理论，目前已经被接受并且在立法中有所体现的理论包括防控法律风险的理念、可持续发展理念以及公司社会责任理念。《中央企业合规管理指引（试行）》第2条第3款指出“合规风险，是指中央企业及其员工因不合规行为，引发法律责任、受到相关处罚、造成经济或声誉损失以及其他负面影响的可能性”[2]。在《商业银行合规风险管理指引》等文件中，对于合规风险的定义也与其类似。企业在经营过程中不仅仅追求最大限度的盈利，防范各种经营风险，同时也要重视防控合规风险，防止受到法律制裁或监管。这种基于对合规风险防控考量构建的合规体系已经成为监管部门在推进企业合规建设进程中所关注的重大课题。在确立防范“合规风险”观念之时，我国监管部门还引入“可持续发展”的治理理念。我国2017年出台的《合规管理体系指南》明确地指出“合规是组织可持续发展的基石”。合规管理体系的建立虽然在短期会对企业的收益造成影响，但从长远来看，合规本身会使得企业避免因为法律制裁而带来的各种经济与声誉损失，从而最终避免企业收益的减少。在确保企业可持续发展的同时，我国监管部门也逐渐将“合规”与“道德”联系在一起，并倡导建立起一种“合规文化”。企业通过建立合规体系，强调合规合法经营，树立全员合规的原则兼顾了利润与廉洁、知识产权保护、环境保护等多重社会价值，维护了一种公平竞争的市场环境。

3. 刑法激励角度的企业合规

在我国的一些司法实践中，存在企业员工涉嫌犯罪时，企业以规章制度严格禁止违法违规行为为由，将企业责任与员工个人责任加以切割，从而说服司法机关减轻或者免除企业责任的情况。例如被称为中国合规无罪抗辩第一案的雀巢公司五名员工侵犯公民个人信息案，在该案中雀巢公司

[1] 参见陈瑞华：“论企业合规的中国化问题”，载《法律科学（西北政法大学学报）》2020年第3期。

[2]《中央企业合规管理指引（试行）》第2条。

的答辩理由是其已尽到合规管理义务，通过企业内部的规范性文件禁止员工侵犯公民个人信息，并且将这些内容也列入员工培训的内容中。这一答辩理由也得到了兰州中院的认可，并最终没有认定雀巢公司构成犯罪。

由于刑法对于严格责任制度的抵触、单位犯罪的归责原则的缺陷等原因，在我国，作为企业无罪抗辩事由的合规机制并不存在。在出罪、积极抗辩、减免刑事处罚等方面，刑法并没有建立起相应的激励机制。在刑事诉讼方面，合规无法成为检察机关不起诉的依据，学界呼声较高的暂缓起诉制度在刑事诉讼中也尚未引入，这些因素使得大量构成犯罪的企业，一旦进入立案侦查的程序就难逃“严刑峻罚”的最终结果。如何将合规制度引进中国刑法也是需要我们不断探索的课题。

4. 律师业务角度的企业合规

过去，提供合规业务的主体主要是少数从事“涉外业务”的律师事务所。时至今日，建立合规管理体系的潮流从银行业开始，逐渐延伸到保险业和证券业，直到政府监管部门在中央企业和从事涉外业务的企业中开始强制推行合规管理业务。[1]与此同时，越来越多的企业面临着普遍的法律风险并具有强烈的合规服务需求，尤其在反商业贿赂、反洗钱、知识产权保护等领域。越来越多从事国内法律业务的律师事务所基于客户出现的需求不断开拓律师业务。我国的律师事务所的合规服务大致可以分为三个板块：一是帮助企业打造或者完善合规计划。二是为企业提供合规尽职调查和内部合规调查等合规调查服务。三是帮助企业应对政府执法和刑事执法活动，最大限度地维护企业利益。在律所实务中，众多从事刑事诉讼业务的律师不善于维系、发展企业客户，缺乏“客户思维”，而众多民商事律师虽然拥有众多企业客户，但是对于行政监管与刑事法律领域不如合同审查、股权分析等传统静态业务熟悉。因此在合规业务被不断推广的过程中，就出现了律师业务能力与专业能力的断裂，律师对于合规业务的拓展感到吃力，众多企业也无法找到令自己信任的提供合规服务的团队，这一问题还有待解决，对于企业合规这一理论也有待进一步的本土化的改造。

---

〔1〕 参见陈瑞华：《企业合规基本理论》，法律出版社 2020 年版，第 277~279 页。

二、“刑事合规”概念的辨析与厘清

纵观国外的相关文献，对于合规理论绝大部分是采用“企业合规计划”或者“合规管理制度”的概念展开论述。追根溯源，刑事合规是企业合规计划逐渐转移到以控制企业刑事风险为核心所产生的新的概念，其并非是一项独立于合规计划之外的制度。[1]21世纪以来，随着经济全球化在世界范围内形成潮流，全球贸易往来日益密切。在《联合国反腐败公约》《OECD关于腐败的刑法公约》以及《保护欧洲共同体金融利益公约的第二协议》等国际公约和协议的助推下，世界各国纷纷确立了企业合规计划。[2]我国企业在“走出去”的过程中也将刑事合规视为企业预防和规避一国刑事风险的法宝。早在2014年开始，就有一些律所从事相关业务，随着时间的推移，律所的刑事合规业务也向着专业化、精细化方向发展。我国2018年7月1日生效的《合规管理体系指南》国家标准指出，“合规意味着组织遵守了适用的法律法规及监管规定，也遵守了相关标准、合同、有效治理原则或道德准则”。由此可知，我国的合规之“规”既包括国家法律规范，同时也包括基于行业特点形成的行业规范、商业道德规范以及企业资源设立的风险防控规范。实践证明，刑事合规是整个合规中的核心。

学界对于刑事合规的定义意见不一。有学者认为“刑事合规包含所有客观上事前必要的或者事后被刑法认可的规范性、制度性以及技术性的属于某一组织的措施，这些措施的相对人既可以是组织的成员、商业合作者，也可以是国家或者社会大众。这些措施的目的是：a）降低组织或者组织成员实施的与组织有关且违反国内或国外法的经济犯罪行为的风险或者是相应的犯罪嫌疑的风险；或者b）与刑事执法机构达成一致而对刑事处罚产生积极影响，并最终借此以提高企业的价值”[3]。也有学者将其简

[1] 参见陈瑞华：《企业合规基本理论》，法律出版社2020年版，第277~279页。

[2] 参见张远煌：“刑事合规国际趋势与中国实践”，载《检察日报》2019年11月2日。

[3] [德]托马斯·罗什：“合规与刑法：问题、内涵与展望——对所谓的‘刑事合规’理论的介绍”，李本灿译，载《刑法论丛》2016年第4期。

单归纳为，“为了避免公司员工因其相关业务举止而进行刑事答责的一切必要且容许的措施”〔1〕。我国学者认为，刑事合规实际上是借助刑事法手段、构罪或者量刑，以推动组织体自我管理的相关立法和实践。〔2〕此外还有学者认为所谓刑事合规，是指为避免或减少因企业及企业员工相关行为给企业带来的刑事风险，国家通过刑事政策上的正向激励或否定性的责任归咎，推动企业以刑事法律的标准来识别、评估和预防公司的刑事风险，制定并严格实施遵守刑事法律的计划和措施。〔3〕这一观点得到较多学者的认可。

尽管学界对于刑事合规的概念存在争议，但是也可以总结出以下特征：首先，刑事合规的主要目的是使得企业的运行受到刑事规范的束缚。从守法的角度进行分析，刑事合规就是用刑法的标准来识别、评估、预防以及控制公司的法律风险。相对于刑法的事后惩治，刑事合规是刑事实体法的前置，其使得企业对刑事实体法予以落实。其次，刑事合规赋予了企业与经营者一定的刑事风险管理的积极义务，其作为现代公司治理机制的重要组成部分，通过建立能够预防犯罪的各种合规组织，采取各种有效的合规性措施，旨在促进企业以最有效的方式预防经济犯罪活动，以消除或者减轻刑罚风险。〔4〕最后，刑事合规也是国家刑事政策对合规与不合规的回应，在很多国家，不合规成为单位犯罪中相关主体责任归咎的依据，并且将不合规的情况纳入刑罚处罚的考量情节。刑事合规作为一种综合提高企业犯罪遏制效果的措施，需建立在良好的整体法治环境基础上。而当下中国，如何清晰界定法律义务与企业自治边界以及如何在我国刑法单位犯罪规定的基础上建立具有中国特色的刑事合规制度都需要进行进一步的讨论。但无论如何，刑事合规仍是之后刑事诉讼业务极具前景的发展方向。

---

〔1〕［德］弗兰克·萨力格尔：“刑事合规的基本问题”，马寅翔译，载李本灿等编译：《合规与刑法：全球视野的考察》，中国政法大学出版社 2018 年版，第 58 页。

〔2〕参见李本灿：“刑事合规理念的国内法表达——以‘中兴通讯事件’为切入点”，载《法律科学（西北政法大学学报）》2018 年第 36 卷第 6 期。

〔3〕参见孙国祥：“刑事合规的理念、机能和中国的构建”，载《中国刑事法杂志》2019 年第 2 期。

〔4〕参见周振杰：“企业适法计划与企业犯罪预防”，载《法治研究》2012 年第 4 期。

三、上市公司刑事合规建议

（一）准确识别企业刑事风险

刑事风险防控是企业刑事合规的基本要义，有效识别企业刑事风险是构建刑事合规体系的基础。对于上市公司而言，交叉法律问题大量存在，造成上市公司刑事风险识别难度加大。总体而言，上市公司蕴含的刑事风险可以大致分为以下三方面：

第一，上市公司内部人员和机构的刑事风险。此类风险是上市公司内部个别个体所实施犯罪的风险，也是上市公司刑事合规风险最为常见的领域。此类风险存在于从企业设立、发展直至破产清算的全流程，分布于企业经营管理的各个环节，并伴随企业的终身，突出表现为商业贿赂犯罪风险。

第二，生产经营过程中的单位犯罪风险。此类刑事风险通常表现为生产安全犯罪、违法招投标、税务犯罪、环境犯罪。以合法经营为目标而创设的企业，背离合法经营道路而实施单位犯罪，表明作为内控机制的刑事合规丧失了独立性。

第三，上市公司遭受刑事侵害的风险。外部主体所实施的针对上市公司的犯罪是上市公司刑事风险的重要组成部分。此类风险主要分为两类，一类是业务接洽中的刑事侵害风险，是指上市公司在经营中同外部主体进行业务接洽时，成为外部主体所实施的犯罪的对象，最为常见的则是上市公司被合同诈骗。另一类是从外部主体犯罪向内部主体犯罪的转化风险，是指由于外部主体实施的犯罪行为，诱导企业内部主体实施犯罪的风险，最为常见的为内外联合侵犯商业秘密、商业贿赂以及尽调失职引发的被诈骗风险。

（二）了解刑事合规基本内容

随着近年来监管趋于严格，上市公司的合规意识不断增强，然而就刑事合规而言只闻其名，不见其形，遑论将其落到实处。就刑事合规的基本内容而言，通常可以分为以下六大要点：

1. 建立刑事法律风险的自纠自查机制

上市公司刑事合规需要对公司经营管理工作和主营业务开展定期、全面的刑事法律风险尽职调查，从而形成对上市公司自身法律风险的全面认知，做到有的放矢。

2. 建立法律事务的刑事合规融合机制

公司对法律事务的关注往往具有整体性与滞后性，在这一观念的主导下，刑事风险防控和应对也往往被边缘化，通常与公司整体法律事务割裂。建议将刑事合规理念融合到上市公司法律事务的资源配备与工作流程中，使整个上市公司法律事务成为一种突出刑事合规重点亦兼顾全面的系统化、规模化机制。[1]

3. 建立刑事犯罪风险事先预防机制

建立事前防范机制是应对和管理刑事风险最有效、成本最低的方法。上市公司在业务的开展进行、合作伙伴的选取、信息披露等方面应当进行全面的刑事合规风险评估与尽职调查，从而有效避免陷入刑事犯罪风险。

4. 建立刑事合规常态化培训机制

刑事合规的重要内容是实现上市公司内部制度化、动态化的刑事犯罪防控机制，而这一目标的实现依赖于公司内部成员主观上的认可和客观上的行为遵循，因此应当对上市公司内部人员进行具有全面覆盖性的刑事合规风险培训，而不应仅停留在高管层面；同时，考虑到上市公司内部的人员自然流动和外部的法律更新，这种培训应当常态化。

5. 建立重大决策的刑事合规参与机制

上市公司管理层基于自身的专业知识和管理经验，对于市场机会的把握、公司重大机构调整、业务方向的判断有着敏锐的洞察力，但是囿于专业的限制，上市公司管理人员往往无法对重大法律事务的法律风险进行准确评估。刑事合规应当融入上市公司的决策机制中[2]，确保上市公司在重大法律事件中保持“安全的航向”。

---

[1] 参见韩铁：“企业刑事合规的风险防控与建构路径”，载《法学杂志》2019 年第 9 期。

[2] 例如中兴公司合规部门对于公司全部经营活动和商业交易具有“一票否决权”。可参见陈瑞华：《企业合规基本理论》，法律出版社 2020 年版，第 79 页。

6. 建立特定刑事风险应对机制与刑事犯罪回应机制

面对已经形成的特定刑事风险，应当积极应对化解，启动相应的危机应对程序，聘请外部专业人员介入，避免风险进一步扩大。而面对公司或公司高管已经涉嫌犯罪的情况，应当启动刑事犯罪回应机制，帮助公司了解罪名及可能引起的刑事处罚，为面对违法调查提供法律指引，同时积极收集无罪或罪轻证据，将刑事犯罪对公司的损害降至最低。

第十章
企业刑事合规的最新动向

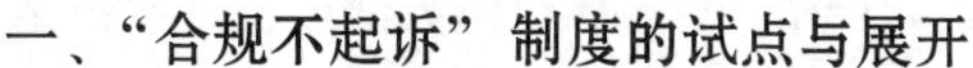

一、“合规不起诉”制度的试点与展开

“企业合规”的概念因某些知名企业的事件而进入公众视野，并由此在理论界和实务界被广泛讨论。广义而言，“企业合规”的内涵包括公司治理方式、行政监督激励机制、国际组织制裁激励以及刑法激励机制等方面。刑法激励机制亦即时下热议的“刑事合规”。从世界各国的实践来看，企业通过制定合规计划，换取在涉刑案件中暂缓起诉或不起诉的结果，已经取得一定成效。

（一）“合规不起诉”试点工作的展开

2020年，最高人民检察院（以下简称“最高检”）亦开始由理论研究所牵头启动对我国企业刑事合规制度的探索：2020年3月，最高检启动涉案违法犯罪依法不捕、不诉、不判处实刑的企业合规监管试点工作，在全国确定了6个基层检察院作为试点单位。[1]2020年9月10日，最高检在深圳市宝安区召开“企业刑事合规与司法环境优化研讨会”，副检察长童建明指出，检察机关在做好指控证明犯罪的同时，要积极参与社会治理，助力依法开展刑事合规管理；2020年12月25日，最高检召开企业合规试点工作座谈会，检察长张军更是明确，要加强理论研究，深化实践探

〔1〕参见邱春艳、李钰之：“创新检察履职，助力构建中国特色的企业合规制度”，载《检察日报》2020年12月28日。

索，稳慎有序扩大试点范围，以检察履职助力构建有中国特色的企业合规制度。

2020 年 3 月，最高检确定上海市浦东新区、金山区检察院，广东省深圳市南山区、宝安区检察院，江苏省张家港市检察院、山东省郯城县检察院为试点单位〔1〕，标志着合规不起诉制度正式在我国展开实践。目前，试点实施已逾一年，试点单位纷纷制定了各具特色的合规不起诉制度实施方案。2021 年 4 月，最高检下发《关于开展企业合规改革试点工作的方案》，正式启动第二期企业合规改革试点工作，涉及北京、辽宁、上海、江苏、浙江、福建、山东、湖北、湖南、广东等 10 个省（直辖市），各省（直辖市）由省级检察院确定 1~2 个基层检察院作为试点，试点范围大幅扩大。

2021 年 6 月 3 日，最高检、司法部、财政部、生态环境部、国务院国有资产监督管理委员会、国家税务总局、国家市场监督管理总局、全国工商联、中国国际贸易促进委员会研究制定并印发了《关于建立涉案企业合规第三方监督评估机制的指导意见（试行）》（以下简称《第三方监督评估机制指导意见》），推进企业合规改革试点工作中建立健全涉案企业合规第三方监督评估机制。同日，最高检发布首批共 4 件企业合规改革试点典型案例。

2021 年 11 月 22 日，九部门联合发布《〈关于建立涉案企业合规第三方监督评估机制的指导意见（试行）〉实施细则》和《涉案企业合规第三方监督评估机制专业人员选任管理办法（试行）》。

2021 年 12 月 8 日，最高检发布第二批共 6 件企业合规典型案例，积极推进第三方监督评估机制的适用。

2022 年 1 月 17 日，全国检察长（扩大）会议明确涉案企业合规改革今年 3 月第二批试点结束，最高检将总结经验，在全国检察机关全面推开。最高检将抓紧开展立法建议研究工作。做实企业合规，重在落实第三方监

〔1〕 参见邱春艳、李钰之："创新检察履职，助力构建中国特色的企业合规制度"，载《检察日报》2020 年 12 月 28 日。

督评估机制。要着力监督“整改”，督促第三方组织、人员做到“真监督”“真评估”，确保涉案企业“真整改”“真合规”。

此外，全国范围内的多处检察机关从中央保护民营经济健康发展以及服务保障“六稳”“六保”的政策目标出发，自发探索涉罪企业合规考察制度并出台试点实施意见或细则，具体情况可参见下文“全国范围内检察机关合规不起诉制度探索建设情况统计表”。

（二）各地改革试点的特征

第一，省级检察机关统领省内合规不起诉改革的试点，并在辖区内进一步明确试点范围、确定试点检察院。

第二，各地试点进度虽然存在差异，但绝大部分试点单位都制发了用于指导试点工作的规范性文件或工作方案，内容一般涵盖企业合规的工作原则、适用条件、工作流程、第三方监督机制、文书样本等。

第三，试点工作虽以检察机关为主导，但与环境监管部门、市场监管部门、税务部门、司法部门、行业协会等多条线积极联动，设立协调协作机制、推动行刑衔接。

第四，部分目前尚未被纳入试点范围的检察机关甚至地方政府部门，也在主动参与和积极探索，力图通过合规不起诉的新方式服务保障一流营商环境。

根据最高检公布的数据，截至2021年11月底，10个试点省份共办理涉案企业合规案件525件，其中适用第三方监督评估机制案件254件，案件类型、适用罪名逐步多样化，案例的代表性、影响力逐步提升，可视为目前阶段分析和总结的良好样本，但囿于案件信息未全部公开及本书篇幅所限，本书暂无法做全口径的梳理和分析。笔者以最高检分别于2021年6月及12月发布的两批共10件企业合规经典案例为基础，并选取试点改革以来陆续发布的各地示范案例10件为补充，试图对企业合规不起诉试点改革的实践操作情况管中窥豹。

第一，所涉罪名以经济类犯罪居多，涉税案件是重点。

2021年6月18日，最高检第四检察厅专门下发《关于加强涉企业合规案件办理工作的通知》，要求各省级检察院经济犯罪检察部门切实担负起试点案件办理的牵头指导责任，积极推动各地规范、有序开展案件办理工作。在最高检的明确推动下，企业合规试点案件目前聚焦于经济类犯罪案件。在本书选取的 20 件适用合规不起诉制度的案例中，涉税类、走私类、非法集资、侵犯知识产权等经济犯罪案件 12 件，其中尤以涉税虚开类犯罪适用该制度的案件最多。究其原因，一方面是因为涉税类案件乃企业常见高发的犯罪类型，有迫切的办案需要；另一方面，该类案件的犯罪单位通过合规整改后能够规范经营、重焕生机的可能性高，这也是最大化发挥合规不起诉的制度价值。

第二，适用案例以法定刑在三年以下的轻罪案件居多。

在 20 件典型案例中，有 11 件为法定刑在三年以下的轻罪案件，究其原因是我国刑事诉讼法尚未修改，现阶段的合规不起诉探索主要在相对不起诉的法律框架内进行。目前对于法定量刑在三年以上有期徒刑的案件进行合规探索的检察院主要集中在深圳、上海等一线城市，并且据悉，该类案件须由经办检察院层报至最高检审批。

另外，目前的涉案企业合规改革，已由合规不起诉的框架内延伸至合规从宽领域。因为对于重罪，检察机关虽然无法作出不起诉决定，但通过企业合规建设换取相对轻缓的量刑建议，同样是一种企业合规刑事激励措施。如上海市宝山区人民检察院办理的上海 A 医疗科技股份有限公司、上海 B 科技有限公司虚开增值税专用发票案，检察机关通过企业合规与认罪认罚从宽制度相结合的方式，坚持和落实能不判实刑的提出判缓刑的量刑建议等司法政策，努力让企业“活下来”“留得住”“经营得好”，取得了更好的司法办案效果。

第三，整改期大多数较短，多为 1~3 个月。

已公开的案例中整改期大多为 1~3 个月，时间较短，在不完全统计中，整改期在 3 个月以上的较少，仅见于深圳、浙江、上海等地区的少数几个示范案例，最长的合规整改期不超过 1 年。

合规整改期限较短主要受限于检察院审查起诉阶段的法定期限，这么短的整改期限能否真正实现整改效果是普遍存在的顾虑。据了解，针对这个问题，黄石市人民检察院尝试把启动合规整改的时间提前到侦查阶段，公安机关在检察机关的指导下启动企业合规整改程序[1]，检察院通过提前介入侦查来解决诉讼期限不足的问题，不啻为一个解决思路。

第四，检察机关积极承担主导职责。

一方面，检察建议在企业合规不起诉制度中焕发新机，不少检察院创新性地将检察建议作为合规整改的前置程序，通过前期走访、调查涉案企业，发现造成犯罪的原因，并通过向企业发出关于存在问题的合规整改检察建议拉开企业合规整改的序幕，体现了检察机关积极履行法律监督职能，参与社会治理，为检察机关该项职权赋予新的价值。

另一方面，检察机关在行刑衔接中发挥了重要作用。人民检察院在拟作出不起诉决定的同时，会依法审查是否需要对被不起诉人给予行政处罚，这种由刑事到行政的移交处理属于行刑衔接中的“反向衔接”。以涉税类案件为例，企业建立税务合规体系可以保证未来不再发生偷漏税或虚开发票的行为，但国家已经发生的税款流失必须得到弥补，同时对于违法行为必须给予一定的惩戒。鉴于此，不少检察院在对涉案企业做出不起诉决定的同时，会主动向有关行政机关发出检察意见，要求对涉案企业予以行政处罚，确保法益损失得到修复，案件处理结果体现公平正义。

第五，改革试点中有不少创新之举。

（1）主动协助未被移送审查起诉但存在合规漏洞的企业开展整改

在深圳市南山区人民检察院经办的王某某、林某某、刘某乙对非国家工作人员行贿案中，企业并未被列为犯罪单位，被起诉的是企业负责人，然而案件暴露出该公司在制度建设和日常管理中存在较大漏洞。因此，在依法对王某某、林某某、刘某乙作出不起诉决定后，检察机关并没有简单地“一放了之”，而是通过围绕与商业贿赂犯罪有密切联系的企业内部治理结构、规章制度、人员管理等方面存在的问题，与涉案企业签署合规监管协议，协助企业开展合规建设，推动企业查漏补缺并重启了上市申报程序。

---

〔1〕 参见谢鹏程：“论涉案企业合规从宽检察改革的内在逻辑”，载《民主与法制》2021 年第 42 期。

（2）通过多期监控考察的方式延长刑事合规期限

以深圳某机电企业为例，深圳市宝安区人民检察院首创适用独立监控人制度，并通过多期监控考察的方式延长刑事合规期限，形成“先期刑事合规+不起诉+后期刑事合规”的模式，充分发挥刑事合规在修补风险漏洞、增强市场竞争力方面的重要作用。

（3）探索建立涉案企业合规异地协作工作机制

经办上海J公司、朱某某假冒注册商标案的上海市浦东新区人民检察院在公安机关移送审查起诉后，发现J公司是一家高新技术企业，具有良好发展前景，且该公司有合规建设意愿，具备启动第三方机制的基本条件，但由于J公司的注册地、生产经营地和犯罪地分离，有必要启动跨区域合规考察。因此，浦东新区人民检察院根据《长三角区域检察协作工作办法》，向上海市人民检察院申请启动长三角跨区域协作机制，委托企业所在地的浙江省嘉兴市人民检察院、秀洲区人民检察院协助开展企业合规社会调查及第三方监督考察，通过两地检察机关签订《第三方监督评估委托函》，明确委托事项及各方职责，确立了委托方发起、受托方协助、第三方执行的合规考察异地协作模式。

企业合规异地适用第三方机制的新模式，打破了检察机关办案时因地域和距离而面临的客观局限性，通过调动资源内部异地协作，明确各自职责，充分发挥第三方监督评估组织的监督考察职能，大大提高了第三方监督组织工作开展的及时性和有效性，确保合规计划治标更治本。

（4）借助涉案企业合规整改推动行业进步

以深圳市人民检察院经办的X公司走私普通货物案为例，该公司系国内水果行业的龙头企业，其进口的榴莲海运主要委托深圳、珠海两地的S公司代理报关，在报关过程中，由S公司每月发布虚假“指导价”，X公司根据指导价制作虚假采购合同及发票用于报关，报关价格低于实际成本价格。在此期间，X公司多次要求以实际成本价报关，均被S公司以统一报价容易快速通关等行业惯例为由拒绝。

案发后，在深圳市人民检察院的建议下，X公司开始启动为期一年的进口业务合规整改工作。除了针对与走私犯罪有密切联系的企业内部治理结构、规章制度、人员管理等方面存在的问题制定合规计划以外，针对案发成因，X公司一方面加强代理报关公司合规管理，明确在合同履行时的责任划分，另一方面发挥龙头企业在行业治理的示范作用，积极推动行业生态良性发展，不仅主动配合海关总署关税司工作，不定期提供公司进口水果的采购价格，作为海关总署出具验估价格参数的参照标准，还参与行业协会调研、探讨开展定期价格审查评估与监督机制。在涉案企业的积极配合与推动下，深圳市人民检察院针对案件办理过程中发现的行政监管漏洞、价格低报等行业普遍性问题，依法向深圳海关发出《检察建议书》并得到采纳，实现了通过办理个案从而推动行业合规整改，彰显了涉案企业合规探索的新价值。

二、代表性试点工作

各地检察机关在试点或探索过程中亮点纷呈，本书仅选取三个代表性试点进行介绍。

（一）深圳市宝安区检察院携手区司法局在全国首创“企业刑事合规独立监控人”制度

所谓独立监控人，是指受犯罪嫌疑企业委托，对企业刑事合规情况进行调查、规划、监督的律师事务所。2020年8月28日，宝安区司法局印发《关于企业刑事合规独立监控人选任及管理规定（试行）》，明确规定监控人从律师事务所中选任并纳入名录库，其主要职责是就企业刑事合规情况进行调查，协助犯罪嫌疑企业制定合规计划以及协助区人民检察院监督合规计划的执行，并针对其履职情况、企业刑事合规建设出具阶段性书面监控报告，作为区人民检察院作相应处理决定的参考。目前，北京市金杜（深圳）律师事务所已被宝安区司法局选任为第一批刑事合规独立监控人。

（二）辽宁省十家机关联合制定《关于建立涉罪企业合规考察制度的意见》

为服务保障民营经济健康发展，2020年12月16日，辽宁省检察院等十家机关联合制定了《关于建立涉罪企业合规考察制度的意见》。该意见全面、详细、可操作性强，并在以下方面独具特色：其一，就类罪（包括：污染环境罪，破坏自然资源罪，生产、销售伪劣产品罪，走私犯罪，银行保险企业犯罪，地方金融组织犯罪，税收犯罪，商业贿赂犯罪，扰乱市场秩序犯罪）的合规考察主体和重点考察内容作出了相应的规定；其二，尽管没有设立“独立监控人”，但要求合规考察期内涉罪企业聘请律师、会计师、税务师等专业人员参与合规计划的执行与评估，并独立发表意见；其三，对于拟作不起诉决定的合规考察案件，要求检察机关进行不起诉公开审查，并邀请行政监管机关、参与合规考察的专业人员参加，全面审查涉罪企业的合规建设情况。

（三）浙江省岱山县人民检察院出台《涉企案件刑事合规办理规程（试行）》

尽管岱山县人民检察院并非最高检确定的试点单位，然而，岱山县人民检察院从营造稳定、公平、透明、可预期的法治化营商环境的目标出发，于2020年9月27日出台了《涉企案件刑事合规办理规程（试行）》，为涉案企业经合规整改后可获从宽处理提供了全流程的办案指引。根据该规程，检察官办理涉企案件刑事合规业务的基本流程为：企业认罪认罚——出具合规承诺——确定整改方案——合规监督员进驻——整改考察期——公开听证——从宽处理——合规整改的监管激励。而该规程最大的亮点是提出了九大创新内容，其中就包括合规整改期周期首次明晰、整改方案内容首次标准化、合规监督员首次多元化以及刑事合规办案首次案件化办理等。

全国范围内检察机关合规不起诉制度探索建设情况统计表：

序号	区域	试点单位	时间	指导性文件/研讨会议
1	广东省	广东省人民检察院	2021.04.02	《广东省人民检察院关于开展企业合规改革试点工作方案》
2		广州市人民检察院	2021.10.26	《广州市涉案企业合规第三方监督评估机制实施办法(试行)》《广州市涉案企业合规第三方监督评估机制管理委员会工作规则(试行)》《广州市涉案企业合规第三方监督评估机制专业人员选任管理办法(试行)》《广州市涉案企业合规第三方监督评估组织运行规则(试行)》
3		广州市天河区人民检察院	2021.04	成立企业合规改革试点工作领导小组
4		广州市从化区人民检察院	2021.07.23	《涉案企业合规第三方监督评估机制工作办法(试行)》
5		深圳市人民检察院、深圳市司法局	2020.08.11	企业合规座谈会 深圳市检察院党组书记、检察长李小东主持会议。市检察院、市司法局相关人员参会
6		深圳市龙华区人民检察院	2020.04	《关于对涉民营经济刑事案件实行法益修复考察期的意见(试行)》
7		深圳市南山区人民检察院	2020.06.17	《关于涉企业犯罪案件适用附条件不起诉试点工作方案(试行)》
8		深圳市宝安区人民检察院	2020.11	《关于加强行业合规管理协作暂行办法》
9			2020.12	《企业犯罪相对不起诉适用机制改革试行办法》
10			2021.05.12	《深圳市宝安区人民检察院企业合规改革试点工作方案》
11		深圳市宝安区人民检察院、深圳市宝安区司法局	2020.08.21	《企业刑事合规协作暂行办法》

续表

序号	区域	试点单位	时间	指导性文件/研讨会议
12	广东省	深圳市宝安区司法局	2020.08.28	《关于企业刑事合规独立监控人选任及管理规定(试行)》
13		佛山市人民检察院	2021.07.19	《服务保障打造一流营商环境十二项工作措施》
14		佛山市顺德区人民检察院	2021.04.22	企业合规改革试点工作座谈会 区人大代表、区政协委员、人民监督员、区检察院专家咨询委员会委员、律师协会代表、企业家代表、区法院、区公安局、区科技局、区市监局、区工商联、区经促局、区税务局代表等14人参加。顺德区人民检察院党组书记、检察长徐彪，党组成员、副检察长杨军，相关部门负责人及检察官代表参会
15		佛山市南海区人民检察院	2021.09	《南海区涉案企业合规第三方监督评估机制工作办法(试行)》
16	江苏省	江苏省人民检察院	2020.10.26	《关于服务保障民营企业健康发展的若干意见》
17		苏州市人民检察院	2020 上半年	《苏州市检察机关关于涉案企业限期刑事合规从宽处罚制度实施细则》
18		张家港市人民检察院	–	《企业犯罪相对不起诉适用办法》
19		无锡市人民检察院	2021.04	《无锡市检察机关办理涉民营企业刑事案件操作指引》《企业合规检察监督规则(试行)》
20		南京市建邺区人民检察院	–	《关于涉企犯罪案件中适用认罪认罚从宽推进企业合规的实施意见(试行)》
21	辽宁省	辽宁省人民检察院	2020.05.18	《涉民营企业刑事犯罪案件指引》

续表

序号	区域	试点单位	时间	指导性文件/研讨会议
22	辽宁省	辽宁省人民检察院、辽宁省市场监督管理局等10机关	2020.12.16	《关于建立涉罪企业合规考察制度的意见》
23		辽宁省人民检察院	2021.09.10	全省涉罪企业合规考察工作交流推进会 会议由省检察院检委会专职委员、二级高级检察官齐智文同志主持,工商联代表、企业家代表、律师代表在主会场参加会议,全省检察机关主管刑事检察工作的院领导及全体员额检察官以视频形式在各分会场参加会议
24	浙江省	浙江省人民检察院	2021.10.20	《关于建立涉案企业合规第三方监督评估工作机制的意见(试行)》
25			2020.10	《关于开展企业经济犯罪刑事合规法律监督试点工作的意见》
26		永康市人民检察院	2021.01	《关于共同推进企业合规法律监督工作的意见》
27		宁波市人民检察院	2020.09	《宁波市检察机关关于建立涉罪企业合规考察制度的意见(试行)》
28		岱山县人民检察院	2020.09.27	《涉企案件刑事合规办理规程(试行)》
29	福建省	福建省人民检察院	2021.04.27	福建省检察院赴泉州调研企业合规改革试点工作 福建省人民检察院研究室主任陈友聪带队赴泉州检察机关调研企业合规改革试点工作开展情况。调研组在晋江市检察院召开企业合规试点改革工作座谈会,会议由晋江市检察院王文龙检察长主持。改革试点单位晋江市检察院、洛江区检察院、石狮市检察院分别汇报了企业合规试点工作的开展情况

续表

序号	区域	试点单位	时间	指导性文件/研讨会议
30	福建省	石狮市人民检察院	2021.02.25	《石狮市人民检察院涉罪企业合规考察制度实施办法(试行)》
31	福建省	石狮市人民检察院、石狮市司法局	2021.02.25	《关于企业刑事合规监督员选任及管理规定(试行)》
32	福建省	泉州市洛江区人民检察院	2021.03	《涉企案件合规不起诉工作规程(试行)》《关于聘任泉州市洛江区人民检察院首批涉企案件合规监督员的决定》
33	福建省	泉州晋江市人民检察院联合多部门共22家单位	2021.03	《关于成立晋江民营企业合规建设服务联盟的实施方案》
34	福建省	晋江市人民检察院	2021.05	《晋江市人民检察院涉企案件刑事合规办理规程(试行)》
35	上海市	上海市人民检察院	2021.12.02	上海市涉案企业合规第三方监督评估机制管理委员会成立会议 《上海市涉案企业合规第三方监督评估机制管理委员会工作规则(试行)》《上海市涉案企业合规第三方监督评估机制专业人员名录库管理办法(试行)》《上海市涉案企业合规第三方监督评估组织运行规则(试行)》
36	上海市	金山区人民检察院	2021.03	《关于企业合规第三方监管人遴选、选任、管理的暂行规定》
37	上海市	上海市虹口区人民检察院	2021.12.16	《上海市虹口区涉案企业合规第三方监督评估机制管理委员会工作规则(试行)》《上海市虹口区涉案企业合规第三方监督评估机制专业人员选任管理办法(试行)》《上海市虹口区涉案企业合规第三方监督评估组织运行管理实施办法(试行)》

续表

序号	区域	试点单位	时间	指导性文件/研讨会议
38	上海市	上海市浦东新区人民检察院	2021.08.19	《上海自贸区涉案企业合规第三方监督评估机制管理委员会工作规程(试行)》《上海自贸区涉案企业合规第三方监督评估组织运行管理实施办法(试行)》
39	山东省	山东省人民检察院	2021.10.19	全省检察机关企业合规改革试点工作现场调研观摩活动 淄博市张店区人民检察院、东营市东营区人民检察院、烟台市牟平区人民检察院、招远市人民检察院及临沂市郯城县人民检察院、费县人民检察院6个单位现场交流工作经验，烟台、临沂市人民检察院作书面经验交流，参加活动人员就开展企业合规改革试点工作中遇到的问题进行了深入研讨和交流，省检察院企业合规专班进行了解答和释疑，并对试点推进情况进行了点评
40		临沂市郯城县人民检察院	2021.02	《企业犯罪相对不起诉实施办法》
41	广西省	柳州市鱼峰区人民检察院	2021.02.04	《企业刑事合规不起诉制度实施方案》
42	湖北省	湖北省人民检察院	2021.10.09	构建检察特色企业合规制度的探索与思考——企业合规改革理论与实务研讨会 最高检、《中国检察官》杂志社、省检察院、省工商联、省国资委及黄石市相关负责同志，全国企业合规研究领域知名专家学者，企业合规改革部分试点院代表，企业合规第三方监管人代表参会
43			-	《湖北省人民检察院关于开展企业合规改革试点的实施方案》《湖北省人民检察院企业合规改革试点案件指导把关工作规程》
44		湖北省人民检察院等9部门	2021.09.10	《关于建立涉案企业合规第三方监督评估机制的实施意见(试行)》

续表

序号	区域	试点单位	时间	指导性文件/研讨会议
45	湖北省	湖北省随州市人民检察院	2021.06	《随州市企业合规第三方监管机制管理委员会办公室及第三方监管团队组建办法(试行))》《随州市企业合规第三方监管机制考察工作流程(试行)》
46		湖北省黄石市人民检察院	2020.07	《黄石检察机关办理涉企刑事案件落实"两少""一慎"建设性司法十三条措施》《黄石检察机关民事行政、公益诉讼优化营商环境九条举措》
47	湖南省	湖南省人民检察院	2021.04	《关于开展企业合规改革试点工作的实施方案》
48			2021.04.20	企业合规改革试点检察院检察长座谈会 会议由省检察院党组副书记、副检察长卢乐云主持。省检察院党组成员、副检察长丁维群,第一、三、四、六、七、八检察部,研究室、案管办等部门主要负责同志,长沙市人民检察院及所辖基层检察院,岳阳市及岳阳楼区、云溪区和郴州市及苏仙区等检察院检察长参加会议
49			2021.07.09	《湖南省涉案企业合规第三方监督评估机制管理委员会工作规则(试行)》《涉案企业合规第三方监督评估组织运行规则(试行)》

三、企业涉嫌犯罪，何以合规不起诉

当前，国内外环境错综复杂，中央不断号召平等保护民营企业，为经济社会高质量发展营造法治化营商环境。而中国民营企业面临的刑事追诉风险日趋增加，打击企业犯罪与保护企业、促进经济发展的矛盾，实际上是公平与效率两种价值内在紧张关系的外化，企业合规不起诉制度的出现有望缓解这一矛盾。

（一）风险刑法及追诉思维是企业“痛点”

近年来，我国刑事立法活跃，不断拓宽刑事处罚领域，甚至也在一定程度上转变了法益观，以发生实际侵害的“结果导向”[1]被弱化，以防范抽象危险为目的的风险刑法的地位日趋重要。如 1997 年《刑法》第 141 条（生产、销售假药罪）规定以“足以严重危害人体健康”为该罪的构成要件，属于具体危险犯，但 2011 年 2 月 25 日通过的《刑法修正案（八）》第 23 条取消了上述要件，将该罪变为抽象危险犯，行为人只要生产、销售假药即构成犯罪。[2]又例如《中华人民共和国刑法修正案（九）》规定的帮助信息网络犯罪活动罪，即使因客观条件限制无法查证被帮助对象是否达到犯罪的程度，但行为人为 15 个以上对象提供帮助的，即可以追究刑事责任。

同时，司法机关的追诉思维也是企业经营活动中的“痛点”。以我们办理的某医院涉嫌销售未经许可进口的疫苗案为例：在案件审查起诉期间，适值新的《中华人民共和国药品管理法》出台，未经批准进口的疫苗不再作为假药处理，辩护人提出既然涉案药品已不属于假药，就无法构成生产销售假药罪，应不予起诉。然而，检察机关最终决定更换罪名为非法经营罪提起公诉。在本案没有对任何疫苗接种者造成身体损害，且医院已全额退款并按三倍价格赔偿损失的情况下，法益已被修复，企业应当被给予合规整改的机会，而不是使数千万投资的民营医院因此事毁于一旦。

（二）单位犯罪双罚制，易造成“溢出效应”

我国单位犯罪采取双罚制，对单位判处罚金的同时，还对其直接负责的主管人员和其他责任人员判处刑罚。此外，因利用职业便利实施犯罪，或者实施违背职业要求的特定义务的犯罪被判处刑罚的，法院可以禁止其自刑罚执行完毕之日或者假释之日起从事相关职业。而在追诉过程中，侦

---

〔1〕 参见周光权：“论通过增设轻罪实现妥当的处罚——积极刑法立法观的再阐释”，载《比较法研究》2020 年第 6 期。

〔2〕 参见陈兴良：“‘风险刑法’与刑法风险：双重视角的考察”，载《法商研究》2011 年第 4 期。

查机关有权对涉案的财物予以查封冻结。据此，一旦企业被判决构成犯罪，不仅会导致企业遭受经济上的处罚，企业的经营性财产可能被冻结，企业的管理人员可能被监禁，企业的市场准入资格也可能会被剥夺。这意味着，企业在被追诉后，其面临财产、人员、准入资格多个方面的“围剿”，在竞争激烈的市场经济中无异于直接“出局”。企业是创造就业岗位、促进经济发展的主体，如因刑事追诉而倒闭，其员工和上下游的商业合作伙伴作为无辜的第三人也因此受到牵连，对社会稳定与经济发展均有不利的影响。

现代刑罚理论追求罪、责、刑相一致，追究单位犯罪责任的初衷是矫正犯罪行为，恢复社会秩序，而非直接关停企业，更无意处罚无辜的第三方。但针对企业的刑罚所造成的“溢出效应”，在客观上会带来超出刑罚预期的不良影响，并非刑罚本意。

（三）合规不起诉，意在兼顾社会效率与司法公平

1. 合规不起诉通过刑事激励，倒逼企业完善合规体系

合规不起诉制度以检察机关不起诉为条件，要求企业积极采取退赃赔偿、补缴税款、修复环境等措施，并完善合规体系，这一制度将迫使企业在“被剥夺资格与建立风险防范体系之间做出选择”〔1〕，即使不经过司法程序，也可以取得矫正犯罪行为、减少犯罪造成的影响的效果，且相较于刑罚执行完毕即完结的做法，合规不起诉制度在企业内部建立起长效的合规体系，将追诉变为全流程的合规嵌入，对于预防二次犯罪、规范企业治理能有更好的效果；对于跨国大型企业，也可以提升企业的国际竞争力，尽可能避免企业因合规问题而遭遇制裁，让“合规创造价值”落到实处。

2. 合规不起诉减缓“溢出效应”，节约司法资源

在合规不起诉制度下，如果司法机关最终验收企业合规建设成果合格而不起诉，企业就避免了人财两空、竞争出局的灭顶之灾，企业员工、第三方的利益也得以被更好保护。此外，合规不起诉带有协商性司法的性质，检察机关与企业的目标趋向一致，检察机关无需花费心力组织人力搜

〔1〕 陈瑞华：《企业合规基本理论》，法律出版社 2020 年版。

集证据、准备庭审、说服法院作出有罪判决，而是由企业作出补救措施，承担合规建设所需的成本。合规不起诉将有力节约司法资源，减少检察院、法院堆积的案件压力。

综上所述，在企业于经济发展中发挥越来越重要作用但面临越来越大刑事风险的背景下，推行合规不起诉可谓一举多得，势在必行。

四、现阶段合规不起诉制度的困境与对策

（一）合规不起诉制度的法理支撑和路径选择

1. 合规不起诉制度的法理支撑：是否违背“罪刑法定”和“司法平等”？

合规不起诉，实际上是对已经构成犯罪的企业，通过合规整改或法益修复的方式，最终使其获得无罪处理，这与我国“罪刑法定”“罪责刑相适应”的原则可能相抵牾。此前，针对已经构成犯罪的主体，我国刑事诉讼法设立了相对不起诉制度和附条件不起诉制度进行调节。但是，相对不起诉的适用前提是犯罪情节轻微，依照刑法可以不追究刑事责任或者免除刑事处罚，而附条件不起诉的适用对象则仅限于可能判处一年有期徒刑以下刑罚的未成年犯罪嫌疑人。所以有人提出疑问，在不改变现有刑法体系和制度的情况下，合规不起诉制度是否符合“罪刑法定”基本原则，以及是否影响了司法平等原则。

以未成年人附条件不起诉制度为例进行观察，可以作为一个角度的参考。未成年人附条件不起诉制度设置的初衷是在未成年人的权利能力与行为能力之间做出平衡，未成年人由于身心发育未完成，不具备完全的行为能力，为了社会稳定，法律对未成年人的行为能力进行一定的限制。同时，基于人生而平等的天赋权利，法律又必须对未成年人受限制的能力进行补足，由此产生未成年人的特殊保护，这也可视为是平等原则的体现。

涉罪企业合规不起诉是在企业犯罪后履行合规整改和法益修复的义务，恢复被破坏的社会秩序并从预防角度开展，法律才给予的特殊保护。当然，这项制度的确存在无法回避的刑法实体认定问题，比如，根据刑法认定为犯罪的行为，仅仅因为事后合规而放弃刑罚，是否背离了罪行法定

原则。再如，不同企业实施了类似犯罪，因情况不同而区别对待，是否违背平等原则，这些问题需要在未来不断回应和制度完善。

2. 合规不起诉的路径选择：纳入还是重建？

由于合规不起诉是在现有法律框架之外的全新尝试，目前又缺乏来自上层的明确政策与口径，基层检察机关在推进中无可避免地有些顾虑。为了避免与现有法律规定直接冲突，各地试点检察机关也在探索可以取得平衡的做法。

以某基层人民检察院为例，其在试点规定中没有突破现有法律框架，没有直接使用“附条件不起诉”或“相对不起诉”的概念，而是借用诸如“诉前考察”等名目来回避可能的冲突，并将整个办案和考察期限严格限定在检察办案期限内。这种权宜之计当然存在一些问题，例如考察时间过短不可避免地会制约企业合规效用的真正发挥，试点工作也受到内外部制度规定的掣肘导致无法凸显试点的特色和创新。更现实的因素是，当前业务部门受制于办案期限、案件比、速裁率等考核指标，对合规不起诉改革存有疑虑，其适用积极性有待提高。

对于这样的现状，应推动尽快出台试点办法、明确试点进度，以便于基层检察机关尽早实践。而在正式试点规定出台之前，检察机关要平衡好试点改革和规范办案的关系，避免直接超越现有法律的禁止性规定，对于试点中遇到的办案期限计算，例如是否需要延长退查、如何统一系统信息填录等问题，要协调上级单位和案管部门，做出妥善处理。全国试点办法的出台将统领合规不起诉改革的实践，而各地试点的有效经验，亦是制定试点方案的基础。

合规不起诉的实现方式，截至目前在思路上有两条路径：一是将合规不起诉纳入现有法律体系框架中，即在“相对不起诉”或“附条件不起诉”及“认罪认罚从宽”制度中融入合规不起诉的内容；二是在现有法律框架外单独创设新的机制，如有学者提出的“暂缓起诉协议制度”。至于最终的试点办法将采用何种路径，还要随着试点的进一步展开总结经验教训后再择最优方案。

（二）合规不起诉的适用范围和条件：是否仅限于轻罪？

根据我们试点制度的总结以及办理相关案件的经验，适用合规不起诉的条件之一即“直接负责的主管人员或其他直接责任人员可能被判处三年有期徒刑及以下刑罚”[1]，而不能适用合规不起诉的情形也包括“依法应当判处十年以上有期徒刑及以上刑罚，且不具备立功、自首、从犯等法定减刑情节”[2]。也即，目前的制度适用集中于轻罪案件。

最高检在该问题上持有的立场是“在法律明确授权以前，合规不起诉的适用范围应当限制在直接责任人员可能判处三年有期徒刑以下刑罚的轻微犯罪案件，不宜扩大到可能判处五年有期徒刑以下刑罚的犯罪案件，更不能扩大到可能判处七年有期徒刑以下刑罚甚至十年有期徒刑以下刑罚的犯罪案件。在改革试点阶段，不宜突破现行法律的底线”[3]。

所谓“可能判处三年有期徒刑以下刑罚”，笔者认为，应当是指宣告刑而非基准刑，否则没有必要采用“可能”这一表述。一些试点地区也会直接在案件适用条件条款中写明“直接负责的主管人员和其他直接责任人员，涉罪法定刑为十年以下有期徒刑，且具有自首、立功或者在共同犯罪中系从犯等情节之一的，宣告刑可能是有期徒刑三年以下的”。

（三）“放过企业”的同时是否应“放过企业家”

国外适用合规不起诉制度的初衷是“放过企业、严惩企业家”，也即通过合规制度的建立给企业继续生存的机会，但不会免除直接参与犯罪行为的员工和负责人的刑事责任。在我国开展合规不起诉制度试点之初，对

---

〔1〕适用合规不起诉一般需要同时符合下列条件：（1）犯罪事实清楚，证据确实、充分；（2）当事人对主要犯罪事实无异议，自愿认罪认罚；（3）有造成经济损失的，应主动赔礼道歉、积极赔偿损失、补缴税款、滞纳金及罚款，足额缴纳环境资源修复资金或已恢复原状；（4）直接负责的主管人员或其他直接责任人员可能被判处三年有期徒刑及以下刑罚。

〔2〕不适用合规考察的一般情形包括：（1）涉嫌危害国家安全犯罪、恐怖活动犯罪、毒品犯罪、洗钱犯罪、涉黑涉恶犯罪的；（2）依法应当判处十年以上有期徒刑及以上刑罚，且不具备立功、自首、从犯等法定减刑情节的；（3）造成人员重大伤亡的；（4）社会负面影响大、群众反映强烈的；（5）涉案企业以犯罪所得作为主要收入来源的；（6）涉案企业不接受合规考察的。

〔3〕谢鹏程：“论涉案企业合规从宽检察改革的内在逻辑”，载《民主与法制》2021 年第 42 期。

于单位主管人员和其他直接责任人员能否一并不起诉存在一定的争议。比如黎宏教授就认为“在企业合规制度之下，不可能推导出只要企业合规，就可以对涉案企业及其员工均不起诉”的结论来。企业合规，本质上是企业自身具有独立意思的体现，是在企业经营活动中出现犯罪行为时，让企业全身而退、免受处罚的理由，而不是让其中的自然人免责的理由。[1]

但目前企业合规不起诉的案例集中于小微企业、民营企业，这些企业的命运与企业家和管理人员、技术人员的命运是紧密联系的。一旦企业家出事，企业将面临灭顶之灾。如果不能对这些企业家、管理人员、技术人员同时适用合规不起诉，那么制度的激励价值将大打折扣，也难以实现挽救这类企业的目的。有鉴于此，《第三方监督评估机制指导意见》第 3 条明确规定，合规不起诉制度既包括对企业的不诉，也包括对企业实际控制人、经营管理人员、关键技术人员的不诉。笔者认为，这是制度实践对国情的恰当回应，也是建立具有中国特色的合规不起诉制度的合理选择。

但需要注意，合规不起诉制度“可以”适用于上述人员，但并非“必须”。对企业和人员分别处理符合我国单位犯罪双罚制的原则。对单位适用合规不起诉，并不影响继续执行“对其直接负责的主管人员和其他直接责任人员判处刑罚”的法律规定。检察机关对于单位主管人员和其他直接责任人员是否同时不起诉是因案而异的，如果该人员参与犯罪程度深，所起作用大，主观恶性明显，那么很可能在不起诉企业的同时会起诉该企业人员。

笔者认为，如果未来合规不起诉的改革能够突破“三年有期徒刑以下刑罚”的适用条件，将会在更多案件中出现区分对待企业和企业责任人员的情况，即对于轻罪案件在放过企业的同时也可以酌定不诉企业家，但对于重罪案件，在挽救企业的同时，企业合规整改仅能作为企业责任人员从宽量刑的一个依据。

（四）合规不起诉对哪类企业更具适用价值

从制度层面上看，目前合规不起诉制度没有对企业类型作出区分或限

---

〔1〕 参见黎宏：“企业合规不起诉：误解及纠正”，载《中国法律评论》2021 年第 3 期。

制，但关于合规不起诉究竟应适用于中小微企业还是大型企业集团，在改革过程中产生过激烈的争论[1]。从实践层面看，在第一个阶段的试点中，大量试点案例都是针对包括乡镇企业和家族企业在内的中小微企业进行的。但随时试点的增加和改革的深化，逐渐有地方开始对大型企业适用合规不起诉，在最高检发布的两批企业合规典型案例中，也不乏行业龙头企业、技术领军企业等大型企业的身影。

结合我们的办案经验来看，相较于小微企业，对大型企业适用合规不起诉更能体现出合规整改的效果，也更有利于发挥制度改革的优势。理由如下：

首先，大型企业具有较为健全的制度体系，尤其是央企及集团下属子公司本身就有按照《中央企业合规管理指引（试行）》（国资发法规〔2018〕106号）落实企业合规制度的要求，因此完善合规治理体系的“底子好”。

其次，大型企业拥有股东会、董事会、监事会等完整的公司治理结构，一般也会设立合规部门或法务部/风控部，落实合规整改的资源充足，而一些小微企业在整改中往往由企业家本人或亲属兼任合规官或合规部负责人，合规部门在日后的经营中能否有效独立运营存在疑问。

再其次，大企业本身关联着更多就业以及对地方经济贡献等因素，对其适用合规不起诉的“正外部性”也更加突出。

最后，对大型企业适用合规不起诉有利于为行业建立合规样板，鼓励全行业自觉对照样板查漏补缺、自查自纠，为行业的合规运营带来示范效应，以点带面解决行业痼疾。

（五）检察机关在合规不起诉制度中的定位：主导还是监督？

检察机关在合规不起诉制度中居于主导地位，并对敦促企业完成合规整改承担主要责任。但是，全程监控涉罪企业的合规整改、推进企业建立合规机制、敦促企业依法依规开展业务活动，实际上是要求检察机关承担

〔1〕参见陈瑞华：“企业合规不起诉改革的八大争议问题”，载《中国法律评论》2021年第4期。

了部分行政监管的责任，与其作为法律监督机关的“本色”有明显不同。那么，检察机关作为司法机关，在对侦查机关、法院、执行机关进行诉讼监督的同时，应不应当、能不能够额外承担行政监管责任？

一方面，检察机关人力和资源有限，在长达几个月的考察期内，如果由检察机关主导并亲身参与监督考核，需要付出较多的时间和精力，成本和费用问题之外，难免影响检察机关作为司法机关的固有工作。另一方面，企业合规监管因涉及不同领域而具有很强的专业性，例如在污染环境罪中对改进污染防治设施及环境损害评估修复工作的监督、对银行保险企业犯罪中完善内部审计的监督，检察机关客观上深入该等工作并能作出完整、准确判断的难度较高。

那么在试点实践以及后续规则的制定上，检察机关应如何自我定位？

笔者认为，在合规不起诉制度中，检察机关应以“监管者”的地位，对合规不起诉的全流程起到协调、监管的作用。一方面，如前所述，检察机关客观上不具备全流程亲身参与的客观条件和必要性，检察机关可协调相关单位、人员，组建监管小组，由监管小组具体开展考察评估工作。但同时，由于监督考察结果作为不起诉或者其他宽缓处理的依据至关重要，对于第三方作出结论的公正性要求很高，在第三方监督考察积极性和规范性尚未得到保证的情况下，检察机关应把握监管尺度，避免监督考察流于形式或者存在权力滥用风险。

具体而言，第一，检察机关自始至终应发挥主导作用，以“监管者”的角色督促和引导企业构建合规计划，推动企业开展刑事合规建设，并对涉案企业合规计划的执行情况进行评估，制作监督考察报告。第二，检察机关应聘请专业人员协助监督、考察、评估企业，刑事合规情况具有一定综合性和专业性，需要吸纳不同部门和专业人员参与，包括律师、会计师、评估师、税务师等，保证监管考察评估权威性的同时，也在一定程度上减轻检察机关和承办人的压力。第三，要充分利用听证程序，对拟作出不起诉的涉罪企业进行公开听证，接受人民监督员的监督；同时加强决策把关，作出不起诉决定前，对有争议的案件报请检察委员会决定，通过层层把关降低决策失误的风险。

合规不起诉的试点改革，是检察机关在推动认罪认罚从宽制度之后的又一次积极尝试。企业合规不起诉的中国范本正在形成，从刑法的角度保护和激励企业的经营与创造力，使中国的企业更好地走上国际舞台，是我们共同的期许与担当。

（六）涉案企业合规整改的原则性要求和具体措施

毫无疑问，企业的合规整改要求、整改措施需要因罪而异，也需要因企业而异。但如果缺失原则和标准，又将导致企业无所适从。

1. 涉案企业合规整改的原则性要求

从原则性角度出发，不管企业自身条件和所涉罪名有何不同，对企业适用不起诉的条件，必须要求企业的合规整改达到了一个基础性的合规标准，即实现“去犯罪化”改造，建立有效的犯罪预防机制，确保企业在制度层面、实践层面能够实现合规运营。企业的各项具体整改要求、整改措施都应围绕着这一核心目标展开。

在具体整改要求方面，我们认为企业有三个“必选动作”需要完成：

第一，停止犯罪行为，补救犯罪后果，清除直接引发犯罪的要素。停止犯罪行为、认罪认罚是企业适用合规不起诉的基本条件，如果企业没有真诚的认罪悔罪态度，后续的整改都只会是敷衍。补救犯罪后果要求企业对犯罪所破坏的法益作出必要的修复，比如逃税的企业要积极补税、污染环境的企业要复植复绿、已经移送行政机关作出行政处罚的积极缴纳行政罚款。清除犯罪要素即切除掉可能导致再犯的条件，比如关闭用于资金转账的私人账户、停止与具有合规风险的商业伙伴继续合作、内部处理不称职的员工，等等。

第二，分析犯罪成因，实现制度纠偏。企业停止犯罪只是合规整改的前提，本次犯罪的要素清除了，不代表犯罪的根源铲除了。企业“去犯罪化”的过程不能仅停留在就事论事的阶段，必须要深挖犯罪成因，从源头堵塞漏洞。

企业犯罪成因大致可以分为以下几个方面：“一是公司治理结构出现重大缺陷；二是公司在经营管理机制上存在重大漏洞；三是公司在财务管理上发生了隐患；四是公司在法务管理上存在不足，没有建立针对有风险的业务的合规性审查机制；五是公司在经营方式和商业模式上存在违法犯罪的隐患；六是公司在对员工、子公司、客户、第三方商业伙伴、被并购企业管理上存在重大疏漏。”〔1〕找到犯罪成因后，企业需要做的就是“针对漏洞打补丁”，废除无效的制度、更新落后的制度、填补有缺陷的制度、纠正偏离的制度、设立缺失的制度。

第三，建设专项合规管理体系。合规管理体系包括合规管理机构、合规管理制度、合规监察机制、合规文化宣传、合规奖惩机制等多方面内容，要求企业把合规体系嵌入业务运营中，依托合规体系的运营规避风险或及时发现风险、防微杜渐。

关于合规体系的建设标准一直有全面合规体系与专项合规体系之争。根据全国工商联等九部门联合的《〈关于建立涉案企业合规第三方监督评估机制的指导意见（试行）〉实施细则》，企业的合规计划可以是一个专项合规计划，也可以是多个专项合规计划，而且小微企业的合规管理体系建设、有效性评估、审查都可以简化一些。〔2〕目前学界的主流观点同样是主张建设专项合规管理体系。〔3〕笔者也赞同上述观点，理由如下：

第一是必要性原因。有些企业涉嫌的犯罪具有偶发性，与主营业务关联度较小，再犯可能性极低，在这种情况下并无要求企业由此建立全面合规体系的必要。以笔者经办的某畜牧业企业因厂房建设而涉嫌非法占用农用地罪案件为例，在企业对非法占用土地进行绿化修复并按照原图纸完成厂房建设后，针对该罪名再进行特殊预防必要性几乎为零。

第二是现实性原因。合规整改期限和考察期限都十分有限，要求企业（尤其是中小企业）在短时间内建立全面的合规体系是不切实际的，如果检察机关提出这样的合规要求，那么可能只能得到企业的一份“宏伟蓝图”。

第三是比例原则。全面合规体系建设成本高昂，当合规建设的成本超

---

〔1〕 陈瑞华：“企业有效合规整改的基本思路”，载《政法论坛》2022年第1期。

〔2〕 “最高人民检察院理论研究所所长谢鹏程发言实录：涉案企业合规从宽改革的新规则和新问题”，载微信公众号“蓟门一体化刑事法讲坛”2022年1月5日。

〔3〕 参见陈瑞华：“企业有效合规整改的基本思路”，载《政法论坛》2022年第1期。

出不起诉的收益时，或者主营业务利润无法承担合规成本支出时，企业都不会有真正的动力去维持这种合规体系。

笔者认为，专项合规管理体系是企业合规整改的“必选动作”，也是合规整改评估验收的考察重点，而全面合规管理体系可以作为企业（尤其是大型企业）合规整改的“自选动作”，作为对企业合规经营的倡导，鼓励有条件的企业逐步践行。

2. 涉案企业合规整改的具体措施

如前所述，根据企业的自身条件和不同罪名，具体整改措施肯定是差异化的。但从指引企业进行有效整改的角度出发，笔者认为企业合规整改过程中可以从以下两个方面查漏补缺：

第一，关注行政法规和行政监管部门的监管要求。从大方向来看，我国《刑法》中规定的单位犯罪多为行政犯，因此，企业在本行业中的“有所为、有所不为”往往在行政法规、部门规章或本行业的一些政策性文件中有比刑事法规更细致的规定。要求企业进行合规整改，不仅是要杜绝犯罪行为的再次发生，而且是要做到完全合法合规，符合监管规定的要求。行政监管规定中的监管要求，就是企业进行合规整改最重要的指引。

第二，关注行业规范和行业协会的指引。相较于法律法规，行业协会根据行业特点制定的标准往往更加具体、更加清晰、更具有针对性和可操作性，也是企业合规整改过程中应当关注和参照的重要标准。目前，《中央企业合规管理指引（试行）》已经下发，该文件可以作为大型企业合规管理的参照标准；而中国中小企业协会也正在组织各方制定《中小企业合规评价认证标准》，北京市金杜律师事务所作为标准制定的参与方之一，也将结合办案及服务中小企业的经验，共同推动中小企业的合规指引标准尽早落地。

同时，检察机关和第三方监督评估机制管理委员会也要善于总结针对不同类型犯罪的具体整改要求、整改措施，在企业制定合规整改计划时对企业进行有效指导。

（七）律师参与第三方监督评估组织的利益冲突问题

在试点初期，各地方检察机关就第三方监管机构的运作进行了自发探索，创设出“检察机关自我监管”“委托独立监管人监管”“委托行政部门监管”等多种模式。2021 年 6 月，最高检联合多部委印发《第三方监督评估机制指导意见》。《第三方监督评估机制指导意见》并没有对第三方监督评估组织（以下简称“第三方组织”）的人员来源和构成做出直接限制，包括律师、注册会计师、税务师等中介组织人员都是第三方组织的重要组成部分。

作为第三方组织人员的律师同样需要注意利益冲突问题。根据《第三方监督评估机制指导意见》的规定，中介组织人员在履行第三方监督评估职责期间不得违反规定接受可能有利益关系的业务；在履行第三方监督评估职责结束后一年以内，上述人员及其所在中介组织不得接受涉案企业、个人或者其他有利益关系的单位、人员的业务。

实践中比较突出的问题是担任企业及企业人员辩护人的律师及接受委托的律师事务所，能否再参与（或指派同所其他律师参与）第三方组织。笔者认为，作为辩护人的律师与企业或企业人员有明显的利害关系，不宜再以其他角色参与到案件中，但同一律师事务所的其他律师不应受此限制，正如同一律师事务所可以指派多名律师同时担任同案犯的辩护人一样，因为后者并不存在必然的冲突。[1]

五、“合规不起诉”制度对上市公司的潜在影响和价值

2020 年 12 月 9 日，招商银行原行长马蔚华先生在参加“2020 中国上市公司高质量发展论坛”时发表了题为《上市公司价值创造与可持续发展》的演讲，指出上市公司在创造价值的过程中要重视经济效益与社会价

[1] 根据《中华全国律师协会律师执业行为规范》有关利益冲突的规定，在刑事案件中，同一律师事务所的不同律师不得同时担任同一刑事案件的被害人的代理人和犯罪嫌疑人、被告人的辩护人；在民事诉讼、行政诉讼、仲裁案件中，同一律师事务所的不同律师不得同时担任争议双方当事人的代理人，或者本所或其工作人员为一方当事人，本所其他律师不得担任对方当事人的代理人。但利益冲突规定并不禁止同一律师事务所的不同律师在同一刑事案件中分别担任多位嫌疑人、被告人的辩护人。

值相结合。[1]面对2020年的新冠肺炎疫情和不断趋严的监管环境，如何确保国民经济“顶梁柱”屹立不倒并实现可持续发展成为一个亟待解决的问题。合规不起诉制度的探索为这一问题带来新的思考契机。

（一）形成上市公司刑事合规建设激励效应

合规不起诉制度对于上市公司而言，将产生一种合规激励效应。对于涉案企业而言，承诺建立或实施有效的合规计划，检察机关可以做出暂缓起诉的决定，给予其接受合规监管的机会，或做出不起诉决定，使得涉案企业免于定罪处罚，这一处理能够有效替代刑罚，敦促企业合规经营，对企业来说无疑是一种激励措施。同时需要注意的是，我国刑事诉讼案件中羁押率较高，强制措施启动较为容易，由此导致企业一旦卷入刑事案件，可以预见的是相关责任人员被羁押、企业财产被冻结，严重影响企业的生存与发展。合规不起诉制度的探索建立一定程度上可以有效避免相关责任人员被羁押、企业财产被冻结，从而保障企业的正常经营。

而对于非涉案企业来说，合规不起诉制度的探索建立同样将会带来一种合规激励与示范效应。建立起刑事合规机制，在企业面对行政监管调查与刑事调查时，可以成为其一种重要的正当抗辩事由，有效将企业责任与员工责任、客户责任以及第三方责任加以切割[2]，从而避免企业受到员工、客户或第三方不当行为的牵连或给员工、客户以及第三方造成不必要的损失。

（二）推动上市公司治理方式变革

合规不起诉制度通过检察机关等外部力量的介入使得企业建立一种自我监管的机制。企业卷入刑事诉讼往往意味着现有的合规机制并不完善，然而即使拥有相对完备的合规制度，有时也难以防范所有的违法犯罪行为。尤其考虑到上市公司涉及的交叉法律风险多，进一步增加了识别风险的难度。因此外部合规力量的介入有助于帮助企业在日常经营的每一个环

---

〔1〕参见中国（深圳）综合开发研究院：“马蔚华：上市公司要重视结合经济效益与社会价值”，载 https://www.casvi.org/h-nd-1094.html，最后访问日期：2022年1月12日。

〔2〕参见陈瑞华：《企业合规基本理论》，法律出版社2020年版，第83页。

节采取合规性监控，进而准确识别风险，并及时处置预防犯罪，从而有效管控刑事法律风险。

通过必要的制度补救和整改措施，企业可以自我改进经营模式，启动一种自我修复的进程，激活企业实施内部控制的机制，[1]企业自我监控、自我防范、自我管理的能力将得到提升，从而完成从“专项性、模块化”的刑事合规管理向刑事合规管理与企业商事治理融合转变，实现企业治理方式的变革。

（三）传递合规文化，实现可持续发展

合规不起诉制度对企业而言最直接的价值为避免严厉的刑事追责，从而维护商业利益，确保企业生存。随着合规不起诉制度的推行，可以发现，在执行了有效的合规计划后，企业将会建立起以防范违规风险、识别违规行为与应对违规事件为核心的刑事合规管理体系，从而产生出一种合规经营的企业文化，激活“只做合规业务”的经营模式。对内将会对高管和员工进行合规管理和培训，对外则会在发展客户、供货商、代理人等经营伙伴时推己及人，将合规文化传递给对方，对商业伙伴进行全面的尽职调查与风险评估，从而带动更多的商业伙伴也形成合规经营文化。

一个建立起有效合规制度的企业，就是一个受到“规训”的商业实体，会将合规文化传播到与其发生联系的商业主体中，从而形成一种“合规文化传递效应”[2]。而作为国民经济“顶梁柱”的上市公司，无疑是这场合规文化传递的主角。在这次企业合规治理的浪潮中，建立起有效合规的企业需要承担起保护环境、尊重知识产权、保护劳工权益、保护个人隐私、维护公平竞争、反对商业贿赂和腐败等一系列社会责任，并放弃“短期疯狂盈利”的幻想。合规不起诉制度所开启的是一场商业实体的“规训革命”，将会为整个社会营造出一个公平公正、合法合规的良好营商环境，为所有商业主体的可持续发展奠定坚实的基础。

---

〔1〕 参见陈瑞华：“刑事诉讼的合规激励模式”，载《中国法学》2020年第6期。

〔2〕 参见陈瑞华：《企业合规基本理论》，法律出版社2020年版，第83页。

声　明

本书内容仅为相关理论和实务研究，不代表作者对有关问题的法律意见。任何仅仅依照本书的全部或部分内容而做出的作为和不作为决定及因此造成的后果由行为人自行负责。如您需要法律意见或其他专家意见，应该向具有相关资格的专业人士寻求专业的法律帮助。

本书中，凡提及“香港”、“澳门”、“台湾”，将分别被诠释为“中国香港特别行政区”、“中国澳门特别行政区”、“中国台湾地区”。

参考文献

书籍类

[1] 陈兴良、周光权、车浩:《刑法各论精释(上)》,人民法院出版社2015年版。

[2] 周光权:《刑法总论》,中国人民大学出版社2011年版。

[3] 全国人大常委会法制工作委员会刑法室编:《中华人民共和国刑法条文说明、立法理由及相关规定》,北京大学出版社2009年版。

[4] 彭辅顺、陈鹏展:《非法经营罪专题整理》,中国人民公安大学出版社2007年版。

[5] 刘家琛主编:《新刑法新问题新罪名通释》,人民法院出版社2002年版。

[6] 刘树德:《"口袋罪"的司法命运——非法经营罪的罪与罚》,北京大学出版社2011年版

[7] 张明楷:《刑法学》,法律出版社2016年版。

[8] 李本灿等编译:《合规与刑法:全球视野的考察》,中国政法大学出版社2018年版。

[9] 陈瑞华:《企业合规基本理论》,法律出版社2020年版。

期刊类

[1] 周泽:"对孙大午'非法集资'案的刑法学思考——兼谈非法吸收公众存款罪的认定",载《中国律师》2003年第11期。

[2] 单丹、王铼:"刑法视角下的资金池",载《山东警察学院学报》2018年第2期。

[3] 苗有水、刘晓虎:"《关于办理内幕交易、泄露内幕信息刑事案件具体应用法律若干问题的解释》的理解与适用",载《人民司法》2012年第15期。

[4] 万志尧:"内幕交易刑事案件'违法所得'的司法认定",载《政治与法律》2014年第2期。

[5] 王越、郭献朝："内幕交易罪违法所得的计算方法"，载《人民司法（应用）》2016 年第 22 期。

[6] 魏颀瑶："上市公司股东减持行为法律规制研究"，载《证券法苑》2019 年第 1 期。

[7] 罗开卷："王文芳等内幕交易、泄露内幕信息案——利好型内幕信息复牌后未兑现的违法所得认定"，载《人民司法·案例》2014 年第 8 期。

[8] 刘国芳、王华："2009 中国上市公司市值管理新特点"，载《经济》2009 年第 9 期。

[9] 黄太云："《刑法修正案（七）》解读"，载《人民检察》2009 年第 6 期。

[10] 彭冰："重新定性'老鼠仓'——运动式证券监管反思"，载《清华法学》2018 年第 6 期。

[11] 张天虹："罪刑法定原则视野下的非法经营罪"，载《政法论坛》2004 年第 3 期。

[12] 黄胤英："2021 年上半年债券违约情况回顾与展望"，载《银行家》2021 年第 8 期。

[13] 万方："企业合规刑事化的发展及启示"，载《中国刑事法杂志》2019 年第 2 期。

[14] 陈瑞华："企业合规制度的三个维度——比较法视野下的分析"，载《比较法研究》2019 年第 3 期。

[15] 肖真："巴林银行倒闭对合规建设的启示"，载《农业发展与金融》2015 年第 12 期。

[16] 陈瑞华："安然和安达信事件"，载《中国律师》2020 年第 4 期。

[17] 王先知："西门子重建合规体系在华业务不降反升"，载《WTO 经济导刊》2009 年第 12 期。

[18] 杨帆："企业合规中附条件不起诉立法研究"，载《中国刑事法杂志》2020 第 3 期。

[19] 邓峰："公司合规的源流及中国的制度局限"，载《比较法研究》2020 年第 1 期。

[20] 刘玉飞："'一带一路'倡议下中国企业的合规管理"，载《国际工程与劳务》2018 年第 2 期。

[21] 陈瑞华："企业合规视野下的暂缓起诉协议制度"，载《比较法研究》2020 年第 1 期。

[22] 尹云霞、庄燕君、李晓霞："企业能动性与反腐败'辐射型执法效应'——美国 FCPA 合作机制的启示"，载《交大法学》2016 年第 2 期。

[23] 陈瑞华："企业合规的基本问题"，载《中国法律评论》2020 年第 1 期。

[24] 陈瑞华："论企业合规的性质"，载《浙江工商大学学报》2021年第1期。
[25] 周振杰、赖祎婧："合规计划有效性的具体判断：以英国SG案为例"，载《法律适用（司法案例）》2018年第14期。
[26] 陈瑞华："论企业合规的中国化问题"，载《法律科学（西北政法大学学报）》2020年第3期。
[27] [德] 托马斯·罗什："合规与刑法：问题、内涵与展望——对所谓的'刑事合规'理论的介绍"，李本灿译，载《刑法论丛》2016年第4期。
[28] 李本灿："刑事合规理念的国内法表达——以'中兴通讯事件'为切入点"，载《法律科学（西北政法大学学报）》2018年第36卷第6期。
[29] 孙国祥："刑事合规的理念、机能和中国的构建"，载《中国刑事法杂志》2019年第2期。
[30] 周振杰："企业适法计划与企业犯罪预防"，载《法治研究》2012年第4期。
[31] 韩轶："企业刑事合规的风险防控与建构路径"，载《法学杂志》2019年第9期。
[32] 谢鹏程："论涉案企业合规从宽检察改革的内在逻辑"，载《民主与法制》2021年第42期。
[33] 周光权："论通过增设轻罪实现妥当的处罚——积极刑法立法观的再阐释"，载《比较法研究》2020年第6期。
[34] 陈兴良："'风险刑法'与刑法风险：双重视角的考察"，载《法商研究》2011年第4期。
[35] 黎宏："企业合规不起诉：误解及纠正"，载《中国法律评论》2021年第3期。
[36] 陈瑞华："企业合规不起诉改革的八大争议问题"，载《中国法律评论》2021年第4期。
[37] 陈瑞华："企业有效合规整改的基本思路"，载《政法论坛》2022年第1期。
[38] 陈瑞华："刑事诉讼的合规激励模式"，载《中国法学》2020年第6期。

报纸类

[1] 陈蓉："亿阳通信关联交易疑局"，载《证券日报》2008年4月18日，第C1版。
[2] 张远煌："刑事合规国际趋势与中国实践"，载《检察日报》2019年11月2日，第3版。
[3] 邱春艳、李钰之："创新检察履职，助力构建中国特色的企业合规制度 "，载《检察日报》2020年12月28日，第1版。

网络文章类

[1] 赵越："城市上市公司大 PK 谁是隐形王者?"，载 http://www.inewsweek.cn/finance/2021-02-22/11843.shtml，最后访问日期：2022 年 1 月 12 日。

[2] 刘思远、赵枫："新型操纵证券市场行为解析——从恒康医疗案看信息型操纵的行为特征"，载 https://www.jingtian.com/Content/2018/09-11/1139236056.html，最后访问日期：2022 年 1 月 12 日。

[3] 郭青红："企业合规管理体系建设，五大方面一文解读"，载微信公众号"汇业法律观察" 2019 年 11 月 8 日。

[4] 郭青红："透视欧美企业合规管理"，载微信公众号"汇业合规实务" 2020 年 4 月 3 日。

[5] 中国（深圳）综合开发研究院："马蔚华：上市公司要重视结合经济效益与社会价值"，载 https://www.casvi.org/h-nd-1094.html，最后访问日期：2022 年 1 月 12 日。

学位论文类

[1] 唐蓓蓓："跨国公司的合规性及法律规制"，吉林大学 2011 年硕士学位论文。